景観のなかの暮らし

生産領域の民俗

［改訂新版］

香月洋一郎

未來社

［改訂新版］

景観のなかの暮らし

❖生産領域の民俗

目次

◆景観のなかの意志◆

1 ともに住みつづけることで――切り口としての景観……9
郷里の水田／景観のむこうに

2 人は住みつき囲いをつくる――伊豆大島・二町歩の山……16
さまざまな囲い／定住という営み

◆意志を伝える類型◆

3 三原の夏――水路を追って……25
畦に腰をおろして／水路図の作成

4 山を背負う家々――谷水に依る暮らし……35
あらわれてきた類型／谷と宮座

5 家督を継ぐ――維持される景観……52
墓の多い家

6 谷をつないで水路は走る――開拓の時代……56
ヤシキダ　ハタケダ／溜池築造／山なみへの視線

7 川をはさんだ二つの様式――水路と土地所有……64
野帳から／水と土地をみることから／名子を抱える家
旧家の姿勢／相似た力の家々

8 拓きつくされた土地――谷間のむらのシホウバナシ……84
開墾への情熱／むらを出ていく人々

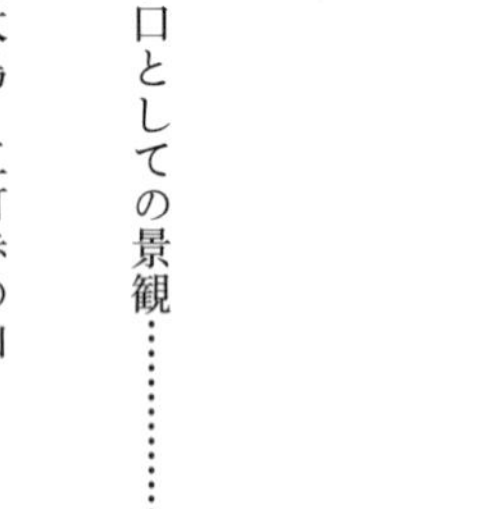
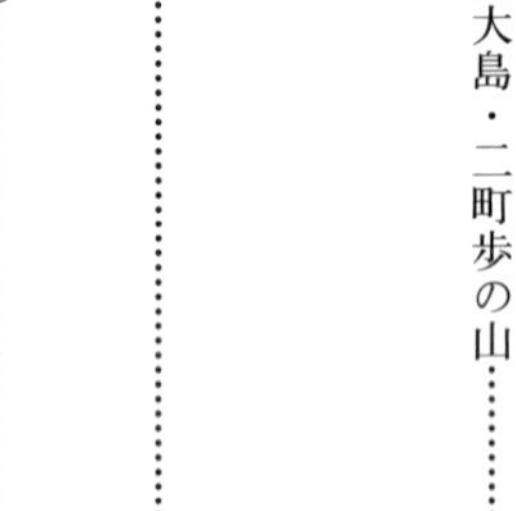
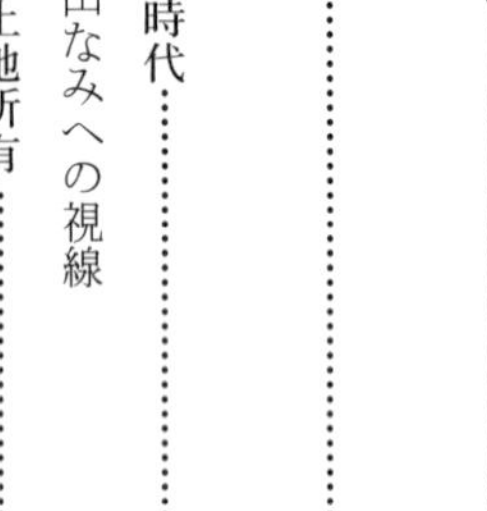
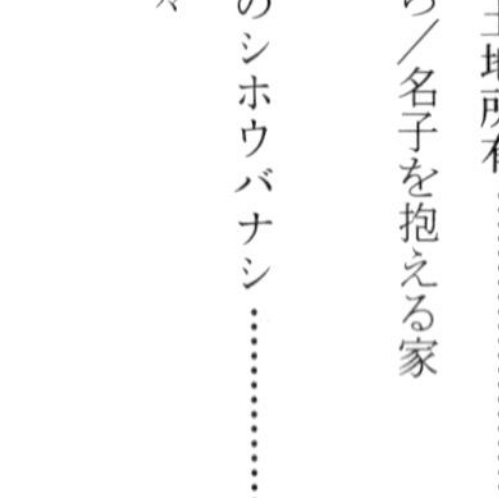

9 様式としての住みつきかた――「典型」の示すもの……95
城下の西隣の谷で／ふり返って見える姿
10 テンパスのむら――高みからの展望……105
等身大の痕跡
11 薪山を持つ町家――周防大島・つらなる棚田……111
一枚一坪の田／山からおりる家々
12 伏流水掌握――ハネツルベの林……125
棚田の横穴／川底の権利
◆類型という感覚◆
13 顔をあげて見通す――武蔵野の境木……137
武蔵野の開発／境の風景／蛇行する水路
14 外へと向う人々――むらうちでの平和……150
限られた土地のなかで／むらの内と外／むらの若さ
日ニ日ニ継ゲドモ
15 車窓の緑――玉川上水の道……158
安堵を求める気持／「署名捺印」という手間／都市の緑
一戸の意志
◆権利の重層◆
16 せめぎあう生活様式――塗りかえられる土地割り……171

くい違う道／線路をはさんで

17 さまざまな所有——土地台帳の背後に …… 178

流動性のなかの意志／「近代」という普遍／心の中の「公《おおやけ》」

18 慣習から制度へ——吉野川の谷 …… 188

番人庄屋の土地／斜面の九戸／家の領域を見る

19 ある農家の暮らし——阿土国境・京柱峠を望む …… 200

母子二人の山

20 分けられた土地のもとで——芸予の島々 …… 209

景観のなかの違和感／海に突きでた岩塊／割地の慣行

◆いくつかの追記——二十年の後に◆

21 谷に始まる物語——奥能登の野帳から …… 223

犬の声にひかれて／月夜の鎌音／谷の再開墾
土塁をめぐらす旧家／基点としての谷／谷の生命力
海を望む棚田

22 富士山麓のむらで——小水路の時代 …… 241

草分けと旧家／小水路の発達

あとがき …… 248

写真・図・表目次　地名索引 …… 巻末

［改訂新版］

景観のなかの暮らし

❖生産領域の民俗

景観のなかの意志

写真1　福島県南会津郡檜枝岐村の出作り小屋（矢印）。かつてはここで夏の間をすごしたという。畑の右上手に杉の植林が、また畑の上手に採草地らしい斜面がみえる。そのあたりまでがこの小屋の手配りの領域だろうか。（一九八一・十一）

1　ともに住みつづけることで——切り口としての景観

郷里の水田

私が生まれたのは北九州の遠賀《おんが》川流域の小さな宿場町です。

生家はその町の西の端にあり、門を出るとそこからは一面の水田がひろがっていました。冬は家の前の刈田で凧をあげたり、ところどころに積みあげられた藁グロにとびのったりして遊んでいました。春先の田のおもてをおおいつくす菜の花のみごとな黄色は、今でも鮮やかに思い出します。

田畑は身のまわりにひろがり、なじみのないものではなかったけれども、そこを耕したり保ったりする立場とは無縁のものだった。時折り、自分のことをふり返り、改めてそう思います。

というのは、少し前から私が日本のむらの開拓のあゆみや定住のありかたに興味をもって歩き始めたからです。その土地を拓き、住みつづけてゆくということは、この稿でこれから述べてゆくように、自分の心配りや手配りをする領域をつくりあげ保ってゆくことだと思います。そうしてそのような配慮の跡は、その体験を持たぬ者にとっては、案外気づきにくいことがあります。

たとえば、カズラが木々をおおいつくし、あるいは下ばえが生い茂っている山を、これまでの旅の途中、方々で見かけたものです。山そうじに汗を流したことのない者は、荒れ始めた山を見ることによって、逆にそれまでこまやかに続けられてきた人々の山への配慮に気づくのではないでしょうか。少なくとも私はそうした感受性の鈍さやうかつさを無数に身にまとっています。それでもさほど支障なく暮らしてこれた境遇にいたということです。

人の手が加わってこそ景観は維持される、このことを体験を通じて認識したことがほとんどなかったといえます。

写真２　水気の強い谷は、それゆえに開田がすすんだのであろうが、立ちならぶ畦どめの杭が水田の維持の苦労を語っている。高知県高岡郡檮原町（1976.5）

そうしてこれには、単に私が農家の生まれでなく、また農業に従事したこともないという意味以上の問題が含まれているように思います。

景観のむこうに

貯水池計画の発表以来荏苒《じんぜん》日を経ること既に三年、立ち退きの通告を待って農耕殖産のことも自《おのずか》ら手につき申さず、山林は濫伐《らんばつ》され畑は野草の茂みと化し桑園は見るかげもなき有様に御座候《そうろう》。今は見捨てたる故郷の地、何をたのしみて耕し何を楽しみて植うるを得んや。茅屋既に漏り橋梁既に朽ちたりとも何を思いわずらいて繕う事を為さんや。（後略）

これはダムによる小河内《おごうち》村水没のいきさつを扱った石川達三の小説『日蔭の村』のなかにでてくる水没地区の村人の歎願書のくだりです。◆この歎願文の表現がそのまま当時の史料に拠るものかどうかはわかりませんが、ここには、人の手が加わった景観の性格が端的にあらわれています。

写真3　田のそばに木々のしげる山があると田に蔭をつくり露をおとす。この谷では田の持主は接する山の木を、田の縁から五間までは切りこんでよいという。広島県三原市（1976.7）

ひとつは、景観の維持とは、そこに住みつづけようという意志なしにはあり得ないこと、もうひとつは、自治とは元来自前《じまえ》であるということです。おのおのが金銭にせよ労力にせよ、自腹を切りあって何事かをなすからこそ、そこにルールができてゆきます。「橋梁既に朽ちたり」と描かれているこの橋を使うのはほとんど村の人々であり、その維持や修繕は村人が行なっていたことが行間から読みとれると思います。自分たちで使うものは自分たちでつくり世話をする、このことと地域の自治とは切り離せないものでしょう。そうしてその世話ができなくなってしまったということは、ほかならぬ自分たちがばらばらになってしまったことを意味しています。

自分の田の底土が傷つき水もれが激しくなれば、それは決してひとり自分の田だけの問題ではない。その周囲の田への水がかりが悪くなるかもしれない。自分の山の下草刈りを怠れば、下ばえは隣の山へ侵入するかもしれない。こうしたことは、そこに住みつづけてゆこうとする限り放っておくわけにはいかないことです。

ですから、人の手の加わった景観からは、人々が

写真4　傾斜畑での足場を兼ねた土どめの竹。等高線上に切り株を点々と残し、そこに竹を固定している。高知県長岡郡大豊町（1981.9）

群れ集まり、これまで住みつづけ、これからも住みつづけようとする集団としての意志が読みとれるのではないかと思います。

こうした集団の例として、民俗学の論文でいうところのムラ——伝承の母体として最もまとまりをもつ集団。とはいえまだ十分には定義づけられてはいませんが——をとりあげるのが、とりあえずここでは妥当ではないかと思います。拠点を定め、作物をつくりつつ暮らしてゆく集団として、きわめて自前の度合いの高い歴史をもっていると思うからです。この場合、自前とは、単に自給といった意味あいではなく、自給度が高かろうが低かろうが、自らのことを自らが選び、決定し、己れを規制してゆく力の度合いの高さを示しています。

以下本書では、これを「むら」とかなで表記します。人々が集まり住むと、そこには一人一人の意志とは別に、集団としての、むらとしての意志があらわれます。あるときは外に対する守りとして。あるときは内部で互いを抑えあう力として。

このむらの意志については、のちに別の面からふれるのですが、そうした意志を持っているという意

写真5　二つの住まいかた。二つの世界。景観は素直である。その素直さは時に強烈である。埼玉県蓮田市付近（1981・3）

味で、ここでは集落という言葉とは一応区別して使っています。集落という言葉には、地理的、地形的にみた場合での家々の集まり、といった意味あいが強いように思えるからです。ですから、たとえば一見ひとつの集落だけれども、実際には三つのむらから成っているということもあり得ます。

むらは原則として自分たちの暮らしはできる限り自分たちの手間ですませることで成ってきており、それは景観にもあらわれている、そのことをここではひとつの前提としておきます。

では、この自分たちという意識が、むらからそのまま市町村へと広げられるものなのか。これについては、ここでそう急いで結論を出そうとは思っていません。けれども、自分たちの手間を出しあって家を建て屋根を葺き、橋や道や水路を維持管理してゆく暮らしと、百円玉を自動販売機に入れればあとは隣駅まで電車が勝手に運んでくれる暮らしとは、私には基本的なところでどこか違うもののように感じられます。

私が育ってきたのはあきらかに後者に属する世界でした。ですから、むらの開拓のあゆみを調べると

①

写真６　広島県安芸郡倉橋町鹿島の段畑の石垣。この島は幕末まで無人島であり、それ以降人の定住をみた。段畑の石垣の多くは明治中期以降に築かれたものである。①は下からみあげた段畑。画面中央の上寄りに小さく人影（矢印）がみえる。②はこの畑の中の石の道。定住とはこうした手配りを重ねていくことでもある。（1991.9）

②

いうことは、私にとってさまざまな発見であるとともに迷いでもあり、自分自身への問いかけでもありました。むらのあゆみを知ろうとすればするほど、一面、そこに育った者でないことの意味について考えさせられるはめにもなるわけです。

注

◆石川達三『日蔭の村』（『新潮』の昭和十二年九月号に発表。本章での引用は一九七二年刊の新潮文庫による）。この嘆願文は貯水池計画は決まったものの認可がおくれ、土地買収や家屋移転補償などの実施が延びた状況におかれていた村民の窮状を訴えたもの。

写真7　風よけ、潮よけへの手配り。愛媛県佐田岬半島の漁村にて（1994.6）

2　人は住みつき囲いをつくる——伊豆大島・二町歩の山

さまざまな囲い

私がむらを歩きながら興味をもったことのひとつは、人が他の土地との境をどんなかたちでどう保ってきたかということです。めぐらされた垣根のように目に見える境もあれば、旅の者にはそれとは気づけぬ目に見えない境もあり、また一軒一軒の境がむらの境よりもはっきりと読みとれる場合もあれば、逆に、まずむらとしてのまとまりを強く打ち出している境もあります。そうした境のありかたは、ひとつひとつが自分たちの生活領域をどのように定め、維持してきたかを語りかけているように思ったものです。

そうした意味で、伊豆大島の南西岸の差木地《さしきぢ》で聞いた話は、強く印象に残っています。

そこは、かつて山の畑で麦や芋をつくりつつ浜で塩をやき、薪や炭を江戸に出荷することで暮らしをたててきたところです。空から見ると、集落の中央部から山への道がいく筋もみごとな放射状をなしてひろがっており、ひとつの計画的な意志をもってこの集落がつくられたことを感じさせます（写真8）。

この放射状の道のなりたちが、開墾のために山へ向かう道であったのか、あるいは山から薪炭を出すために海岸をめざす道であったのかはわかりません。けれども、人が思い思いに住みつき暮らしたのではこうした景観はできない、そう考えるのが自然だと思います。

かつての差木地の旧家は、いずれも、その放射状に伸びる道の起点あたりに位置していました。明治の末、そのうちの一軒がおとろえ、その家の母親は当時十三歳の息子とともに、そこから五百メートルほど離れた北の山の中へ移り住みました。そこには先祖から伝わった二町歩ほどの山が残っており、そこを畑に拓いて暮らすことになったから

写真８　伊豆大島差木地中心部。海岸部から北東の山へ向かって、いく筋も放射状の道が伸びる。木々は椿、桜、ミズキなど。国土地理院発行の航空写真ＫＴ-63-8X C4-4を使用。

写真9　伊豆大島は木々の区画に囲まれて家があり畑がある。その仕切りの木々の大きさでその区画のなりたちが推し測られる。道を歩くと椿をはじめ木々のトンネルである。（1980.5）

です。私にその話をしてくれたのは八十六歳になるおじいさん——その時、母親を助けて男手として働かねばならなかったその男の子——でした。

「十三でここに来て考えたのは、椿油をとることです。こりゃええもんじゃ、金になる、これを植えようかと思うてね。

このわしの土地は、今でも椿の木で二十一に仕切っとります。これは十三歳から二十《はたち》歳までかけて植えたんですが、この仕切りの椿で油をとるわけです。もうひとつ考えたのは、できるだけ金を使わずに暮らすことです。芋と麦は、三反もつくれば家で食べる分はあるんです。けれどもここは伐畑《きりはた》というて、山を伐って焼いたあとの畑に芋麦をつくりよりました。三年つくるとほかの山に畑を移しますから、順ぐりに三反つくっていけるだけの山は要ったんですよ。それでも芋と麦を二反歩や三反歩つくるだけじゃあしようがない。薪をとったりするところも要りますが、それもそう広くは要らん。

この二町歩、六千坪の土地を、一坪でも無駄にせぬようにしたい。それで考えて、二反から三反くらいの大きさに仕切ったんです。その仕切りが椿です。

写真10　夏に伊豆大島の山道を歩くと椿の実がはじけて降ってくることがある。そんな時、家々の庭では実を小山のように盛りあげ皮むきに忙しい。（1979.8）

中の畑には芋、麦のほかに果物を植えました。梨、柿、みかん、枇杷《びわ》、ぶどう、桃なんかね。おのおのひとつの仕切り内にあてがってつくりました。ひとつの果物ばかりつくったら、収穫の時に大変です。人を雇わんといかん。そしたら金が要る。自分の家族で収穫できて、それで一年中果物が絶えないように選んだんですよ。枇杷をとったあと桃がとれて、そのあとは梨と続くでしょう。

それから、この土地の中に鶏や乳牛を放し飼いにしたいと思っていました。卵がとれるし、鶏の肉が食べられる。牛の乳も飲みたい。

のちにそれもやりましたよ。場所を決めてよその山に出んように囲いをして、乳牛を八頭、豚六匹、鶏三百羽をこの中で放し飼いにしました。

山を伐って仕切りながら畑にしていくのに七、八年はかかりました。はじめの椿での仕切りつくりは、まず他の人の山との間につくります。それから内を区切っていきます。よその山の太い椿の木の下に自然に出てくる苗をもらってきては植えますが、はじめはそれを植える時期がわからん。雑木は三月に植えるんですよ。これは山に薪をとる林を育てるんで

写真11　東京都小金井市の野川公園の一画。公園として整備される前は、小さな川の河川敷の荒地だった。付近の人たちはそこに縄囲いをし、その中を菜園畑に拓いた。文字通り「縄張り」であろう。現在は公園としての整備がすすみ、春は桜、ハナミズキ、ツツジが美しい。(1982.5)

知っとった。椿はそれじゃいかんのです。四月末から五月にかけてなんです。それに気づくのに何年もかかりました。」

定住という営み

自分の暮らしの領域をつくることに若い日の情熱を傾けた古老の話は、まだ続きましたが、この話も私にとってきわめて興味深いものでした。

それは人が築く垣とか囲いのもつ種々の機能の多くが、この古老の営みのなかに集約されているからです。そこでめぐらされた仕切りとは、自分の土地と他とをわける境でもあり、ひとつの作業単位でもあり、作付の違いをも示しています。また、仕切りとなった椿は、実の採取を目的としているのに加えて、防風林をも兼ねていました。動物がよそへ逃げぬための囲いもでてきます。

人がその地に定住するということは、そこに自分を囲いこんでしまうことではないかと思うことがあります。そこにはさまざまな目的をもった囲いや仕切りがつくられていき、そのありさまはそのままこの話のなかにあらわれています。

写真12　山すその猪垣《ししがき》。このむらでは屋敷と古くからの耕地とをとり囲む形で石垣がめぐらされていたという。写真中央の横に続く石垣はそのなごりになる。広島県三原市（1974.7）

もちろんこの話に出てこない囲いもあります。たとえば外敵を防ぐための囲いや、祈りとしての、あるいは象徴としての囲いがあげられます。前者は中世の館などにみられる土塁がそうでしょうし、後者には地鎮祭の時などの注連縄《しめなわ》の例があります。一本の藁縄で囲われたにすぎない空間に私たちはある緊張感をおぼえます。これは不思議といえば不思議なことです。

もっとも、さまざまな囲いについてここでとりあげたからといって、囲いそのものにそれほどこだわるつもりはありません。それはあくまで暮らしつづけてゆくための心配り、手配りの結果のひとつとしてあらわれるものですし、日本にはそうした囲いをそれほど必要としなかった地域や社会もあったように思うからです。

ただの土地の広がりにすぎない空間を、人間は認識によってさまざまに画してきました。そこでは囲いの有無ということよりも、囲いのあらわれかたが問題になってくると思います。

定住とは、自分で自分をさまざまに囲いこんでいく営みではないか、と前に書きましたが、では

写真13　草にうずもれた石垣が山中へと続く。かつて山で放牧が行なわれていたなごりだという。新潟県両津市（1978.5）

写真14　幕末期の鬼怒川中流域のむら絵図の一部。水田の中に点々と境塚が設けられている。（栃木県真岡市市史編さん室所蔵の絵図より）

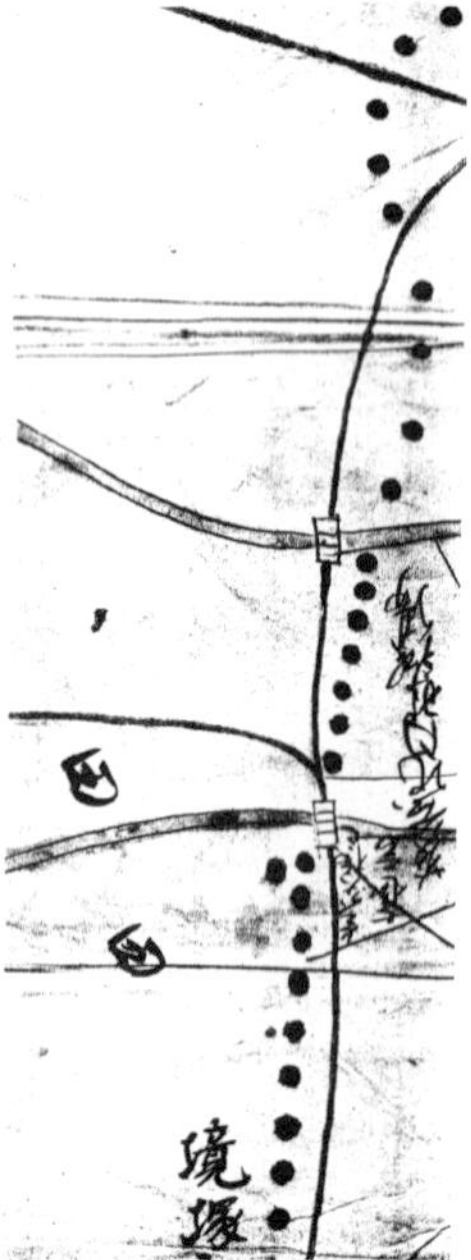

その営みはどのように権利化され、ひとつひとつの所有形態を形づくってきたのでしょうか。

私の旅はたとえばそんな興味をかかえた旅であり、以下はその覚え書きです。

意志を伝える類型

写真15　谷水によって拓かれた田が耕地整理によって畦が直線にかわり、さらに休耕田政策のため奥の田から植林がすすんでゆく。福島県会津盆地の南部山麓（一九八一・十一）

3　三原の夏――水路を追って

畦に腰をおろして

　老年期の地形である中国山地を上空から見ると、さほどけわしい山はなく、峡谷も少なく、定住に適する土地が山中に点々とあることがわかります。ただ、その面積にはおのずと限界があり、その限界に応じて人々が住みつづけているため、いたるところに小さな集落が散在しています。

　一九七五年の夏、私は広島県三原《みはら》市に属するそうした集落を毎日歩いていました。

　広島県下で古い名田のあとと思われるものを調査したことがあるが、人名のついた地名の一区画をみると、やはり谷水がかりであり、しかも用水路によって一枚一枚の田に水を引くのでなく、上の田から下の田へ水を落としていく方法がとられている。しかし地名のかわるところを境にしてその水はその下の田へは落されないことになっていて、一つの取水口からひいた水のかかる田に限界がある。その範囲に一つの地名がついているのである。中国地方山中における名田とよばれるものの多くはそういうものであったと思われる。

（宮本常一『開拓の歴史』）◆

（この『開拓の歴史』は一九六三年に刊行されています。現在の中世史研究の現場では「名田」という言葉は、歴史用語としてはここで述べられているよりはるかに複雑な性格を持たされ、こみいった文脈のなかでとらえられようとしているようです。拓いた人間がその名を冠し、そのことが占有の主張とも認定ともなるという開拓の原初的

写真16　三原市八幡町宮内の谷。この谷の奥に奈良時代末期、藤原百川の勧請になるといわれる御調八幡宮が祀られている。(1979.11)

写真17　上の田から下の田へあぜ越しに水をおくる田。あぜが痛まぬよう水口にビニール（肥料の袋がよく用いられる）をあてがうことが多く、遠目にもわかりやすい。広島県竹原市（1977.8）

な性格は否定されていないと思いますが、それを社会経済史的に位置づける徴税形態や支配体系などの面では地域や時代によって差があり、その定義は揺れているようです。そのため以下の本文では宮本の言う名田には「名田」とカギカッコをつけて表現しておきます。）

この文章は机にすわって読んでいる限りでは、なるほどそうしたものか、と受けとめるだけですむのですが、当時の私――二十代半ばでした――にとっては切実な意味をもっていました。というのは、『三原市史』第七巻「民俗編」作成のために、この地域のむらの成立を調べ始めていた矢先のことで、ここで述べられていることが、むらの開拓のありかたをみてゆくうえで、自分にとっての目安になるものか、実際に検証してみようと思ったからです。

さて、それではどこからどのように手をつけたらいいのか、考えあぐねて地図を片手に三原市内の八幡町の宮内《みやうち》という小さな谷筋のむら（写真16）を歩いていたとき、田の畦《あぜ》に腰をおろして休んでいるおじさんに出会いました。

写真18　山のむらと谷筋のむら。見おろすむらと囲まれたむら。両者の間にある山の斜面のどのあたりにむら境があるのだろうか。岡山、広島県境付近（1982.3）

いったいこのあたりの田は、水をどのように引いているのだろうか、そう声をかけてみた私に、そのおじさんは、その谷の田一枚一枚の水の引きかたを、嚙んで含めるようにして教えてくれました。

ヤツデの葉をひろげたように入りくんだ小さな谷々からの水を田に引き、下へとおとしてゆく、そうしたきわめて物理的な、また単純なしくみのなかにさまざまな権利がからんでおり、そのありさまは以下の稿で述べていくように、そのままむらの性格の一面を示していました。こうしたことを、私はその時まで実感として知らなかったわけです。

水路図の作成

そこで教えられたことを二千五百分の一の地図におとし、それと照合しながら一枚一枚の田の畦を歩き、さらにそのことから生じた疑問を教えていただく、そんなことをいく度となくくりかえして作った宮内というむらの水路図が図1です（三一ページ）。こうした図の表示法も、まだ今の私にとっては試行錯誤の段階です。

野図には水路の他に、田の名称、祠や墓の分布、畦崩れを防ぐための杭の分布、野井戸の位置など、歩いて気づいたことをさまざまに記入していくのですが、そのままでは情報量が多く、かえってわかりにくいため、要素ごとに抽出した図の一例になります。この図では、水田をその形状や大小にかかわらず一個の白丸であらわしています。これは形や大きさが意味をもたないということではなく、この図は田に水を引く権利のみを抽出してみたものである、ということです。田に水を引く権利のありかたには、開墾当初からの姿が、より頑強に変化を拒む形で今日に伝わっていると考え、まずこれを図示してみました。

この図1は概念図であり、川や水路を直線化してあらわしていますから、方位などは厳密ではありませんが、上がほぼ北になります。この図の凡例は表1（三〇ページ）に示しています（以下本書で示す水路図の凡例もこれに準じます）。縦に走る太く黒い線が宮内川で、その中に白く抜いているのは川の井堰です。Uの字を横倒しにしたような表示が谷で、谷に溜池がある場合は楕円を半分に切ったような黒塗りの形で池を表示していますから、同時にこれもそこが谷であることも示しています。こうした水源から伸びる水路や流れを太めの黒の矢印で示し、そこから枝わかれする小

名称	記号	例	備考
水田			水田はその大小にかかわらず、一枚を一律にこの記号一つで示した。一枚の田という以上に、そこに水を引く一つの権利を示している。
野井戸をもつ水田			数枚程度の水田への取水のために、田の中に掘られた野井戸や小規模な湧水池は、田の白丸の中に黒丸をおとして示した。
あぜ越しの水路	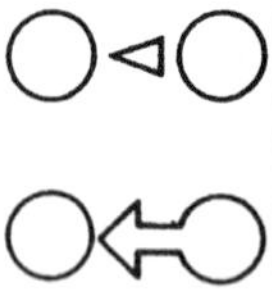		通常のあぜ越しの水路は白抜きの三角形で表示した。あぜ越しのなかで特に「水通し」と呼ばれているものがある。これは水田の白丸と連続する矢印で示した(下の記号)。
谷		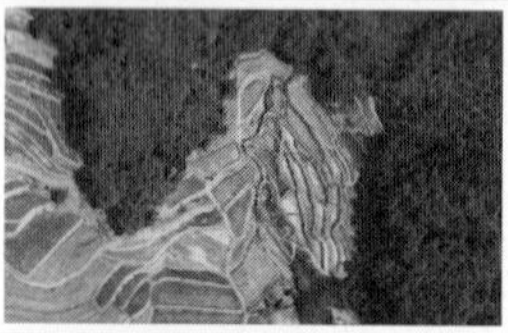	田の水の取水源としての谷。こまかな枝谷がある場合も、取水機能の上で一つとみなせるものは一つの記号で示している。
溜池			本書でふれる溜池は、ほとんどが皿池ではなく谷池である。このため溜池の表示はそこが谷であることもあわせて示している。池が二つ上下(かみしも)に造られている場合も、機能上一つとみてよい場合は一つの記号で示した。
川の井堰	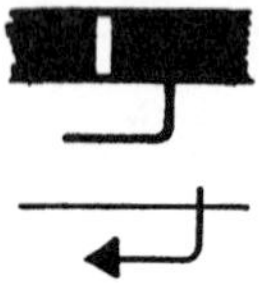		自然水位を人為的に高め、灌漑に適度な水量と水位を保つための堰である。大きな川の井堰を上の記号で、小さな川の井堰を下の記号で示した。ただしその大小はそのむらのなかでの相対的な差にすぎない。
水路	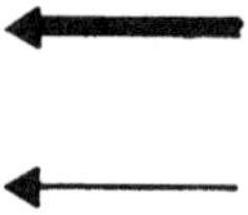		大きな水路を太く、小さな水路を細く矢印で示した。この基準は井堰と同様にむらうちでの相対的な違いになる。大きな水路が次々に枝わかれしてゆき樹枝状の組織をもつことになる。

表1　水路図の凡例（図1、2、8、14、17、20、39、41、45、48に適用）

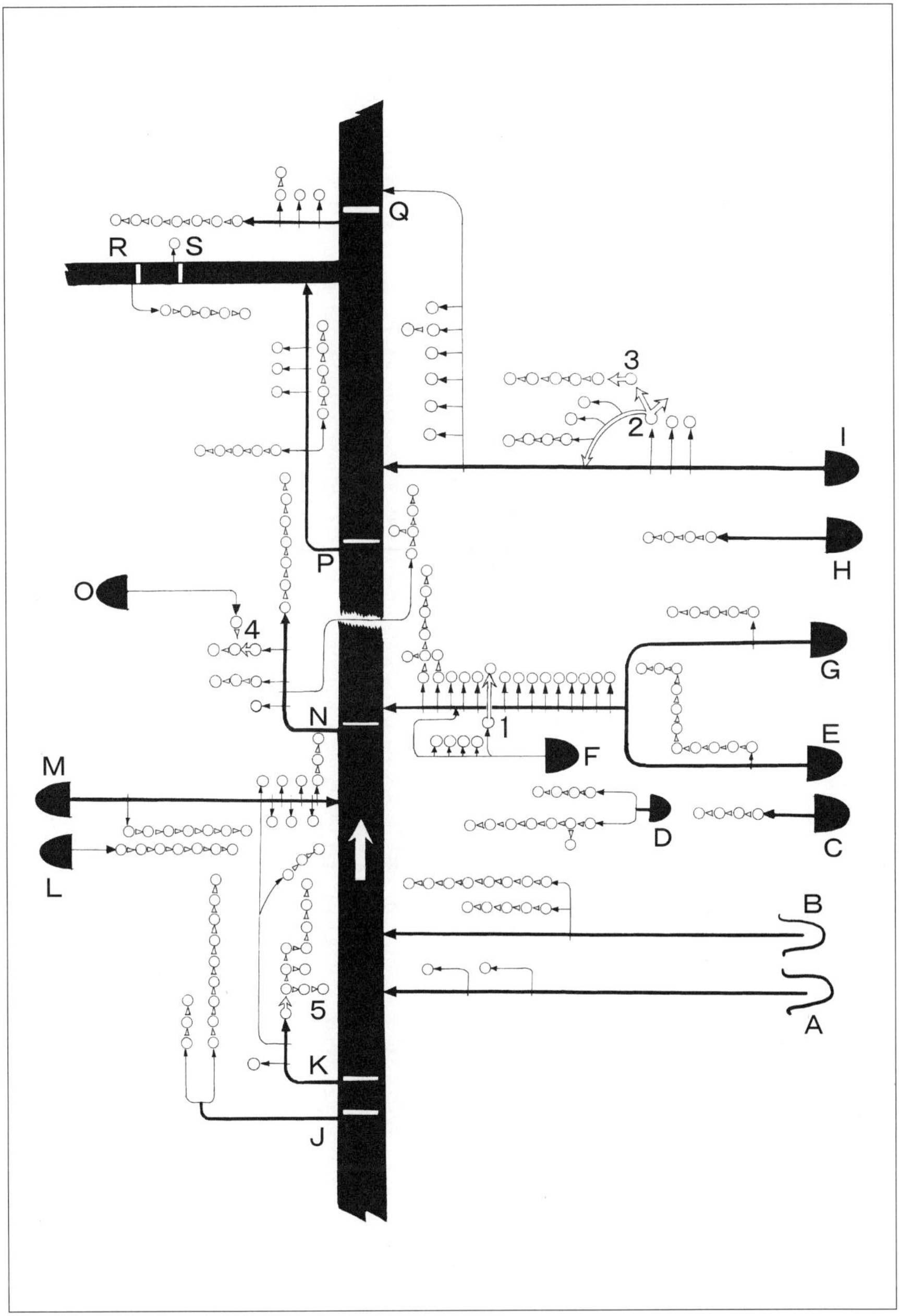

図１　宮内の水路図。二つの谷（A、B）、十の谷池（C、D、E、F、G、H、I、L、M、O）、川の七つの井堰（J、K、N、P、Q、R、S）によって構成されている。

図2　その1　基　本　型

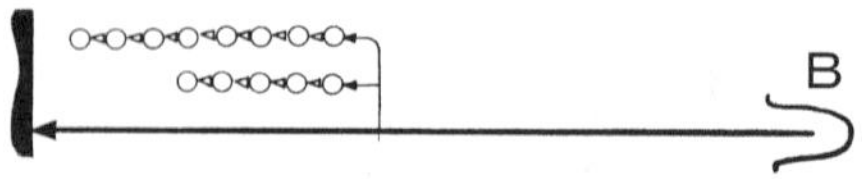

谷水からの取水。A、B、がこれにあたる。谷池からの取水と同様にあぜ越し水路が多い。

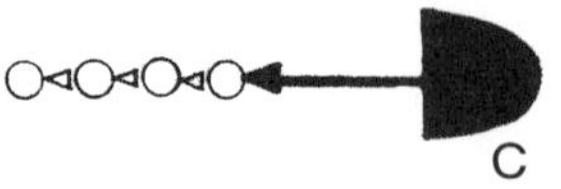

谷池からの取水。C、D、H、Lがこれにあたる。他の利水施設との複合がなく、水路もあぜ越しが多く水利系としてまとまりが強い。

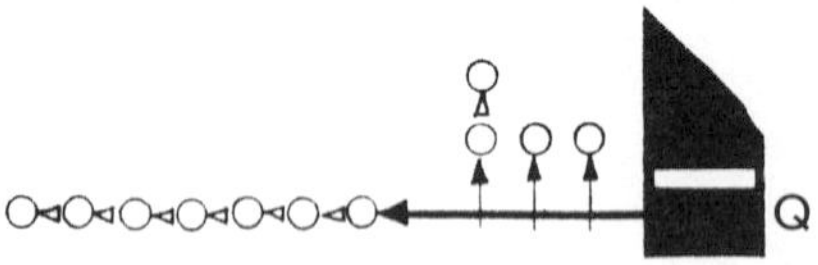

川の井堰からの取水。J、P、Qそれに R、S（この二者は小さな川からの井堰）がこれにあたる。幹線水路からの小水路が発達している例が多い。

その2　複　合　型

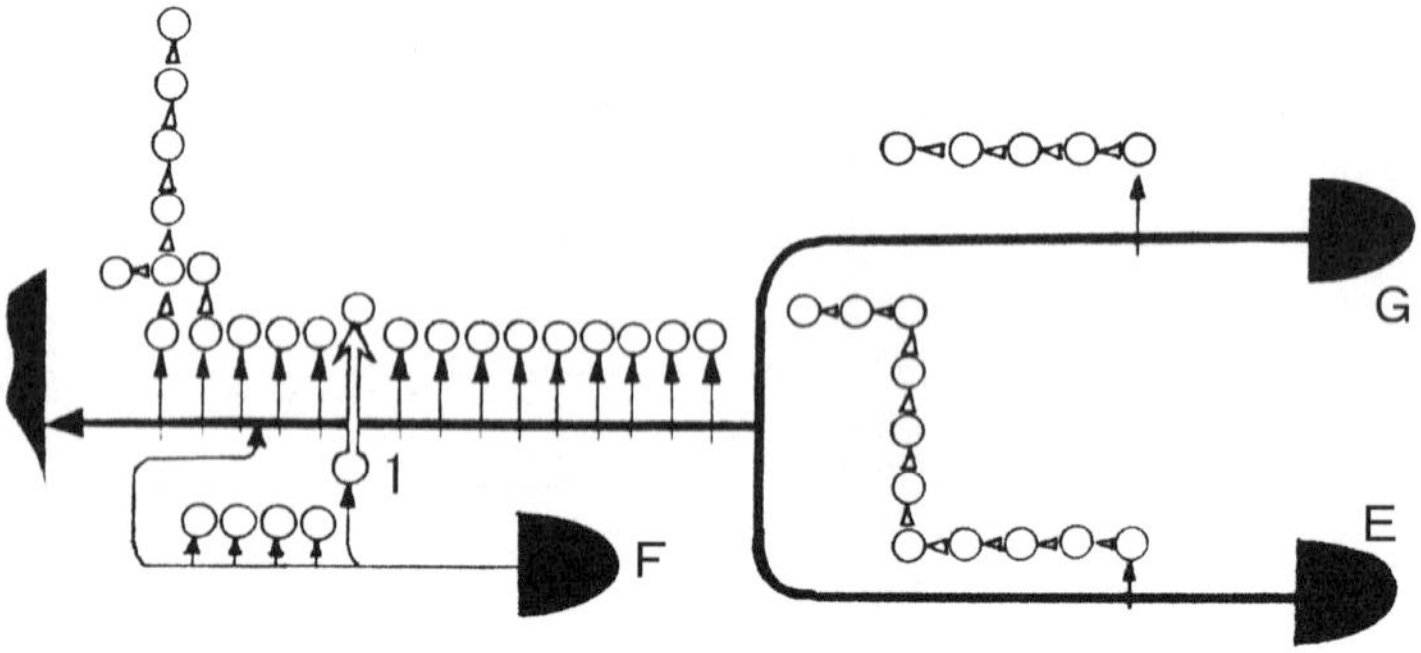

E、Gはともに谷池であり、その水路の合流点まではCと同じパターンである。しかしそれ以降の水路は小水路がきわめて整っている。これはG、Eが拓かれた後、この二つの排水を受ける形で下に開田されたことを示していよう。これにFの谷池の水がからんでいる。その場所から下手では水通し田やあぜ越し田が多い。これはG、Eの排水で拓き添えがなされる以前からFの谷池が築かれ開田されていたことを示しているようである。

複　合　型

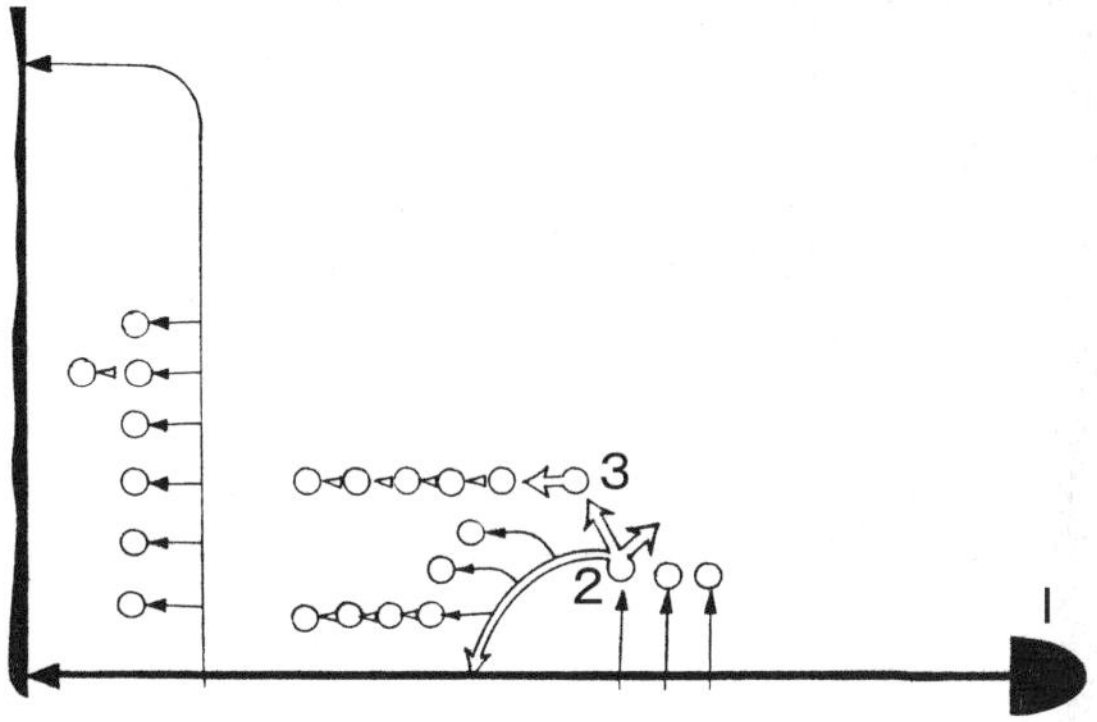	これも前ページの複合型の例に似た事例である。下手の水路は整然としているが、池に近い上手はこみいっている。この二地域は同じ形の開田ではない。
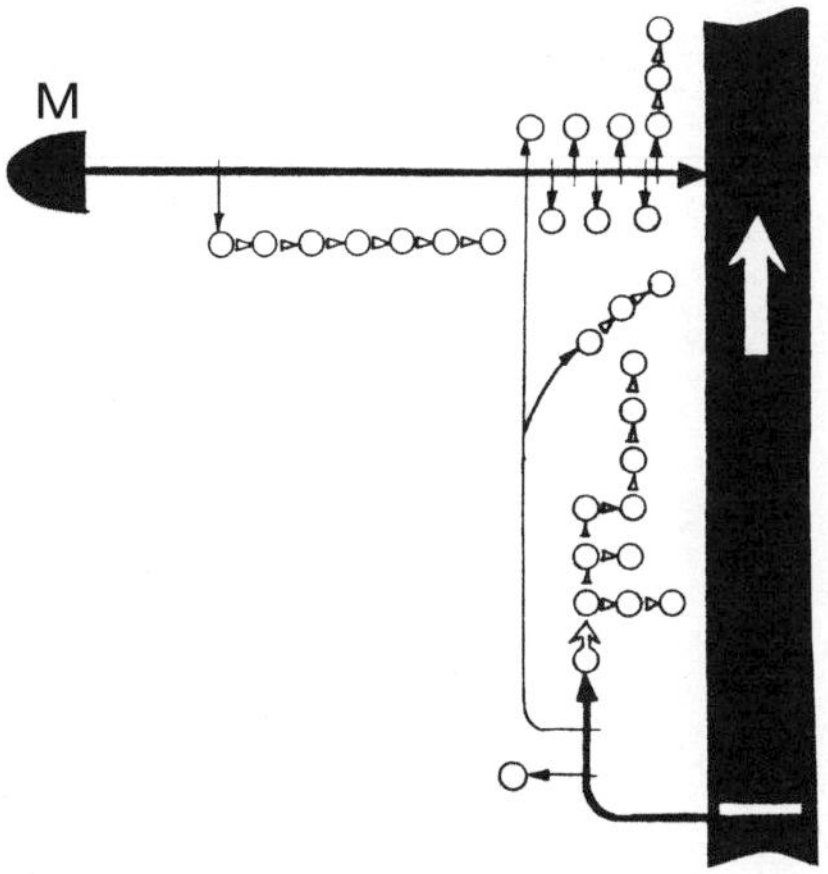	川の井堰と谷池からの水路が合流した例である。これも合流点以降の小水路の整備された様子をそれまでの水路と比較すると、二段階の開田を反映していよう。
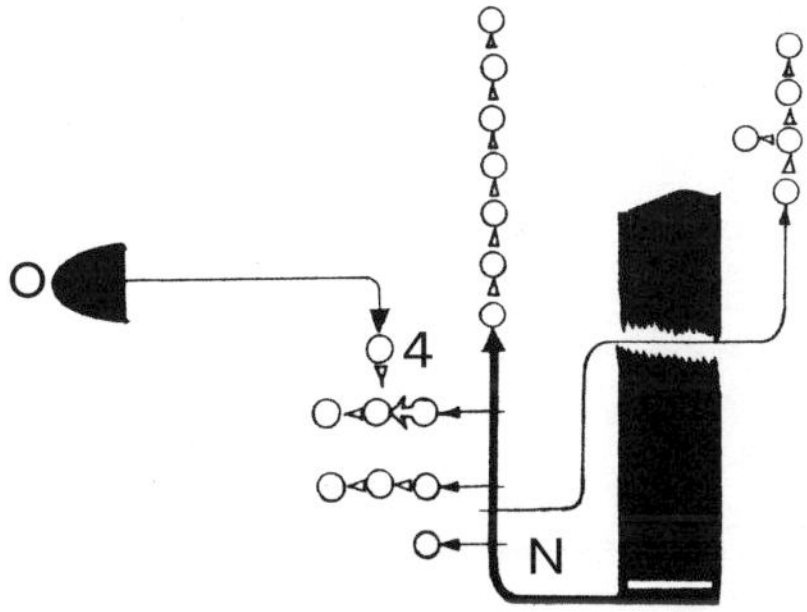	Nの井堰からの水路が宮内川を越して対岸に伸びている。これはこの井堰を設け左岸を拓いた人（もしくは人々）が対岸の地をその井堰の水路から水を送る形で拓いたか、川の流路が変化した結果、水路のみ旧態を守り、川を越す形になったかのいずれかであろう。

水路は黒の細い矢印で示しています。この矢印の大小は、そのむらごとの相対的なものにすぎません。

この章の冒頭で引用した宮本常一の文章のなかにでてくる、上の田の畦を切って下の田へ水を送るいわゆるあぜ越し田（あるいはアテコシ田）は、白抜きの鋭角三角形で、位置と水を送る向きを示しています。このあぜ越し田のなかでも、むらの人から特に「水通し」と呼ばれて区別されているものがあります。その位置や水の送りかたをみると、単に上から下へ落とすよりも、水を横へ送る機能を負っている例が多いようです。これは開墾当初の取水単位や、開墾単位の区切りとなる田ではなかったとの推測をこのむらで聞きました。開墾時期のずれや開墾者の違いを越えてそれらをつなぐ形で設けられた水路ではないかということです。おそらくそうだろうとは思いますが、その個々の成立の明確ないきさつはわかりません。この種の田は、図では白抜きの矢印で水田の白丸と区切らぬ形で表示しています（図1の1から5）。このままではきわめていりくんだ形の図となっていますので、図2にその要素分解と解説を兼ねて七種の部分抽出図をつけておきます。

これが水路を通してみた宮内というむらの顔になります。谷や谷池、川の井堰など計十九の水源からの各田への水の送りかたは、決して一様ではありません。このひとつひとつに、開拓の時代背景や拓かれかた、拓いた人間の力関係などの諸状況が反映し、時代をくぐるなかで権利として認められ受け継がれてきているのでしょう。

（なお、本章から9章までの水路図は、一九七五年から一九七七年にかけての状態をもとにしており、古老の聞き取りから一部復元できるところは復元して作成したものです。休耕地のため荒れがひどい山間の水田については、省略しているところがあります。また、この図では取水権に重点をおいているため排水路の明示は不十分です。こうした水路調査や水路図作成の手法については本書とはまた別のところでのべる予定のため、ここではこうした細部説明にふれずに先にすすみます。）

注

◆宮本常一『双書　日本民衆史1　開拓の歴史』未來社　一九六三年。

4　山を背負う家々——谷水に依る暮らし

あらわれてきた類型

それからは、むらの水利の概要を古老に聞き、それを目安にしてむらの田を一枚一枚歩いては確認して野図におとし、家々の開拓伝承を尋ね、古い墓をさがし、さらにまた明治期の土地台帳をもとに土地所有を復元するという作業が始まりました。

正直にいって、自分の行なっていることに不安と疑問をもちながらの毎日でした。たとえば、明治前期の土地所有復元図をつくったとします。それが中世的なむらだとすれば、その起こりから少なくとも四、五百年の歳月がそれまでに流れているわけで、そんな昔の開拓のありかたが本当によみとれるほど残っているのだろうか、そう思いつつ毎朝、宿舎から出かけていました。しかし、そうした作業のなかで、ひとつの類型——ひと筋の谷川を中心とする小世界、とでも表現すればいいのでしょうか——が次第に姿をあらわしてきました。

私の歩いた一帯が、中世半ば以降に大きな戦争がなかった地域だったことも、この復元作業に幸いしていたと思います。また、徳川時代の田畑売買禁止令や分地制限令といった法律も——どの程度守られていたのかはわかりませんが——結果としてある程度は私の作業に力を貸してくれることになったのかもしれません。

この作業を通じて、私にとって一番大きな収穫は、水の引きかたや土地の持ちかたが、年月をかいくぐって維持される力の強さを理解していなかった自分に気づいたことです。心の底で漠然と、そして粗っぽく、社会は変わってゆくのがあまりまえだと思っていたわけです。変わってゆくもののみを目が追いかけていたともいえます。

さて、その類型の一例を示したのが写真20と図3で、これは三原市八幡町の野串《のぐし》というむらの景観の一部です。小

写真19　広島県三原市八幡町周辺。写真の右が北。ⓐが本章でとりあげている地域。ⓑは3章でふれた宮内の谷。ⓒは7章でふれる篝のむら。国土地理院発行 CG-70-4X C2-6 を使用。

高い丘陵の上に、山を背負って二軒の農家が並んでいます。向かって左が本家、右が四代前に出た分家で、おのおのこの図の中で示した領域が、明治二十一年（一八八八）の土地台帳をもとにした、当時の土地所有を示しています。本分家をあわせた形でみれば、屋敷地のある山際から下へ広がる一帯の田を持っていたことが推定できると思います。もっとも、丘陵のほぼ下半分はかなりの耕地が売られたらしく、所有に空白がありますが、この家々がかつては空白部を含む形でその下に広がる一帯の耕地を持っていたという伝承が、このむらの古老の間にのこっていました。そのおのおのの土地の隣りあっている位置関係からみて、もとは本家がこの二軒分をあわせもっていたと考えるのは自然だと思います。だとすれば、この本家が山際に居を定め、家から下に広がる斜面を拓くことによって暮らしをたててきたあゆみを想像するのは、それほど無理なことではないでしょう。

なおこの図の右手上に、これらの耕地群からはなれて、二か所ほど飛び地でこの二軒の田があるのですが（図3右上の白矢印）、これは当初から持っていたのか、のちに買い添えたものかは不明です。

また、当時の山林部の土地台帳が欠落していたため、山の所有領域は聞き取りによって補い、図示しています。本分家ともにおのおの背後の山をもち、その山際に墓地1、2を設けています。また、現在分家の山域に含まれる3の場所に宝篋印塔一基、五輪塔十数基がまつられていますが、これは二軒の家と直接の関係はないそうです。このことについては次の章でふれます。

聞き書きでさかのぼれる限りでは、この二軒でまつっている祠はありません。この八幡町一帯は真宗の力が強いところですし、さらに、前章でふれた宮内にある御調八幡宮への小祠の合祀がこれまで頻繁に行なわれています。こうしたことを考えると、現在祠がないということが昔からそうであったとは言えないと思います。

なお、井戸はおのおの屋敷地内の山よりの場所に設けられています。

こうみてくると、背後にひかえる山と山際の家、そしてそこから下に広がる水田、それらを一組としてここの開拓形式がよみとれるのではないかと思います。

なお、図3で示した鳥瞰図の耕地部分の元図は図4です。図としてはこちらの方が正確な資料になります。

写真20　山際の家。図３とともに本文参照。広島県三原市（1979.11）

図３の鳥瞰図はセスナから写した写真をトレースし、それを白図として所有領域を記入しました。その周囲の条件にもよるのですが、定住者の生産領域や開墾の領域は景観のなかにさまざまな形であらわれています。それはよみとりやすい場合も多く、そのためその様式を把握しやすいアングルから景観を把握してゆく、いわば明示のための類型資料のひとつとしてこの図をつくってみました。ですから写真からのトレースといっても、あくまで手段としての図であり、随所に省略や整理を行なっています。地理的なセンスがさほど鋭いと思えない私には、噛んで含めるようにして調査記録を詰めていく必要もあり、こうした鳥瞰図を作ってみました。以下の章で示す鳥瞰図も、同様の目的で作成したものです。

写真20では、山すその水田を下りつめたところに車道が走っています。こうした低地の車道沿いに立地する家々は、こ

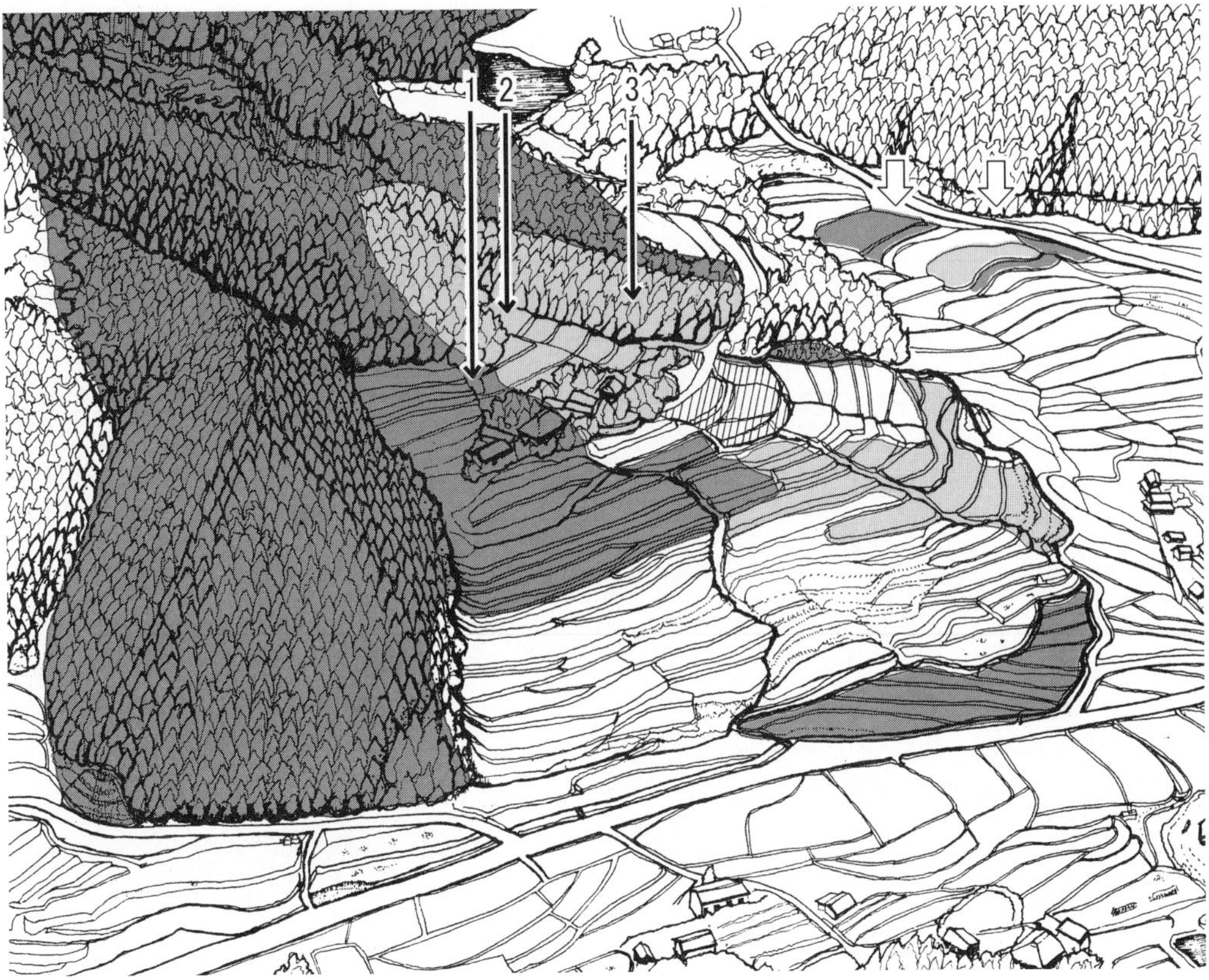

図3　写真20の家の明治二十一年当時の土地所有復元図。向かって左が本家、右が分家。それぞれスミをかけたところがその土地所有領域。1、2はおのおのの家の墓地の場所。3は先住者と思われる家の墓地。斜線部は同家の持ちのこしらしい。本図については本文参照。

の七、八十年くらいの間に、山際の家から出た分家か、もしくは山際の家自体が移ってきた例が多く、私はむらを歩きながら、時折こうした家々を視界からなくしたつもりで景観を見てみたりもしたものです。

また、この道をはさんだ向かいの山際にも図3で示したものと同様の住みつきかたをした家がみられます（図5）。

谷と宮座

この地域で、むらの景観を構成する最も主要な基本単位をなしているのは、こうした山を背負い耕地をみおろす様式の家々ではないかと思います。このことがこの地域の景観に類似性をもたせ、さらにこうした住まいかたがどのような形でどの程度みられるかということが、むらの性格やその差違のありかたを強く規制しているようです。

この地域、とは、ここでは三原市の農

写真21　写20、図３で示した農家を横からみる。田は15度程度の斜面に拓かれている。

村部を指すのですが、私が歩き、ある程度調査した範囲でみれば、山陽地方では、三原市、竹原市などの瀬戸内沿岸から北の三次《みよし》盆地に至る山間のむらむらの多くも、その例に含まれるのではないかと思います。

さらにＪＲ山陽本線を走る列車や、中国縦貫道を走るバスの車窓から見る限りでは、兵庫県宝塚市の山手から山口県山口市に至る山間部にも、同様の様式の住みつきかたが濃厚に見られます。

三原市では、ことにこの百年余りの間に古い地名や小字などの消滅、廃止、統合が激しく、また、祭祀行事についてみると、住宅化がすすむ沿岸部の畑作地帯にはかえって古い形を伝えるむらが散在するのに対して、この八幡町一帯にそうした事例はほとんど残っていません。

三原市の南西隣の竹原市には、田万里《たまり》という戸数百戸余りの谷すじの集落があります。八幡町と同じような地形のなかに、同じような形で人家が点在しているところですが、ここには宮座が現在もなお残っていますし、三原市の北隣の御調群久井町の稲荷神社にも同様の祭りがみられます。

写真22　図3の3で示した古い墓地。中世の供養塔である宝篋印塔や五輪塔が並んでいる。こうした石造物の分布状況がむらをみて歩く時のひとつの目安になる。（1982.8）

これらの地域では少しずつ古い祭りのありかたがくずれてきてはいるのですが、山を背負い、耕地を拓きおろす形で立地していた家々が、かつては宮座を構成していたことや、その家々と、たとえば「貞国《さだくに》」、「定則《さだのり》」といったような「名田」的な小字名が、ある程度関連をもって分布しています。ここでみてきたような生活単位が、われわれが使っているこの地方での「名田」という言葉の実体の、時代をくぐってきた姿だといえそうです。

この地にたどりついた人々が、思い思いに谷水が引ける山際に居を定め、そこから拓きおろしてゆき、そうした家々でひとつの連合をつくって祭りを維持してきたあゆみをここで考えるのはそう不自然なことではないでしょう。

御調八幡宮は奈良時代末期、藤原百川《ももかわ》の勧請になるといわれる古い神社です。平安時代には石清水八幡の別宮となるのですが、このことは御調八幡を中心として、この一帯に八幡荘と呼ばれる石清水八幡の荘園が成立したと考えられており、その領域は、現在の八幡町全域から隣接する御調町、久井町の一部を含む一帯であったとされています。

図４　図３、写真20、21で示した農家の耕地所有復元図。Ａ、Ｂがおのおの本分家の屋敷地。Ｃは先住者の所有のなごりらしい土地。なお図中の左上の飛び地的な所有地は図３には表示されていない。（『三原市史』第七巻「民俗編」より）

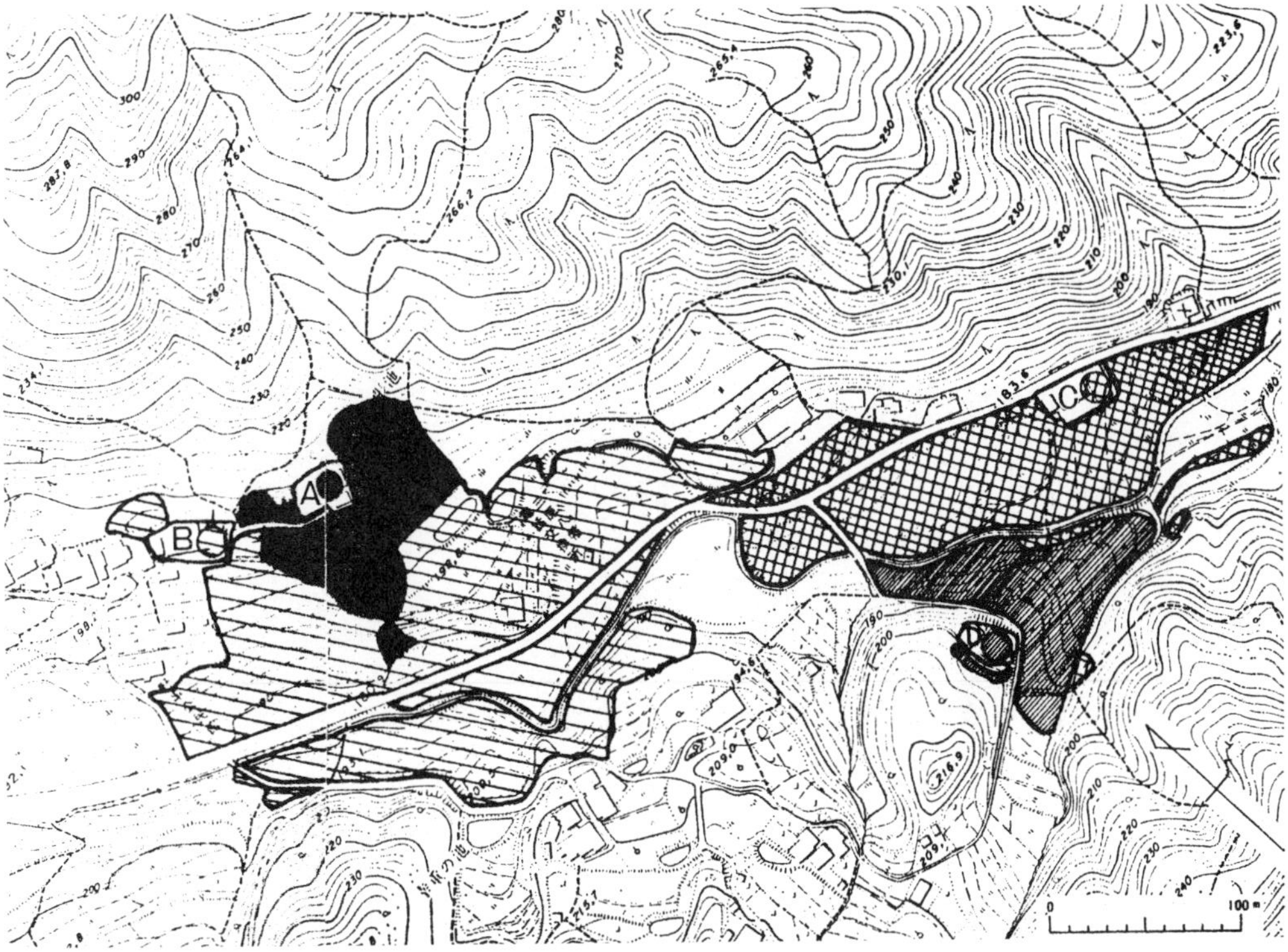

図５　図４で示した家の向かい側の谷の農家の明治中期の耕地所有復元図。Ａ、Ｂ、Ｃの位置が宅地で、その記号のわきの模様でおのおのの領域を示している。Ａ、Ｂは一組の本分家。（『三原市史』第七巻「民俗編」より）

（『三原市史』第一巻「通史編一」）。私が八幡町域で調べたいくつかのむらの開拓定住様式のありかたをもとに、現在の同神社の氏子圏の領域において概算すれば、かつて御調八幡宮は、少なくとも百前後の「名田」によって支えられていたのではないかと推し測ることができます。

かといって、もちろんこの地域のむらのすべてがこうした典型的な様式をもつ家々でのみ成っていたわけではないと思います。開墾当初から計画的に土地割りをして拓かれた形のむらでない以上、ある時期までは拓きのこしの土地が点々と残っていて、そうした飛び地ばかりを拓いて成る名が成立したことも考えられます。

この野串というむらの寛文十一年（一六七一）の「田畠屋敷地槩帳《ちならしちょう》」を見ていた時に、そんな感じを強くしました。

これには十八町三反八畝の田、六町六反三畝六歩の畑、三反八畝九歩の屋敷の計三百六十一の筆数の土地と、その貢納者である三十八名の人の名が記されています。

小字の地名をみると、名田的な地名あるいは

中世的と思われる地名として次のようなものがあげられます(傍線を引いたものは、私が調べた限りで、今も地名、屋号、姓などにその名をとどめているものです)。

国貞、久森、国光、光広、同所ノまへ、重吉、同所平田、同所うへ、時森、むねとし、すけさね、かねゆき、長常、兼久、同所池ノ下、同所家ノ前、おと丸、同所家廻り、おかた、しやうやう垣内、とうせん坊、じやうらく、ひわためん

さらに、この他の小字名としては、

中うね、同所家廻り、高木、同所上、岩神、同所池ノ下、水なし、中曽、岩かた、山もと、森の下、はな田、大林、新屋、にいしり、後山、平田

があげられ、そのすべてをあわせると、四十ほどの小字がみられます。

元来、こうした記録は一筆ごとに小字、地目、面積、石高、所有者などを、むらの一方のはしから順に記していくことが多いようですが、ひとつの小字のなかの土地をすべて記載し終えてから次の小字に移るとは限らず、その記載にいりくみが出ることは少なくありません。それにしても、このむらのものはいりくみすぎている、そう思って、最初の一筆目から記されている土地の小字名をその記載順に表にしてみました(表2)。

写真23　図３で示した１、２の農家の裏山からの展望。城の狭間からのぞいたような形でそのむらの大半が望める。防御上の手配りも定住の折に考慮されたのであろう。（1982.8）

表2では、重吉、国森、国貞、光広といった地名がいれかわりあらわれています。国森は六回（国森の面積総計は二町六反二畝）、国貞、光広は四回（同じくおのおの三町三反三畝十五歩、二町九反一畝十一歩）ですが、重吉にいたっては十二回の頻度になっています。四十の小字のなかでこれらは比較的その面積が広いこともあげられるのですが、これはあるいは飛び地を多く持っている小字なのか、きわめて不自然にいりくんだ形をもつ小字であることを示しているのではないでしょうか。少なくとも写真20や図3で示したような住まいかたばかりであれば、もう少しすっきりとした形の記載になるのではないかと思います。あるいは図3の右上方の飛び地（白矢印）ものちに買い添えたものではなく、当初の拓きかたを反映しているのかもしれません（なおこの史料のなかで、「しけよし」と「重吉」、「かねひさ」と「兼久」、「くにもり」と「国森」をおのおの同一とみなしています）。

また、同じような力をもった数戸の家によってひとつの谷を拓いたのではないかと思われる事例もでてきます。これについては7章で篝《かがり》というむらの例でふれたいと思います。

典型例であるか否かという立場からみると、谷水を引いて拓いた田にしても、ある程度の山すその広がりがなければ、あぜ越しより、谷川から小刻みに水を引くほうがはるかに効率のよ

写真24　「のりしげ」、「かねみつ」、バス停にのこる名田的な地名。右、広島県三原市―世羅郡甲山町間。左、甲山町（1982.7）

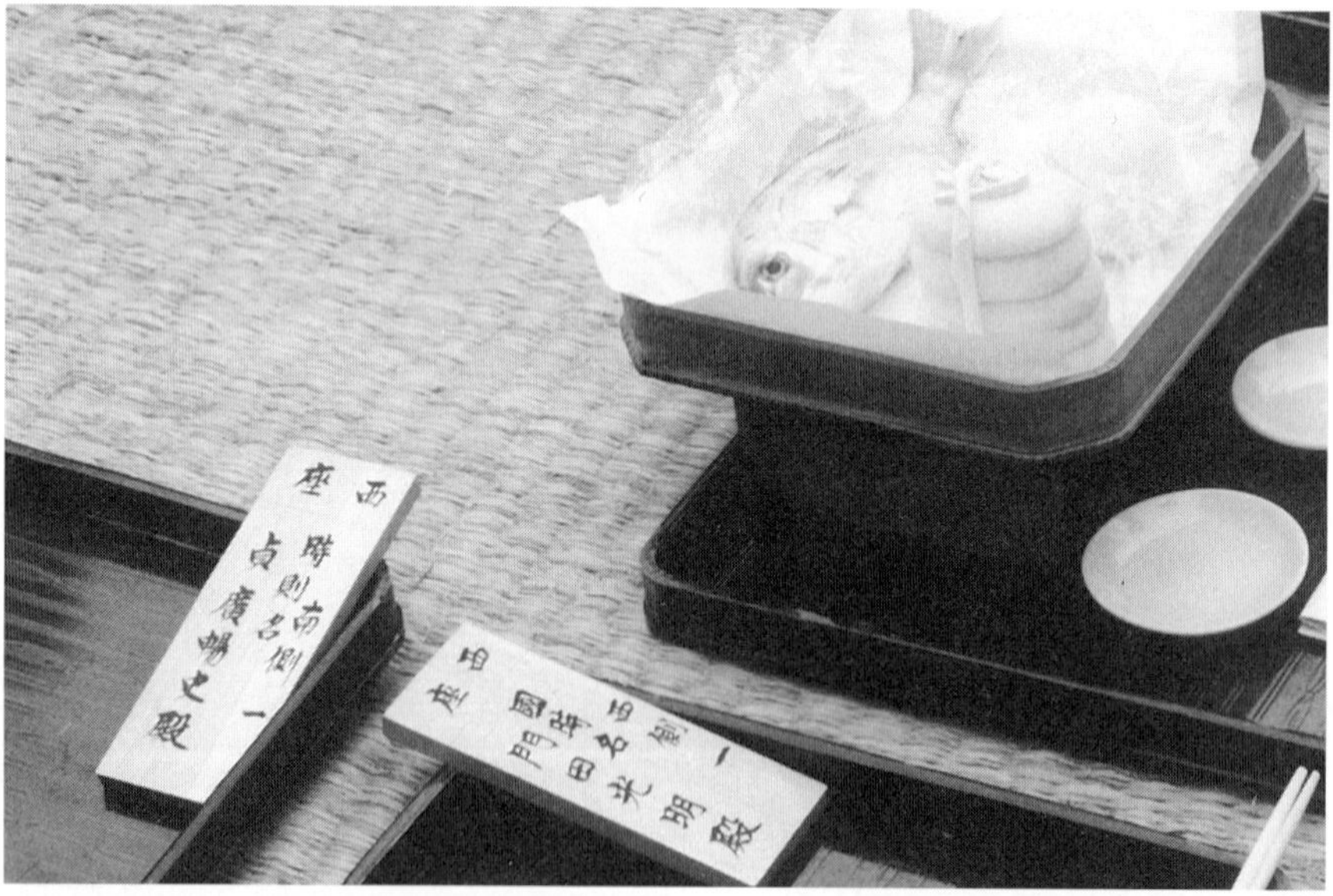

写真25　広島県御調郡御調町の久井稲荷神社にのこる宮座祭祀の膳。その名札に「国時《くにとき》名《みょう》」、「時則《ときのり》名」といった名《みょう》の名が記されている。（1998.10）

	小字名		小字名		小字名
1	くにもり	28	国貞	55	同所平田
2	しげよし	29	重吉	56	久森
3	国森	30	くにさた	57	しけよし
4	時森	31	はな田	58	おと丸
5	後山	32	はなた	59	同所家廻り
6	にいしり	33	平田	60	岩かた
7	同所家廻り	34	森の下	61	久森
8	にいしり	35	久もり	62	重吉
9	同所家廻り	36	久森	63	光広
10	しけよし	37	くにもり	64	水なし
11	重吉	38	くにさき	65	岩神
12	新屋	39	山もと	66	同所池ノ下
13	重吉	40	くにもり	67	ひわためん
14	すけさね	41	かねゆき	68	高木
15	しけよし	42	くにもり	69	同所上
16	しやうやう垣内	43	久森	70	平田
17	重吉	44	長常	71	中うね
18	大林	45	岩かた	72	同所家廻り
19	重吉	46	じやうらく	73	しげよし
20	くにもり	47	中曽	74	同所うへ
21	むねとし	48	久森	75	かねひさ
22	光広	49	光広	76	同所池ノ下
23	国貞	50	光広家のまへ	77	兼久
24	光広	51	久森	78	同所家ノ前
25	くにさた	52	くにさき	79	兼久
26	光広	53	とうせん坊		
27	おかた	54	しけよし		

表2　「野串田畠屋敷地槩帳」（寛文11年）の小字名記載順序。本文参照。

写真26　広島県竹原市田万里町の田万里八幡宮の宮座。田万里の谷の九地区から構成されている。（1977.9）

写真27　山際にぽつりぽつりと家がある。その山すそに車道が通る。配達の手間を考えて郵便ポストだけがその車道ぞいにおかれる。広島県世羅郡甲山町（1982.7）

写真28　図3で示した農家が右上に見える。その手前の谷の山の小鼻に位置する家は、それとはまた違う住みつきかたをした家ではないだろうか。広島県三原市（1979.11）

い場合もあります。さらに、私が見て歩いた限りでは、あぜ越しとはいえ、下の田へ水を送れるのは、せいぜい十枚余りの水田であり、ところどころで谷川から水を引いて補っています。また、山すその傾斜が急であれば棚田のゲシ（土手）が高くなり落差が大きすぎてあぜ越しは多用しにくくなります。

条里制遺構の田においては、◆長地型（六十歩×六歩）あるいは半折型（三十歩×十二歩）の区画までは小水路が伸びていますが、その中をさらに区切って耕作する場合には、そこはあぜ越しになる例が多く、また、明治以降に個々の家単位で拓かれた山間でのひとまとまりの水田にもあぜ越しの取水法がよくみられます。その意味では、これ

写真29　この章でふれた三原市八幡町の北隣が、稲荷神社に宮座祭祀を伝える久井町であり、さらにその北にはかつて大田庄と呼ばれた荘園があったことで知られる地域がつづく。この写真はその荘園の中心地と考えられる世羅町中心部。この章で述べてきた山際の家が点々と見える。（1982.3）

は一戸かせいぜい数戸の力で行なう範囲の小規模な開田や利水と密接につながりをもつ技術であり、あぜ越しの水路様式自体は必ずしも中世的とはいえないかもしれません。

けれども、少なくとも、中世のこの地方において、この水路様式が多用されるだけの素地が自然条件はもとより、社会や時代のなかにあり、その有効性のうえにむらむらが拓けていった、そんな風にいえるのではないかと思います。

注

◆ 条里遺構の水田の水路形態については、本書の旧版が出たあとになるのだが小穴喜一『土と水から歴史を探る』(信毎書籍出版センター 一九八七年)から多くの教示を得たことを付記しておきたい。

写真30 谷の急流をうける竹樋。斜面が急な棚田地帯では、こうした光景をよく見かける。竹樋は次の竹樋へと水を送り田へと伸びていく。かつてこの地方では竹樋つくりのためのトイキリという刃物を備えている農家が多かった。こうした地域ではあぜ越しは少なくなり、一枚一枚の田に竹樋がのびる。ここ四十年ほどはビニールパイプが普及し、水の引き方はさらに便利にまたさらにこみいったものになった。高知県長岡郡大豊町(1982・5)

5

家督を継ぐ——維持される景観

写真31　山中の平地。かつての屋敷跡だという。この平地に接して古い往還が走っていた。広島県世羅郡甲山町（1982・7）

墓の多い家

さて、写真20、図3で示した二軒の家のうち、本家に住んでいる人たちは、実は現戸主から五、六代前の時代に、二つ東隣のむらからここに移り住んだといわれています。

こうしたことは決してめずらしいことではなく、むしろ、開拓当初の血筋が、現在まで絶えずにずっと続いている例の方が少ないのではないかと思います。家族が絶えたり、破産して家人が出てゆき空家になった場合、その家の土地のみでなくその家のつきあいや墓守り、あるいは借金などをそのまま受け継ぐ形で他から新たに人が入り、その家督を継ぐということはよく耳にしました。図4のCで示した家の素姓は、現在ではこのむらの古老にもわかりませんでした。おそらくそうした形でむらを出た先住者の持ち残しではなかったかと

写真32　屋敷跡。立地条件や広さからみて、分家か隠居家だったのであろう。山陽本線車窓から。広島県三原—本郷間（1982.7）

写真33　石積みの上の広い屋敷跡に新しく別の家がたてられる。残りの敷地は菜園畑となる。広島県三原市（1976.11）

写真34　むらとして一見ゴチャゴチャと家が寄せ集まっているように見えるが、おのおの主屋と付属舎との配置に調和をもっている。そんな趣きは条里集落に多い。岡山平野（1982・3）

思います。

ただ、Cの所有を示す斜線部周辺がミツヒロと呼ばれており（現在の小字では中曽側《なかそがわ》という領域に含まれます）、前述した寛文十一年の「地槩帳《ぢならしちょう》」に「光広」という字名がみえていることがこの地の素姓についての唯一の手がかりです。

図3の3にまつられている宝篋印塔および五輪塔群（写真22）は「河野《こうの》」という家のものではないかといわれています。「河野というのはよほど古い。昔、そんな家があったと子供のころに聞いたことがある」と、この谷の向かいの谷で七十すぎのおじいさんがそう話してくれました。この伝承と墓の家とが一致するにせよしないにせよ、ここにも先住者のなごりがみられます。

家が絶え人が出ていっても、墓はそこに残ります。新しくあとを継いだ家は新たに墓地を設けます。そうしてそこに住んでいる家の数より多い数の墓地が残り、やがてその墓がどのような家の墓であったのかも忘れ去られてゆきます。

写真35　箱庭のようなむら。この落ち着いたたたずまいの背後で人もむらも激しく動いてきた。新潟県古志郡山古志村（1978・8）

「あの墓かいの。うちの墓じゃないんじゃが、どういうわけか昔からうちが守《も》りをしよる」

「うちの土地にゃ、うちのでない墓がいくつもあるんじゃが、ありゃどういうことかいの」

こんな言葉をいく度となく耳にしました。おそらくその多くは、そうした人や家の入れかわりが背後にあったのではないかと思います。むらが続くということはそうした前の時代の痕跡をあちこちにとどめつづけてゆくことでもあるのでしょう。

生産領域を受け継ぎ先祖の供養も受け継ぎ、暮らしのたてかた自体は、人が変わっても踏襲されていきます。ですから人が変わり代が変わっても、開拓当初の住みかたは原型として受け継がれてゆくことになります。

逆に見れば、受け継がれてゆく景観の裏側で、むらは、見かけよりもはるかに激しく動いていたといえます。村落景観の見かけのおだやかさ、のどかさは、その激しい動きによって支えられ受け継がれてきたことになります。

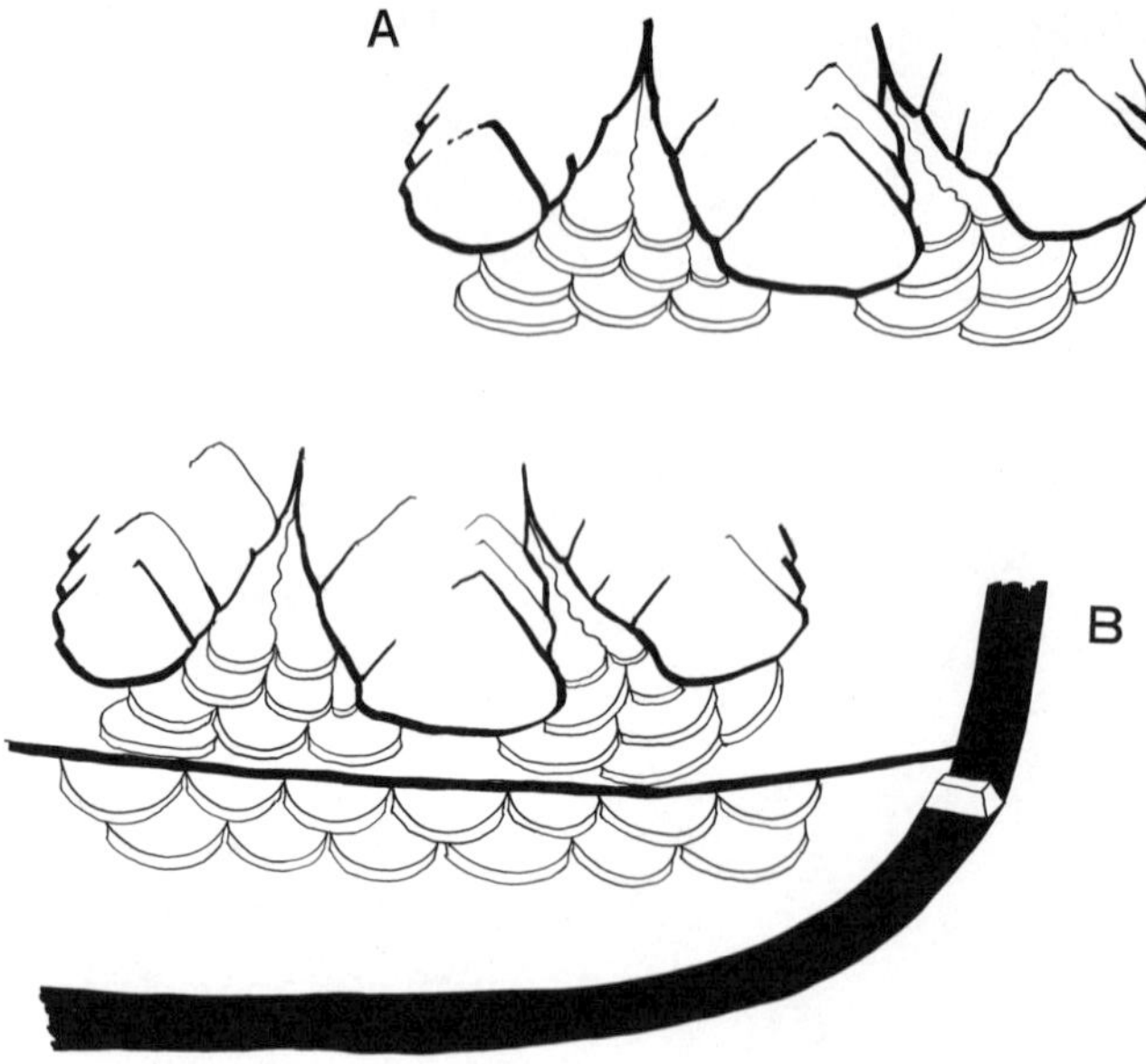

図6　模式図。伸びる水路、広がる取水源。谷水（A）から井堰（B）へ。本文参照。

6　谷をつないで水路は走る——開拓の時代

ヤシキダ　ハタケダ

谷水がかりの田から井堰がかりの田へ——多くの開拓史の本には、中世から近世に至る水田開発のあゆみがそうしるされています。基本的にはその通りだと思います。これは、生活の拠点が谷から平地へと移行していったというこの時代についての定説と対応するのでしょう。けれどもそれは、塗りかえられるように変わるのではなく、過去の痕跡を残しつつ変わっていきます。

まず谷水を引き、上の田から下の田へと次々に畦《あぜ》を越して水を送るしくみの水田が、おのおのの谷筋で下へ下へと拓きおろされてゆきます（図6のA）。

谷川があるということは、その谷水が流れこむそれより大きな川が、下手《しもて》に流れているということです。やがて次の時代には、その川の上流を堰きとめて井堰が築かれ、そこから水路が長い腕を伸ばすよ

写真36　川に設けられた井堰と、その取水口から山すそを伸びてゆく水路。愛媛県西条市（1980・4）

うに山腹を走る光景が見られるようになります。その水路はさらに枝わかれして、こまかな水路を伸し、ほとんどの田一枚一枚に小さな水路を届けるべく整備されてゆきます（図6のB）。

その水路は、谷水がかりで下へと拓かれた棚田の途中をも突っ切って走りつつ小水路を伸ばし、そこから下の田の水利のしくみを変えてゆきます。井堰のみならず、大きな池が造られた場合でもそれは同様です。

ひとつひとつの谷川自体はおのおの独立した水源であり、それぞれひとまとまりの利水単位だったのですが、こうなると、水路が走り抜ける谷々の協力なしには、水路の維持はできなくなり、水を通じての人々のつながりは、広くもなり、こみいったものにもなってゆきます。また逆に、人々のつながりが広がってゆく素地がなければ、こうした広域にわたる水利施設は造り得ず、そこには統合されたひとつの意志、あるいはひとつの意志への期待が必要です。別の表現を使えば、その地域を安定させる政治勢力の出現ということになるのでしょう。

谷川の集水領域である背後の山が、燃料や肥料の

供給地でもあることを考えれば、これまでみてきた住まいかたは、谷筋に形づくられたひとつの生活領域ともいえます。いく筋もの谷の口を貫通して伸びてゆく川からの井堰の水路は、まるで谷筋に拠る個々の生活領域をつなぎ、人々の世界を広げていった風穴のようにもみえます。

水田とは、そこに労力と荒地さえあれば、いかようにも拓くことができるといったものではなく、どこからどのようにして水を引くのか、そのことを抜きにしては開拓が考えられない性格の耕地です。だからこそ、水のつながりはそのまま人のつながりと重なる、言い換えればそうなります。そうしてあたりまえすぎるほどあたりまえのこのことが、水田立村のむらを見てゆく時のひとつの基本になると思います。水田とは、その取水施設や手段に、地域性や時代性の重層がきわめて反映しやすい水路という構成要素をもった特異な土地なのではないかとさえ思えてきます。

水田の多くには、一枚一枚に名前がつけら

写真37　地形にそって山すそをまわり伸びる水路。可能な限り遠くへ。広島県三原市（1975.7）

れています。名前といっても、そこをつくっている家々か、せいぜい、むらうちでのみ通用するような呼称です。

たとえば、山田家の一番大きな田であれば「山田のオオマチ」、細長い田であれば「ナガマチ」、形が包丁に似ているところから「ホウチョウダ」、という具合に田の広さや形をあらわしているもの。かつて井上という町の地主の田であったところから「イノウエダ」などと呼ばれるもの。これは田の素姓をあらわしているといえます。こうした素姓をあらわしている呼称の、「ヤシキダ」、「ハタケダ」という名を持った田が、三原市の水田の多いむらには、必ずといってよいほど一枚や二枚はあったものです。これはかつて屋敷や畑だった土地を、のちに田に拓いたことを意味しているのですが、この名で称される田のほとんどは、渇水期には水を引く権利を持ちません。あとから割りこむ形で拓かれた田は、のちのちまで不利な条件を背負ってゆきます。

写真38　水路が発達していくとその開削者が開田の功労者として後世に伝えられるようになる。17世紀半ば山内《やまのうち》仰西《ぎょうさい》によってつくられたという仰西渠。愛媛県上浮穴郡久万町

（1982・2）

溜池築造

それほど水利とは変わりにくいものですが、谷水から井堰へ、といった取水施設自体のおおもとからの変化があれば、それを機にして大きく変わることがあるのも事実です。

写真20で示した家のあるむら（写真19ではⓐのむら）は、かつて水に不自由な思いをしていたところでした。ゆるやかな峠を越して隣むらの川の井堰からの水路が伸びており、その水路に頼るむらの西部の田は、隣むらの田植えが始まるまでは、田づくりにかかれない慣習があったそうです。これらの田は隣むらの水路からのあまり水と天水とに頼っていたことになります。そうした不利な状況を克服するために、このむらではこの百年の間に、ほぼ三十年ごとに三つの大きな溜池をむらの東の谷に造っています。水に困っているとはいえ、池を造るには多大の手間と費用がかかります。むらの池造り推進派の人たちは一計をめぐらせたそうです。まず金の積み立てをすすめ、農閑期の慰安旅行を企て、その旅先で皆がくつろいでいる時に、こんなぜいたくをするより池を造ったほうがよくないかと切り出し、築池に

写真39　基盤整備中の水田。新しい水田の形がつくられてゆく。取水路、排水路の整備も同時に行なうことが多く、旧水路は次第に消えていく。岡山県小田郡の山間（1982・3）

こぎつけたという話が残っています。

こうした池造りを契機に、谷水に頼る水田群にまで水路の整備が及びました。写真20で示した山すその水田も、かつてはあぜ越しの田が多かったといいます。現在はそのなかを池からの水路が走り、水路大系を一変させています。それでもなお、少し広域に——五筋か六筋かの広さで——谷筋を歩き、水路の整備された田を見てみると、かつて谷水がかりであったと思われる一帯には、あぜ越しの田が比較的多く残っているのがわかります。

むらのなかで小さな水路を一本つけかえるということがどれほど大変なことであったか、一枚一枚の田を歩きながら私が最も強く感じたのはそのことです。だから逆に、一枚一枚の水路をみてゆくことで、ある程度まで開拓の歴史を探ることができるのではないか、そんな手ごたえを感じることにもなります。

山なみへの視線

そうした水田の性格を思うと、ここでもうひとつ補足しておきたくなることがあります。

川の井堰から伸びて、いく筋もの谷の口を貫通し

写真40　水路を追って歩くとさまざまな工夫に出会う。①詰まり防止のためののぞき穴つき竹樋。高知県高岡郡檮原町（1977.7）②溜池のハチンコ（取水用の縦樋）の穴に刺しこまれた枝。樋内へのごみや池の亀や蛙などの侵入を防ぐためだという。広島県三原市（1975.7）③樋の連結部。高知県長岡郡大豊町（1977.4）④水路の分岐板。広島県三原市（1975.11）⑤水路から落ちてくる水が田の土を痛めないためのバケツの水うけ。バケツには穴があけられており、水はそこから田へ流れ出る。高知県高岡郡檮原町（1977.7）⑥同じくポンプからの水を受けるバケツ。バケツの左右側面に水の出る穴があけられており、さらにその水の勢いを弱めるためその外側に板が立てられている。栃木県真岡市（1981.6）

て走る水路は、谷々をつないで世界を広げたようにみえる、そう述べました。

ひと筋の谷水に頼る限りでは、その谷をとりかこむ尾根の内——それがその谷の集水領域を形成している——に目配りをしていればよいのでしょうが、川の井堰から取水するとなれば、水田耕作者の目はその川の集水領域である上流の山なみにより強く注がれることになります。川水を利して下手へ下手へと田を拓きおろし、より多くの水に頼ることになればなるほど、田をつくる人々の意識はその田の水を供給してくれる山々の上手上手へと及びます。そのことが、ある場合には広域な水源涵養林的な発想を土地に根づかせることになるかもしれず、ある場合には山の民と称される人々の動きをより一層意識し、彼らに規制を加えていく結果をよぶことになるのかもしれません。

私が一枚一枚の田の水路をみながら感じた手ごたえとは、そうした動きにもつながる力と広がりを持っているように思います。

7　川をはさんだ二つの様式——水路と土地所有

野帳から

三原市八幡町篝《かがり》は、そこに住む人の表現によれば「唐津《からつ》の底のような」ところであるという。家々は四方を小高い山に囲まれた狭い平地の山すそにある。周囲のむらからはその山々によって距離にして一キロほどへだてられており、そこに二十軒の農家がある。

こんな書き出しで始まるノートが私の手元にあります。これは一九七八年頃に三原市の篝というむらを歩いていた折の覚え書きになります。この章では、この篝のむらの土地所有と水路との対応についてみてゆくのですが、しばらくこのノートから抜粋する形でむらのありさまを述べてみます。

垣内《かいち》の沖田橋から御調《みつぎ》川沿いの道を北へ十五分ほど歩くと篝に入る。川も北流しており、この川は府中市に至り芦田《あしだ》川に合流する。

道の西側は岩盤を露呈した崖が迫っている。御調川も岩底の川である。この道は篝を抜け御調町へと続くのだが、古い道ではない。明治三十一年に岩山を削って開かれた道になる。旧道はこの道と平行して西の山間を通り、篝の西の谷筋に出る。

さらに南東のとなりのむらの野串から北北西に伸びて篝の東側の谷に至る道もあり、この二本の道がよく利用

写真41　三原市八幡町の垣内《かいち》から同町篝に向かう道。右手には御調川が流れている。広島県（1975.7）

写真42　篝に水路を伸ばす御調川の井堰。広島県三原市（1975.7）

写真43　篝の谷、黒谷川で瓜を洗う。広島県三原市（1975.7）

されていたという。

いずれも標高三百メートル前後の山の鞍部を抜ける山道である。とはいえ、篝をはじめ八幡町一帯の水田は標高二百メートル余りの丘陵上に広がっており、山道といってもさほど険しい道ではない。

篝は北東でそうした山々の尾根筋を境として御調《みつぎ》郡《ぐん》御調《みつぎ》町《ちょう》福井というむらと接する。野串から篝へ向かう道は途中でこの福井に抜ける道と交錯する。かつてこの一帯のむらむらはこうした山間の道で結ばれていた。この四辻には篝の水車小屋でついた米を売る小さな出小屋があったという。幕末以降に拓かれた山間の水田はこうした山中の道すじから奥へと拓かれる形をとっている。

山には松林が多い。篝のとっつきの山の斜面の樹齢二十年余りの松林の中に、ひときわめだつ大きな松が曲がりくねって立っていた。山の境木だろうかと、むらの人に尋ねると、

「あそこは二十年余り前に松林を伐って出した。そうしてまた植えた。あの木だけは曲がって使いものにならなかったからああして残っている。」

と教えられた。大きな曲がり松は単に一世代前の松

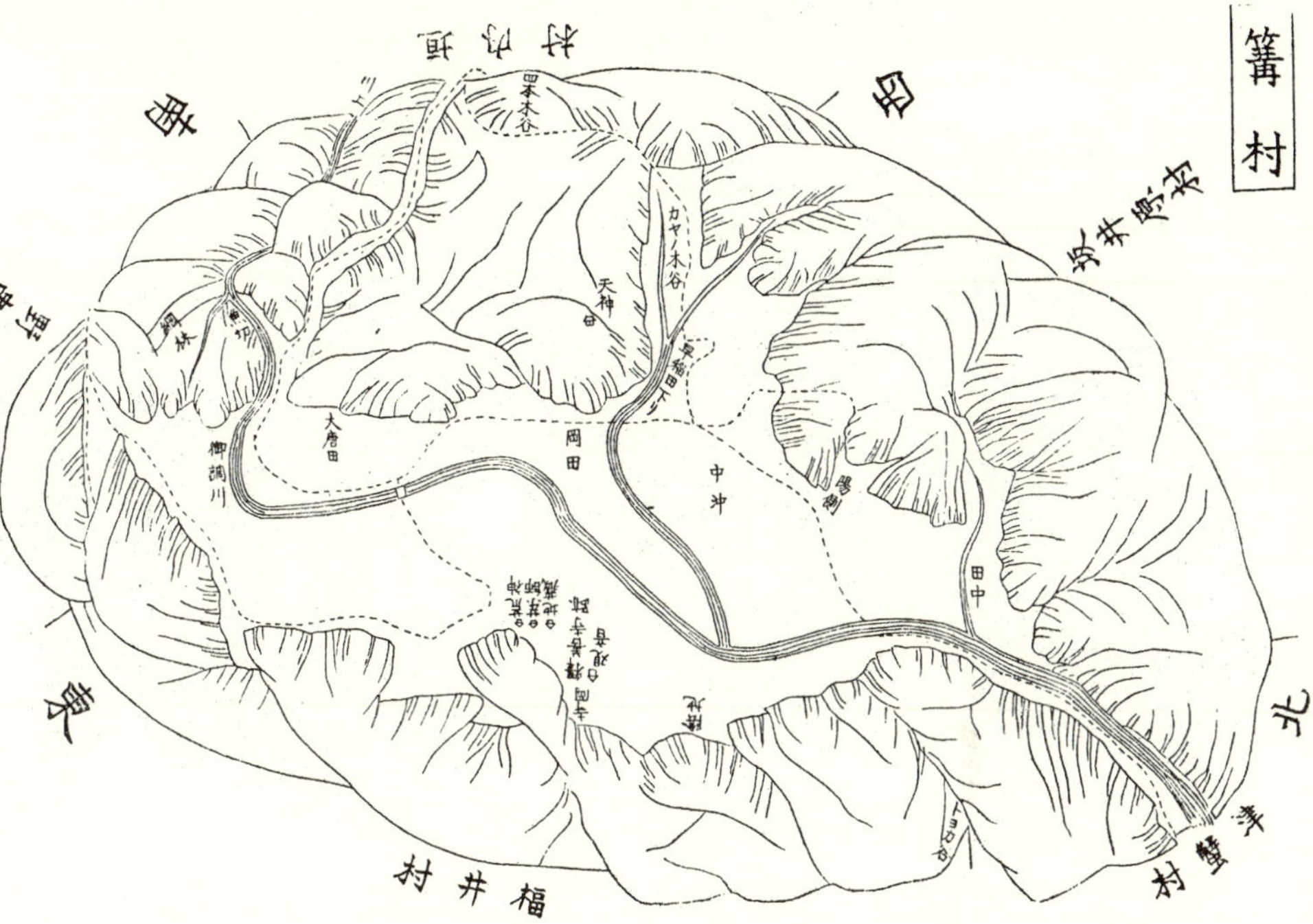

図７　『芸藩通志』（文政八年）の付図にみる篝。本文でふれる「釋善寺跡」の記載は、図の中央のやや下のところにみられる。

のなごりだったのだが、山の松は時折伐って出していたことになる。

ほとんどの家は東と西の山すそに並んでいる。御調川寄りの平地に点在する家々は、新しく分家として出たか、新築の際に山際から居を移した家になる。

現在戸数は二十戸、うち十九戸はもとからここに住んでいた家であり、のちにこのむらの家の親戚筋の者が入り一戸をかまえた。

なるほど唐津茶碗の底のような立地条件のむらであるが、その底にあたる低地の水田は西の山すその方がはるかに広い。その田の中を田中田《たなかだ》川、黒谷《くろんたに》川という二本の谷川が流れ御調川に注いでいる。田中田川の水温は黒谷川に比べて少し低いという。また黒谷川の谷筋は、風の強い日に西隣の久井《くい》町坂井原からのオオネオロシと呼ばれる風が田を通り、このためこの谷の田は草出来《くさでき》（稲藁の出来）はよいが実が少ないとのことである。

西の山際の家々は、この黒谷川の筋に沿う形で並んでいる。晴れた日に歩けばこの川で野菜や果物を洗っている人の姿を見ることができる。川沿いには柿の木が点々と植えられている。他に目につく果樹

写真44　篝のむら。むらの南上空から。黒いのは雲の影。(1982.3)

といえば、畑や庭のすみのイチジク、山際の栗の木であろうか。かつて柿の木はもっと多かったという。

山際の家は、正面に主屋、向かって右に駄屋、左に蔵という、この町一帯でよくみられる形式のものだが、町内の他のむらに比べて、敷地、家ともにゆったりとした広さをもっている。零細な分家を出していないということも、そうした感じを与えるのだろうか。

井戸は家の裏手、山との間にもっている家が多い。ここでは土をイワ、ナメラ、スナイシと呼びわけている。イワとは岩盤、スナイシとは砂質土を指すようである。井戸を掘るのは後二者のところで、スナイシの井戸は掘りやすいが周囲に石垣を組まねば崩れやすく、ナメラは掘るに困難であるが石垣は要らず、しかも澄んだ水が出るという。(中略)

むらの家々は尾道の真宗寺院の檀家が十一軒、あとはこの町内の真宗寺院、浄土宗寺院、それに三原の町の真宗寺院の檀家にわかれている。

昭和のはじめ、このむらに赤痢がはやった。むらの半数の者がこれにかかり、六人の死者を出したという。戸数二十戸ほどのむらにとって、これは大きなできごとだった。ある家は隔離所を作って病人の家族をそこに入れ、ある家は病人が出たことを伏せてこっそり医者を呼んだという。菌を運んできたのは法事でむらに来た尾道の僧であった。山に囲まれた小さな平和なむらも、外とのつながりがある以上、何が起こるかわからない。

このむらを歩き始めてがっかりしたのは、むらの祭が消えてしまっていることである。

このむらは『芸藩通志』◆（文政八年）の付図でみると、御調川東岸に荒神、薬師、地蔵、観音の祠が、西岸の山中には天神がまつられていた（図7）。寛保二年（一七四二）の『指出帳』には、観音堂、薬師堂、天神小社、荒神小社、山神森など堂や祠の記載があり、文化七年（一八一〇）の同様の資料にも、天神、西ノ荒神祠、東ノ荒神祠、地蔵堂、薬師堂、観音堂としるされている。

これらの祠は、大正元年頃までにこの町の宮内の御調八幡に合祀されており、篝では七十代の古老ひとりが、かろうじて、むらの祭であった天神祭をものごころついた頃の記憶として覚えているのみであった。

篝に限らず、この町では明治以降に御調八幡宮への合祀がかなり徹底して行なわれており、あまりにも寂しくなったからと、いったん合祀した氏神様をもとへもどしたむらもある。（中略）

自分の心のおぼえのノートからながながと引用してしまいましたが、これがこのむらを歩き始めた頃の私の印象になります。

水と土地をみることから

さて、この篝のむらの姿を水利と土地所有からみてみます。

図8は水路の系統図です（凡例については三〇ページ参照）。この図も3章の図1（三一ページ参照）と同様に、取水権のしくみを抽出した概念図ですから、方位などはごく大まかにしかあらわせませんが、上がほぼ北になるように

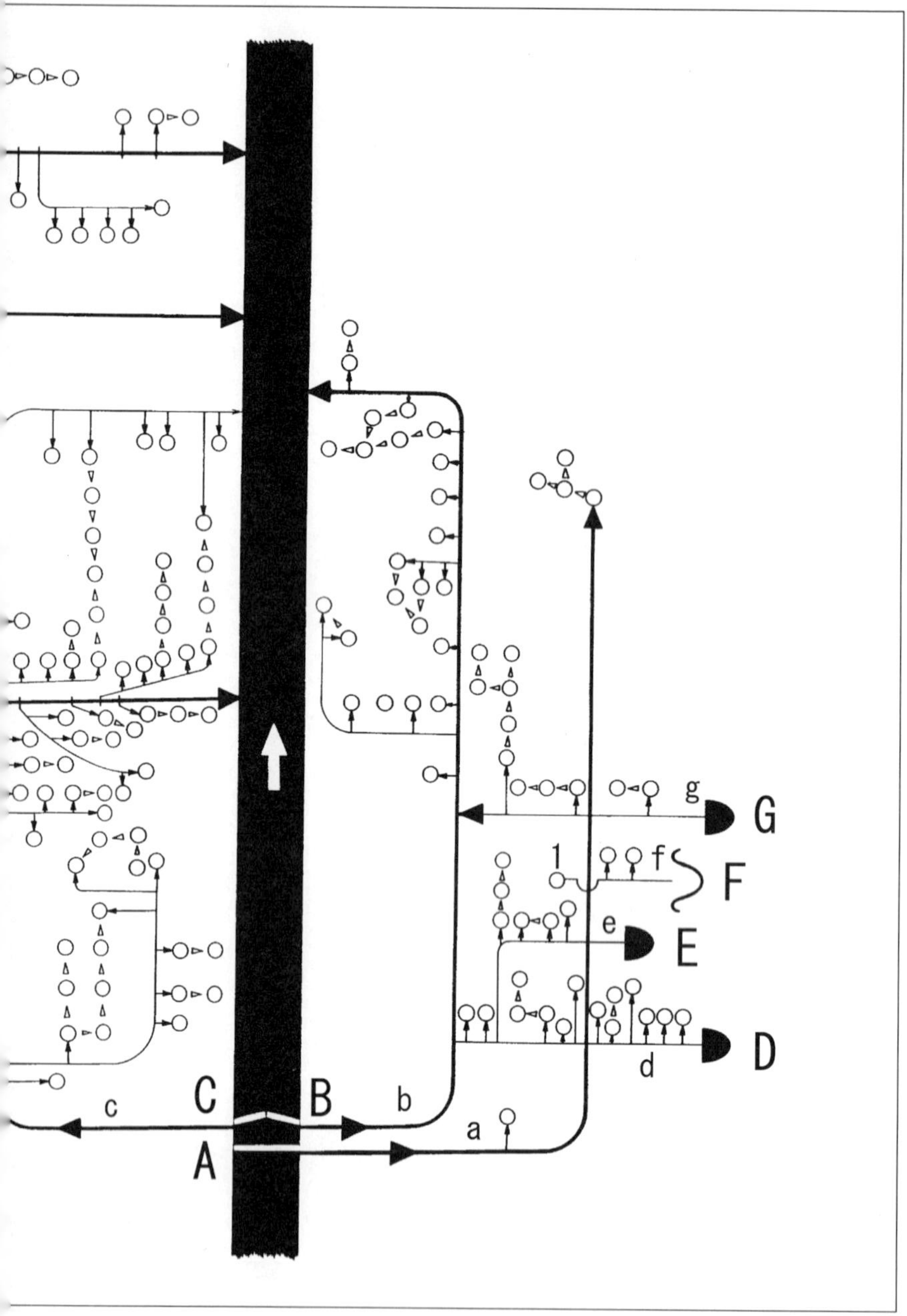
a
b
c
d
e
f
g
1
A
B
C
D
E
F
G

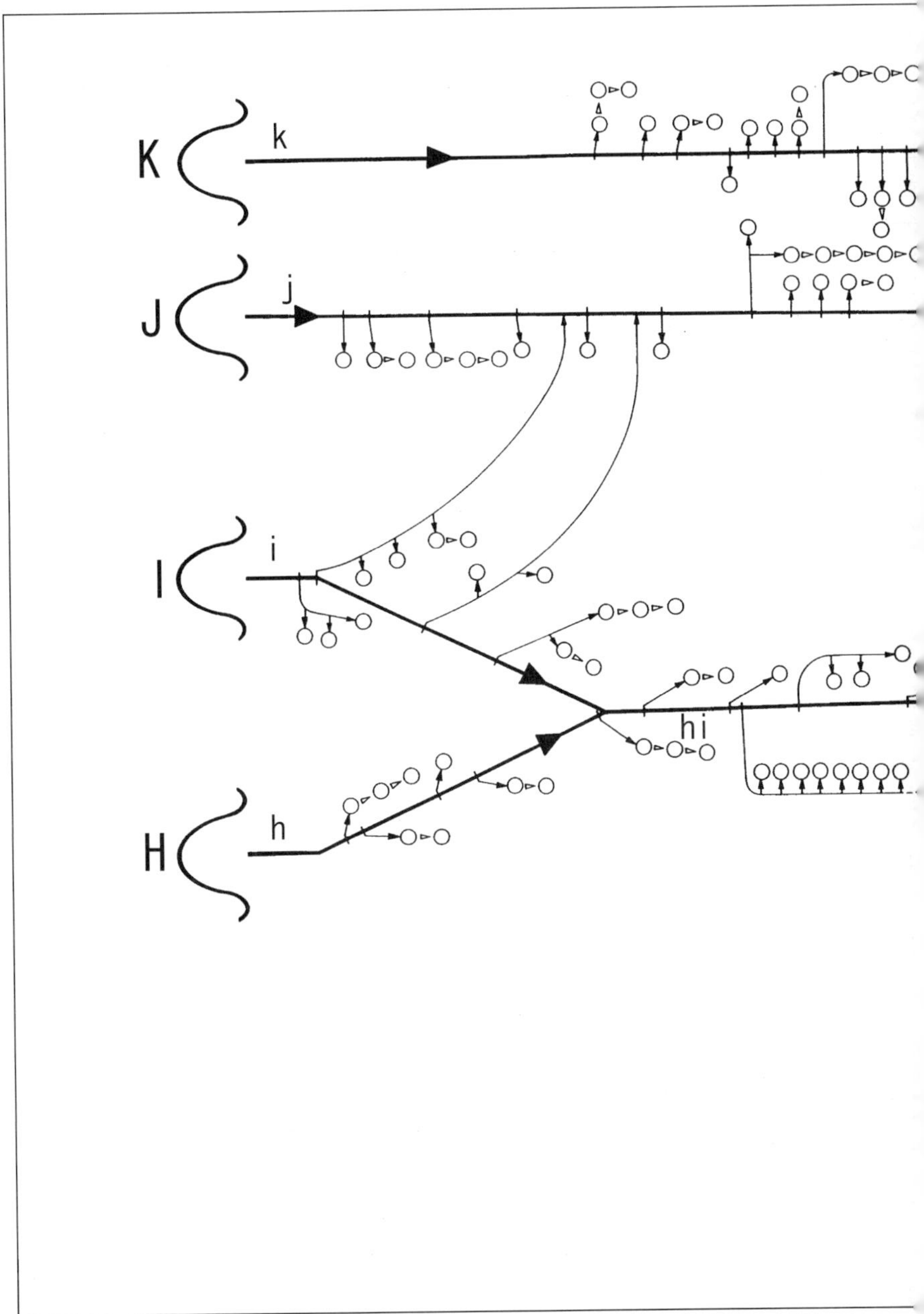

図8　箒の水路図。上がほぼ北にあたる。大小八つの谷と川の三つの井堰とに頼っている。黒く太い線は御調川。白い矢印は川の流れる方向を示している。詳細は本文参照。諸記号は30ページの凡例に準拠。

配置しています。また、幕末から明治時代の末頃までに拓かれた山間の水田は省略しています。図中のアルファベットの大文字は、御調川の井堰、谷川、溜池など取水施設まで含めた大きな水源を示し、それに対応する小文字は、その水源から出て走る幹線水路を示しています。このむらでも、溜池は皿池ではなくすべて谷池ですから、図中の池の表示は同時にそこが谷でもあることを示しています。

この図を見て気づくことは、御調川の井堰A、B、Cから取水する田と、それ以外の小さな谷川あるいは谷池から取水する田とにわけられることです。

なかには水路d、e、g、hi（これは谷川hとiの合流した谷川を示しています）のように、川からの水路a、cの補いを受けているものもあります。水路aの場合はd、e、gの水路を補い、取水に安定性をもたせる働きをしていますが、cの水路は、その水がかりの田にすべて水を送った後、いわば排水としてhiの水路に合流し水を与えています。この川の井堰からの水路と、谷川に拠る水路の二者の交錯は、異なった背景をもつ開拓の交錯でもあります。

東岸（図の右側）は、まず谷水に頼る形で開田が始まり、のちに井堰Aが築かれ谷々の口を結ぶ形でAからの水路aがつくられたと考えるのが自然でしょう。なお谷川Fがかりの田で、水路aの下《しも》手にある一枚の田は（図8の1）、aから水の補いを受けていません。おそらく、この田の開田の際、あるいは水路a開削の際にこうなる事情が生じたと思うのですが、そのいきさつは伝わっていません。

井堰B、Cからの水を受ける地域は川沿いの平地であり、これらは当初からこの水路を引くことによって田が拓かれたと考えてよいと思います。ともあれ、井堰A、B、Cから水を受ける一帯は川の井堰による取水形式がその基本となっているといっていいでしょう。

これに対し、谷川H、I、J、Kは、おのおの流れを小刻みに堰きとめては数枚単位の水田群に水を送り、ほぼ同じ形をくりかえして御調川との合流点に至っています。

この東西二つの水路様式の違いは、ここではそのまま土地所有のありかた、ひいては開拓定住様式の差に対応しています。

写真45　篝の東の谷。下の図9と対応。広島県三原市（1982.3）

図9　篝の東の谷の本分家の土地所有復元図。番号の位置がおのおのの屋敷地。本文参照。

名子を抱える家

図9は東の山際の家三軒の明治中期の土地所有復元図です。現存の土地台帳の所有者移転欄の所有者、移転年次、そのいきさつを一筆ごとに検討して最も古い所有者のもので復元した図になります。このため前述した野串の場合のように、明治二十一年当時の復元といった時期を特定した復元にはなり得ていません。このため、不充分な点や不確実な点を聞き取りで確認しながらすすめました。その結果、どうやら明治中期頃の復元ができた次第です。なおこの鳥瞰図のもとになったものが、図10と図11です。

この三軒は同じ家筋であり、3は2の分家です。1と2のどちらが本家なのか、おのおのの家の伝承が一致しないのですが、2の家の屋号がアタラシヤであることと、屋敷地が1の下手にあることから、あるいは1が本家ではないかとも思います。

いずれにしても、これら三軒の家の土地所有領域をひとつのまとまりとして見ていけば、背負う山を持ち、そこから下を拓く住みつきかたの様式があらわれます。前述の野串の例（図3）と比べると、その規模もかなり広いようです。野串では本分家あわせた耕地は、復元した場合でもせいぜい三町歩ほどの広さでしたが、ここでは1の家だけでも大正の初期に、篝のこの地区を中心にして田六町二畝十五歩、小作米の受け入れ八十三石六斗一升七合、山林三十町余を所有していたそうです。なお、この図10の耕地所有図は篝の中心部のみで、山間に点々と拓かれているこの家の水田については示していませんが、これは図11の山林所有図で示した所有領域のなかに含まれています。

この耕地所有図をみると、御調川の東岸のほとんどの土地を占め、川が大きく蛇行するところの西側の半月状の土地にある水田群も半分以上所有しています。この半月形の地帯はかつてすべてこの家が持っていたと伝えられています。

これら一帯の水田が、図8の水路図のD、E、F、Gの谷田を加えた井堰A、B、Cにかかわるすべての水田と重複します。

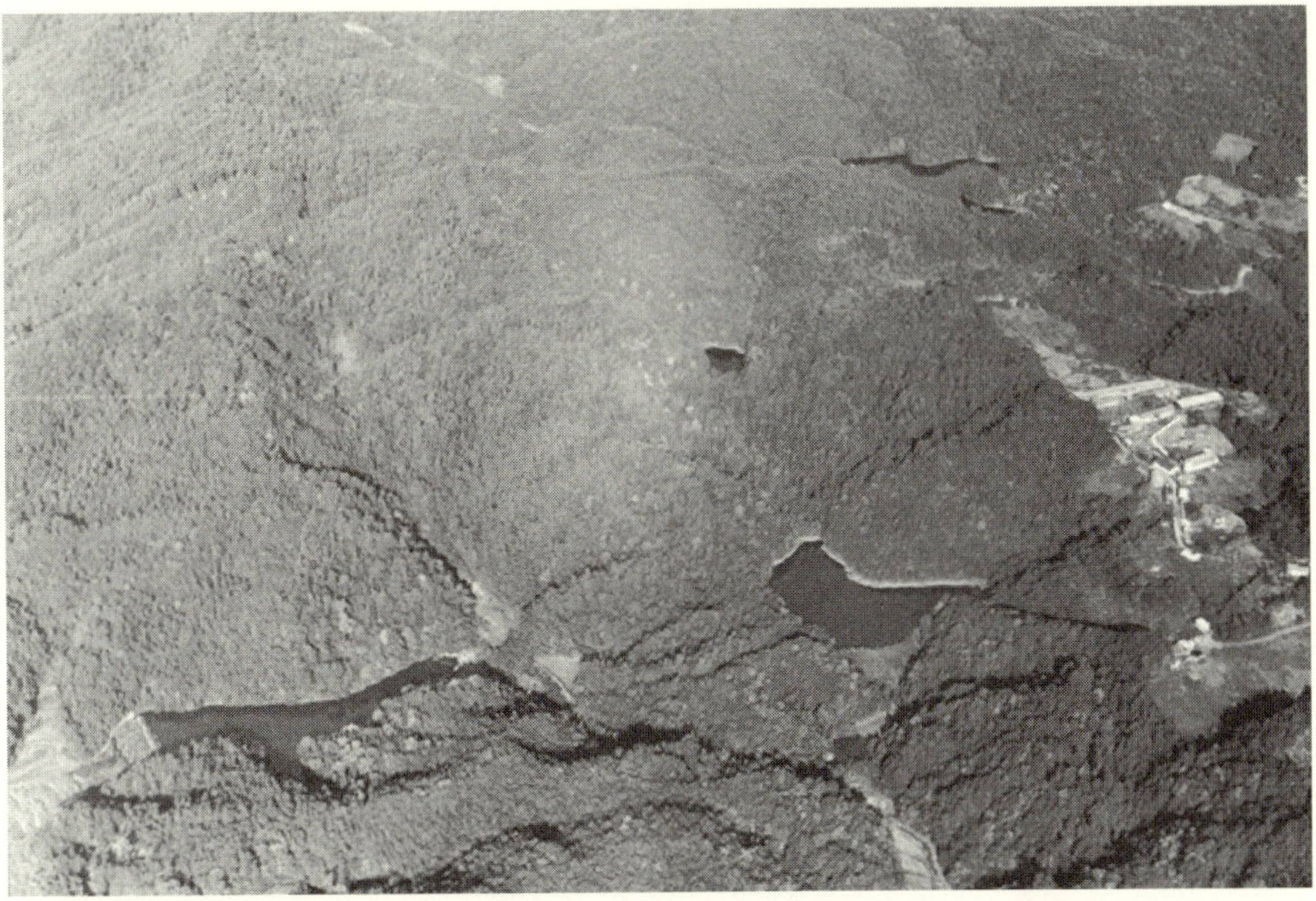

写真46　中国山地には山頂近くに点々と大きな池がつくられている。大変な土木工事だったと思うが、その経緯が伝わっている例は少ない。広島県竹原市付近（1979.11）

写真47　三原市八幡町の垣内というむらで最初に拓かれたといわれる谷。屋敷跡だったという場所の山手にかつての水場の跡が残っていた。谷水も流れこむ小さな湧水のくぼみ。広島県（1982.8）

図10　図９で示した家々の耕地所有復元図。(『三原市史』第七巻「民俗編」より)

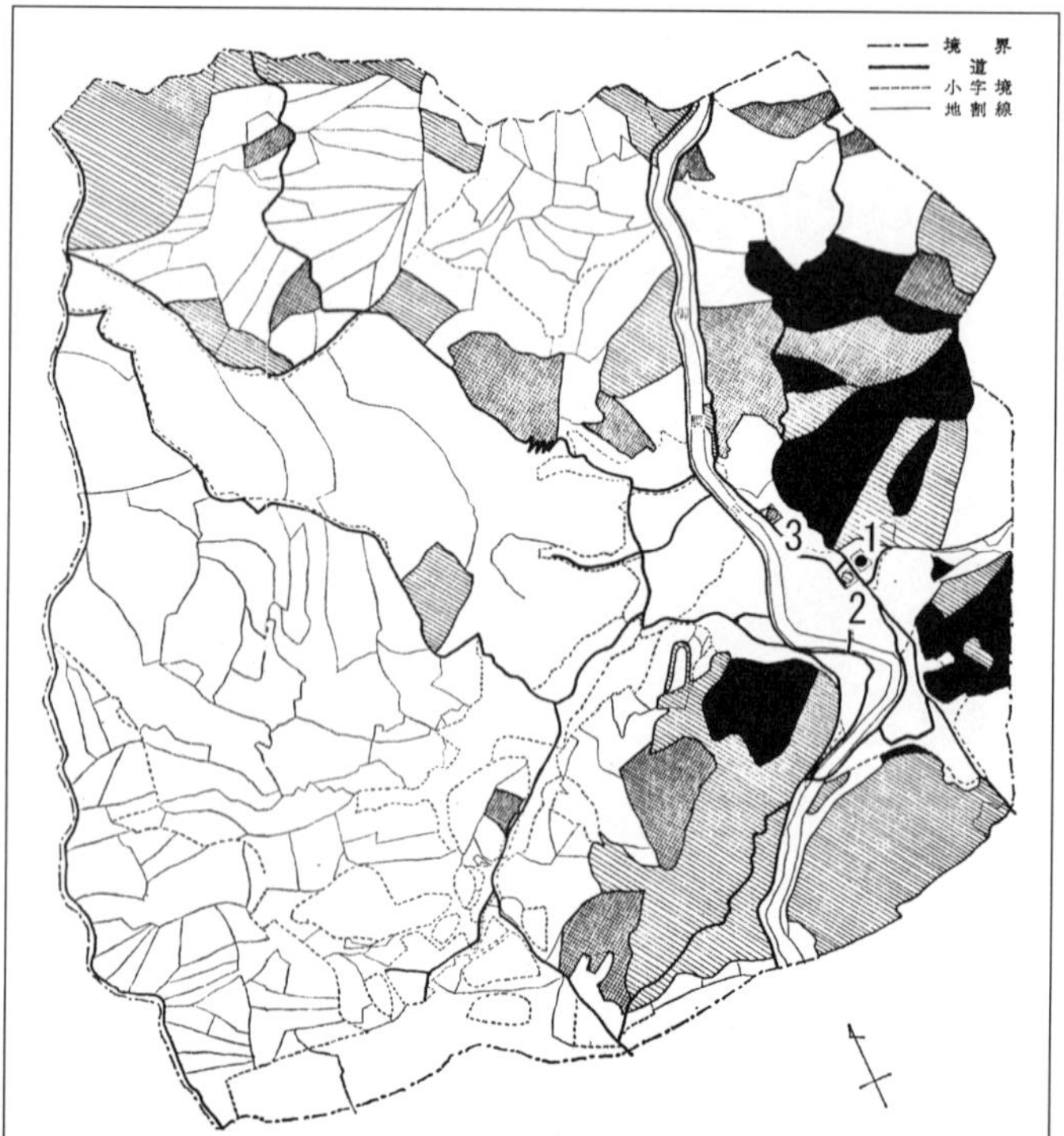

図11　図９で示した家々の地割図による山林所有復元図。(『三原市史』第七巻「民俗編」より)

写真48　篝の東の山すその二軒の大きな農家。広島県三原市（1975.7）

「篝は昔はイリゴサクを何人を持つような大きな家があったよ」

この八幡町内を歩いていてよくそんな話を聞きました。「入り小作」と書くのでしょう。いわゆる名子《なご》のことです。図9の1の家も2の家も数人の名子を抱えていた大きな農家でした。入り小作の家は、この二軒の所有耕地内に点在していたそうです。

これに対し、西岸の黒谷川筋に並ぶ家々は、比較的大きさの等しい数軒の農家がおのおの一、二戸の分家を出しつつ、極端に没落もせず暮らしてきています。かつて生活が苦しく他へ出ていった家もあるのですが、戸数としては九軒から十一軒の範囲で続いてきています。

旧家の姿勢

この両岸の対照的な性格、ことに1、2両家がむらのなかで別格であった一面は、さまざまなことに反映しています。

西岸の家々のなかに、他よりも少し大きな農家が一軒あります。入り小作を抱えるほどではなかったのですが、農繁期には、瀬戸内の島々から「島日《しまび》傭《りょう》」と呼ぶ人たちを数人雇っていました。この家と図9の1、2の家の計三軒は、家の普請の折に、日雇いとしてこのむらの人を雇っていましたが、他の家々は互いに手間がえの形で行なっていたそうです。

また正月には、1、2の二軒の家へはその入り小作や小作だけではなく、このむらの全部の家が年始のあいさつに行っていたそうです。

1の家の納屋や蔵には、五台ほどの長床犂が並んでかけられていたり、木挽き、杣、鞍作りなどの職人道具が揃っていたり、十数台まとめて特注、製作した旨が台木に記入された千歯扱きが保存されていたり、かつて人を使ってさまざまな作業を行なっていたなごりを留めていました。現在の当主から三代前の時代——明治時代後半になるのですが——には、この二軒の家が中心になって山間の開田をすすめており、ことに2の家の姓を冠した溜池はこのむらの山中に点在しています。

冒頭で引用した私の野帳に出てくる山の四辻の水車小屋の出小屋とは2の家のもので、かつてこのむらではこの二軒の家のみがおのおの御調川沿いに並んで水車を持っていました。

1の家は外の世界へ出て行く家風を持っていたようで、この家からは第一回目の文化勲章を受賞した宗教学者が出ていますし、精力的な資料収集で知られた初代の三原の図書館長もこの家の出です。これに対して、2の家は地元の世話を勧めることに貢献しており、この八幡町——かつての八幡村——の村長を出し、この村長は村内の開墾や新道開削に腕をふるったといわれています。同じ家筋の二軒の大きな農家のこうした異なった家風の違いが、このむらを安定させてきたひとつの要因になっているのかもしれません。

さて、1の家には今から三代前の戸主の手による家譜が残されています。この記録は、さらにそれ以前に古い家譜があり、それを写し、整理したものらしいのですが、それによるとこの家筋の祖は武士ということになっています。天正十年（一五八二）、備中高松城の戦の折、小早川家の検使末近信賀およびその部将雨坪四郎三郎は自刃。四郎三郎は元来篝にある東山城の将で小早川氏の命により出陣しており、その弟助三郎長門守は兄の死骸を携えて篝に来、積善寺という寺を創立してその菩提を弔った旨の記述がみられます。

写真49　入りくんだ谷。この谷は耕地の広がりが比較的大きい。このむらには名子を何人も抱える大きな農家があった。広島県世羅郡甲山町（1982.3）

写真50　写真49の谷にくらべると耕地の広がりが比較的小規模である。家々は小さな山ひだに立地している。広島県三原市（1979.11）

写真51　篝の西の谷。図12と対応。広島県三原市（1982.3）

『芸藩通志』の付図（図7）には、ちょうどこの二軒の家の北側に相当する位置に「釋善寺跡」の記載が見られます。現在もそのあたりの田はセキゼンヤシキと呼ばれており、山際に十四基の五輪塔残欠（最も多いのは火輪の六基）が見られます。

　このむらには、慶長六年（一六〇一）の検地帳の写本が残っており、そこに出てくる「前かへち四郎三郎」が先祖にあたるのではないか、とこの家譜では推測しています。その根拠として、1の家の屋号が「マエガイチ」（通常は略して「マエ」）であることと、この検地帳では「貞則《さだのり》」という字《あざ》に最も多く田が拓けており、貞則とは同家の南の谷を指す大字で同家所有の田が多いことをあげています。

　元来、この家はもっと山よりにあったとの伝承も残っており、これらを並べてみると、谷すじに落ちつき、谷の田を拓き、さらに井堰を築きそれにともない住居も下へ移し、そこから下の田を拓いていったあゆみがあらわれ、4章でふれた野串のむらの例と同じような形の定住様式が類推できます。

　もっとも伝承、文献史料がいりくんだ世界では、それほどすっきりした形でことはおさまらず、1の

図12　同じく西の谷の本家筋の家二軒の耕地所有復元図。番号の位置がおのおのの屋敷地。

家の南の山手に、かつて入り小作を何人も抱えていた大きな農家が別に一軒あったとも伝えられています。あるいはこの家が貞則名の主だったのかもしれず、1、2の家はこの家の土地をとりこむ形で所有を広げたことも考えられます。

けれども、この住みつきかたを様式としてみれば、ここにはこれまでの例と同様に、谷筋に拠る住みつきかたを基本にして、なおかつ所有と水路が相応ずる形で開墾をすすめてきた定住例があらわれていると思います。

相似た力の家々

さて、次に西岸の黒谷川の谷筋に並ぶ家々をみてみます。現在ここには十戸の家があり、このうち本分家関係にあるものは二組で計五軒になります。図12はこの二軒の本家の耕地所有を、前例と同様の方法で復元したものです。

この西岸の水路は、図8でみたように、谷川をこきざみに堰きとめては何枚かの田を拓いていった形のものがほとんどです。水田の所有も、それに対応するかのように、数枚単位の田を点々と持っている

写真52　春先。八幡町宮内の谷の田の耕起。広島県三原市（1974・4）

のがわかります。ただし、あぜ越し水路の水田の分布とその所有状態が、必ずしも重複してはいません。あぜ越しの水路が典型的にあらわれるためには、地形的な要因も必要ですが、ここのように小規模に点在する形で水田を持ちわけている場合には、土地移動などがかなり小味な形で動きやすく、旧態を変えてきた可能性も考えられます。

そうした類推のうえにたってのことですが、相似た力を持った何軒かの家がこの西側に住みつき、おのおのに応じて谷水を引き、水田を拓いていったあゆみを考えるのがここでは自然な気がします。少なくとも対岸の大きな農家とは違った形での住みつきかたがみられたのは確かだと思います。

土地の傾斜、それに伴う開拓可能地の広さ、谷水の制御可能の程度、耕地への日当たりなどの面で、小さな家単位の力でここを拓き住みつこうとすれば、この西岸の方がはるかに有利だったと思います。現在のこのむらの母体となったのは、まずこの西の山際に住みついた数戸の家だったのではなかったでしょうか。

御調川の対岸に自分たちよりもはるかに大きな力

をもった家筋の者が住みついた後も、それに呑みこまれずに自分たちの住みつきかたの様式を守ってこれたのは、先住者である故の有利さが背景にあったのではないか、そんな推測もできるように思います。

篝は「唐津の底のような」小さなむらです。そうしてこの地方にみられるごくありふれたむらのひとつです。けれどもその個性を明確に景観に反映させ、私たちに語りかけています。

注

◆『芸藩通志』広島藩によって作成された藩域の地誌。文政八年（一八二五）に完成。

8 拓きつくされた土地――谷間のむらのシホウバナシ

開墾への情熱

田にしろ畑にしろ、拓けるところは拓きつくした時期があったことは、むらむらを少し念入りに歩いてみればすぐにわかります。

かつて畑であったことを示しているひな壇状の地形をもった松林は、瀬戸内海のいたるところで目にすることができます。谷間に造られている多くの小さな溜池にしても、私が三原市で調べたもののなかでは、開田当初から計画されて造られた例は限られていました。もともと谷水を引くのに便利なところや湧水の出るところに、その水量に見合うだけの田を拓き、次にそこに小さな池を造り水をたくわえ水源として安定させ、その安定させた分だけさらに田を拓き添える、そうしたいきさつの伝承をよく耳にしました。

最初から計画的に池を造ることによって拓いた場合と、あとで池を造り田を拓き添えていった場合とでは、田への水路のありかたが違ってきます。前者は山よりの田であっても、一枚一枚の田へ小水路を伸ばすべく整然とした形になりますが、後者は谷水、湧水をそのまま引いて拓いた当初の都合をそのまま受け継ぎ、あぜ越しの田あり、水通しの田あり、小水路ありで、きわめて不揃いになります。

けれども一枚一枚の田を追ってそうした不揃いぶりを見てゆくと、暮らしの安定を願って開田していった人たちの息づかいが聞こえてくるような気がしたものでした。こうした開田は、三原市周辺では大正初期くらいまでは盛んに行なわれていたようです。これまで述べてきた八幡町で私は四十軒余りの農家をたずねたのですが、その折ほとんどの納屋をみせてもらいました。そこには申しあわせたように開墾用具がしまわれていたものです。それもひと揃いと

写真53　四国山地の山肌に点在する棚田。近くの谷水に頼っているのであろう。高知県香美郡の山間（1980・12）

いった形ではなく、ある家では開墾鍬が、ある家ではモッコの棒が、ある家では石積み用のゲンノウがという具合に断片的に残されており、開墾の時代の地域ぐるみの意気ごみと同時に、その時代と現代との距離も感じさせられたものです。

さて、私が見て歩いた水路は、割合からいえば不揃いの水路が圧倒的に多く、その不揃いぶりのなかにむらのあゆみや性格が反映しているわけですが、こうした水路を見れば見るほど、逆に計画的に配慮された水路のありかたも、その人為性が妙に際だって気になってくるものです。

共同で計画的に造られた旨の伝承や資料が残っている池にもいくつかぶつかりました。そうした池では小水路が発達しており、あぜ越しの田が少ないということのみでなく、池がかりの田を上手《かみて》からいくつもの取水単位となる水田群にわけ、取水は一番遠い下手の水田群から順に上手の田へと行なったり、あるいは途中で水路からのもれ水があることを考慮して、下手へいくほど取水単位となる水田群の面積が狭くなっていたり、といった配慮がなされていました。そうして伝承や史料が残っていない場合でも、所有のありかたや水利慣行の背後に軌を一にした人々の心配りが感じられる例があり、こうした例も計画的な造池開田ではないかと思っています。

図14は三原市中之町別所の夫婦池の水路図です。小水路がほとんどの田に伸びています。この池が築かれたいきさつや時代について、確かなことはわかっていません。ただ、このむらに残っていた明治二十四年の分水慣行の記録によると、この池は分水の権利を五つの株にわけ、さらに各株を二分した半株単位の計十の取水単位から成っていたそうです。それが昭和初期に土地移動が激しくなり、この慣行では統御できなくなり、新しい分水法に変わり今日に至っています。改変前の分水慣行の株の分布（図15）と明治二十四年当時の土地所有（図16）とをみてみると両者の分布に重複する傾向がみられます。同じ株に属する田でもかなり分散していますが、これは、株ごとにまとまることへの水利上の不均等をならすための配慮でしょうし、図14で示す水路の整然としたありさまも含めて考えるなら、ある程度計画的な開田が行なわれたか、もしくは池を造る際に土地所有の計画的な組み替えがあったことが推測されます。

むらを出ていく人々

不揃いな水路をつぎたしていく形にせよ、計画的な開田をすすめていくにせよ、拓ける限り拓いていっても、そこに住める人の数には限りがあります。

やはり三原市の山間の水田地帯を歩いていた時のことでした。現在の戸数が二十戸ほどの小さなむらの、この百年間の家々の増減や入れ替わりを聞き取りで追っていくうちに、あることに気づきました。それは、かつてこのむらの戸数が二十四戸に及ぶことがなかったということです。戸数が二十二戸か二十三戸になると、必ずたちいかなくなる農家がでてきて、その家はむらを出てゆきます。

「今度どこそこの家が出るそうな」

そうした話をこの地の言葉でシホウバナシといいますが、シホウバナシがでると、その家の置いてゆかれる家財は

写真54　かつて畑だった松林。斜面に水平な段がつくられている。松の樹齢が畑が山にもどった歳月であろう。上．山口県大島郡東和町（1978.3）下．広島県世羅郡甲山町（1982.7）

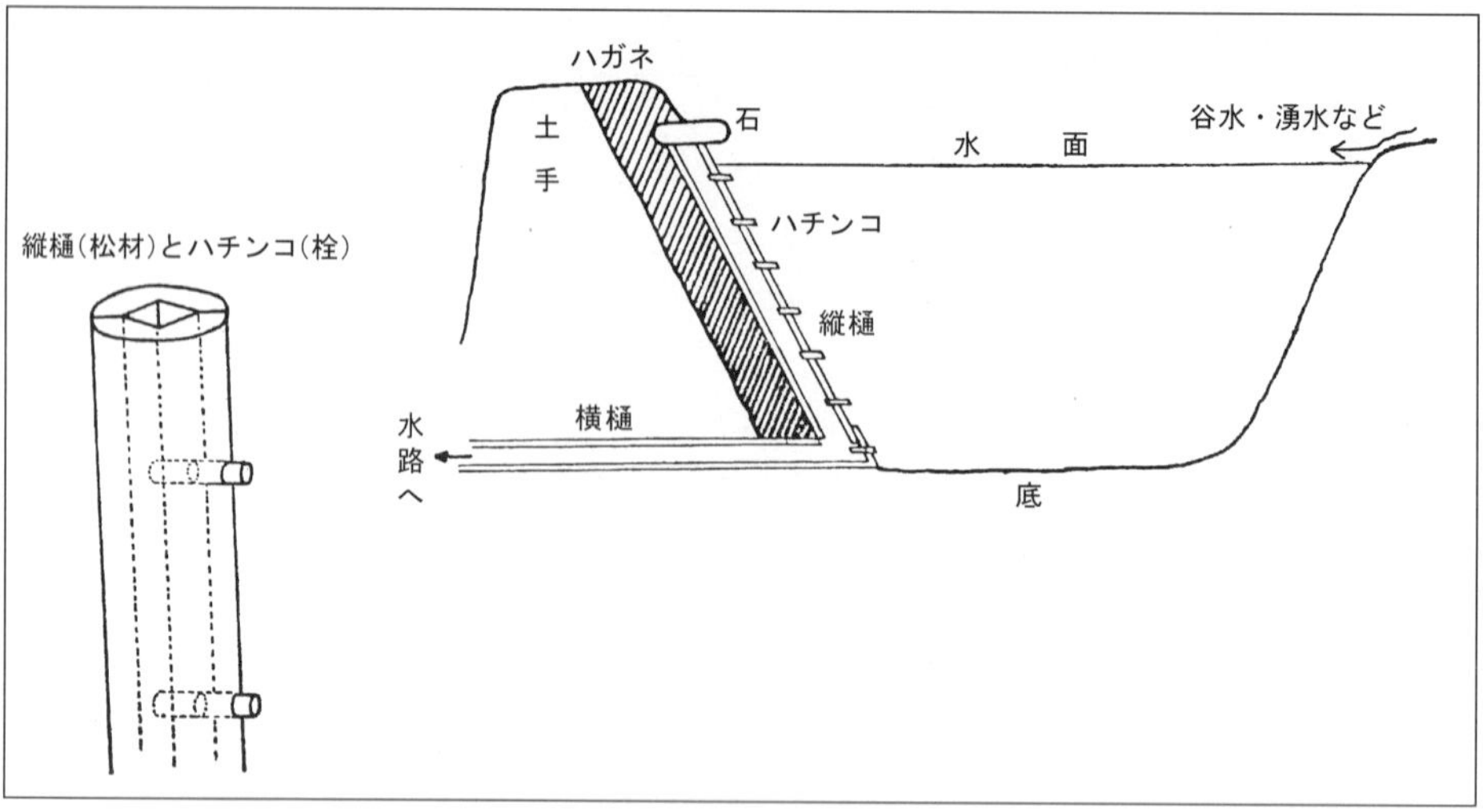

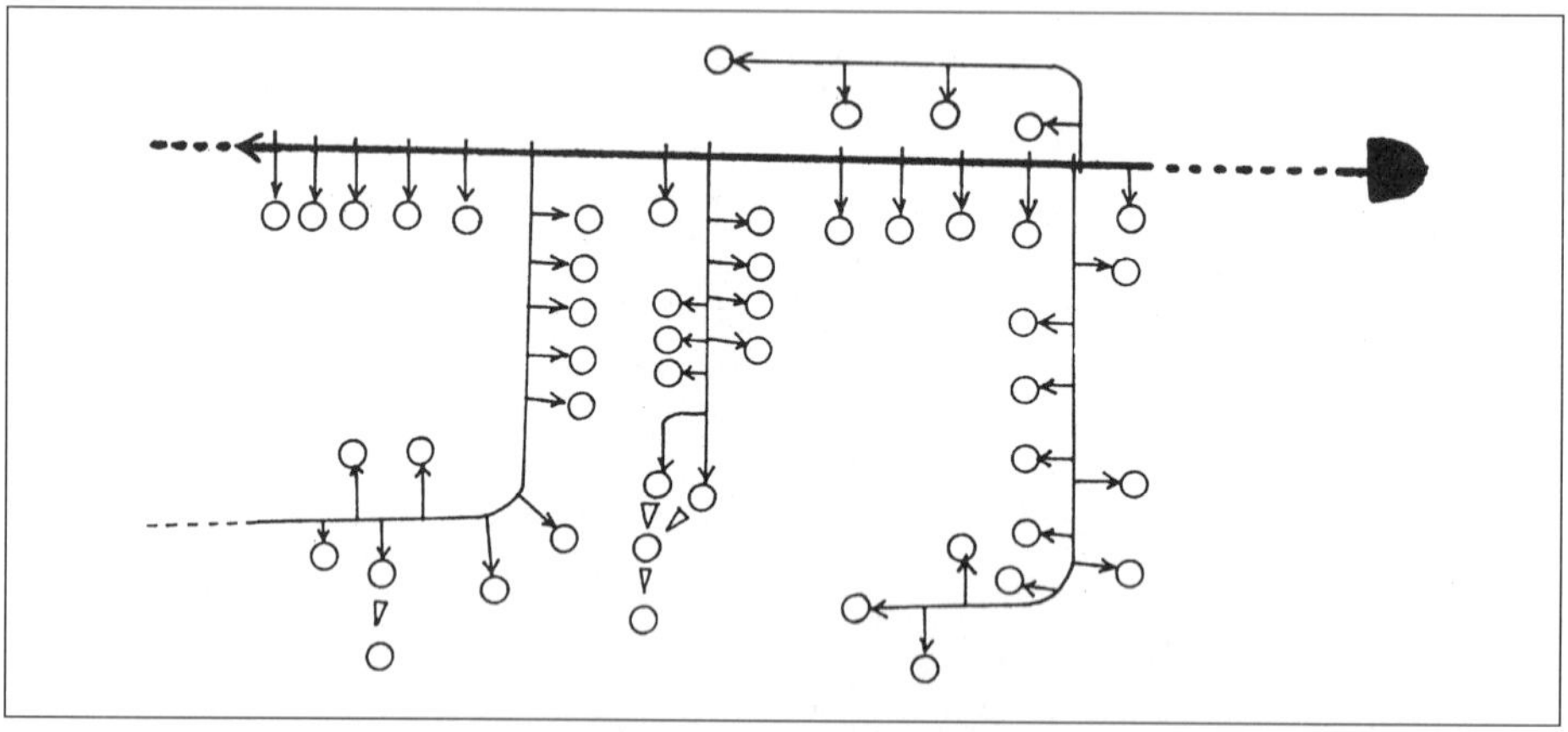

右上　図13　溜池（谷池）の断面略図。池の底は水もれせぬように岩盤が出るまで掘っておく（これをネボリをするという）。ハガネは粘土を灰でかためる。小さな池でも二～三尺の厚さにする。縦樋の上の石はおさえを兼ねたゴミよけ。増水期のためにウテビと呼ぶ排水路を別に設けることが多い。左図は縦樋略図。松の丸太を二つに割り、中をくりぬき、ハチンコという栓を入れる穴をつけた後、またひとつにあわせる。中国地方では多く松材を使っていたがのちに花崗岩、土管などが利用されるようになった。この図は『広島県史　民俗編』（広島県　1978年刊）作成の折の調査による。本図は同書所収のものに少し手を加えた。

右下　図14　三原市中之町別所の夫婦池水路図。水田一枚一枚への小水路の整備が著しい。凡例は30ページ参照。

左上　図15　夫婦池の分水株の分布状況。五株十単位のうち特に図16で示す土地所有状況との分布の重複が著しい二株四単位を抽出。黒ベタおよび点で示した田がおのおの、「一の株」の二単位を示す。斜線と横線はおなじく「二の株」の二単位を示している。

左中　図16　同じく明治24年当時の耕地所有状況（四人分）。株との重複が著しい事例を選び、分布が重なるものを図15の表示と同じように黒ベタ、点、斜線、横線で示した。

左下　写真55　上二図の対応写真。ただしこの写真では宅地でも上二図では明治24年当時の状況を示すため、図中一部家を消しているところがある。広島県三原市（1979.11）

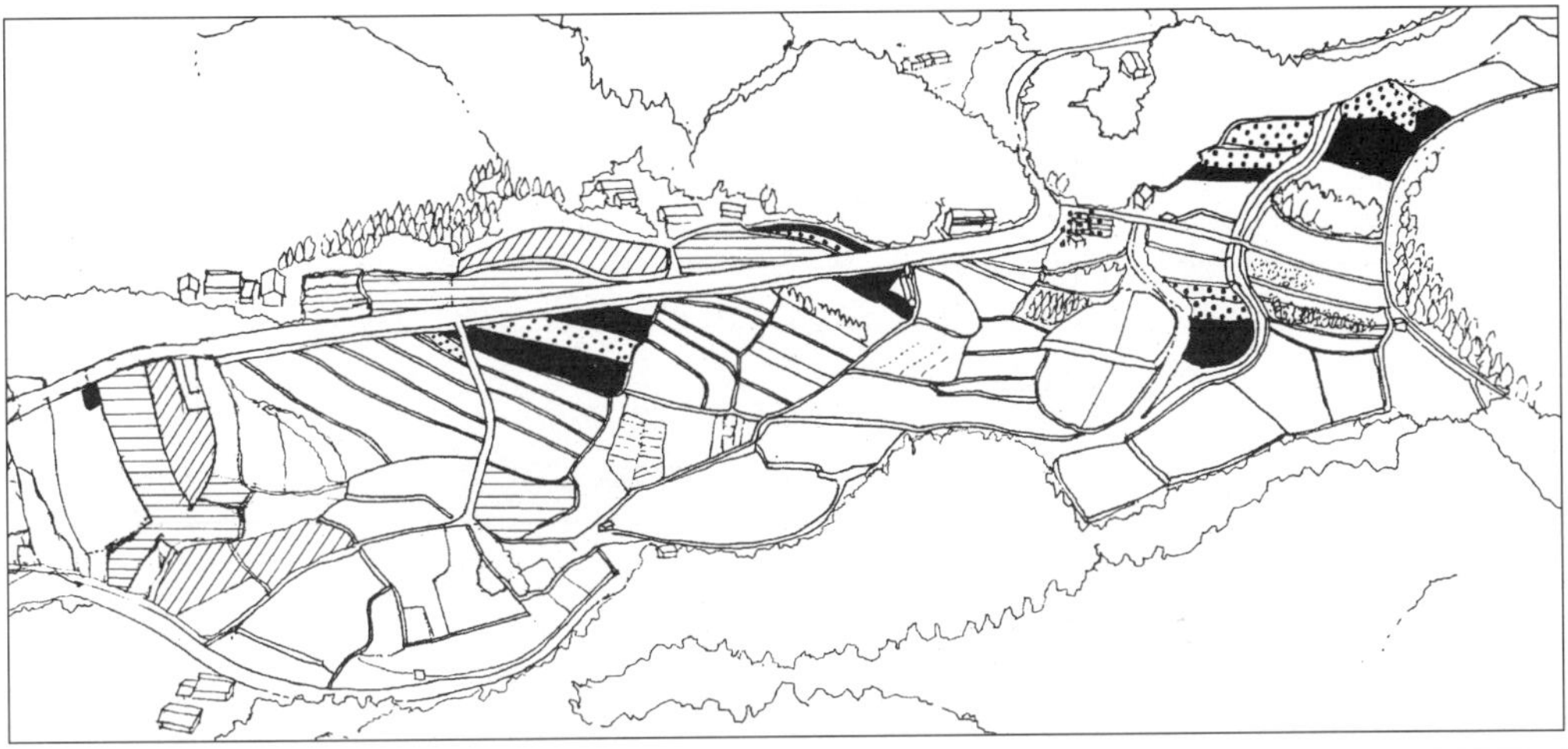

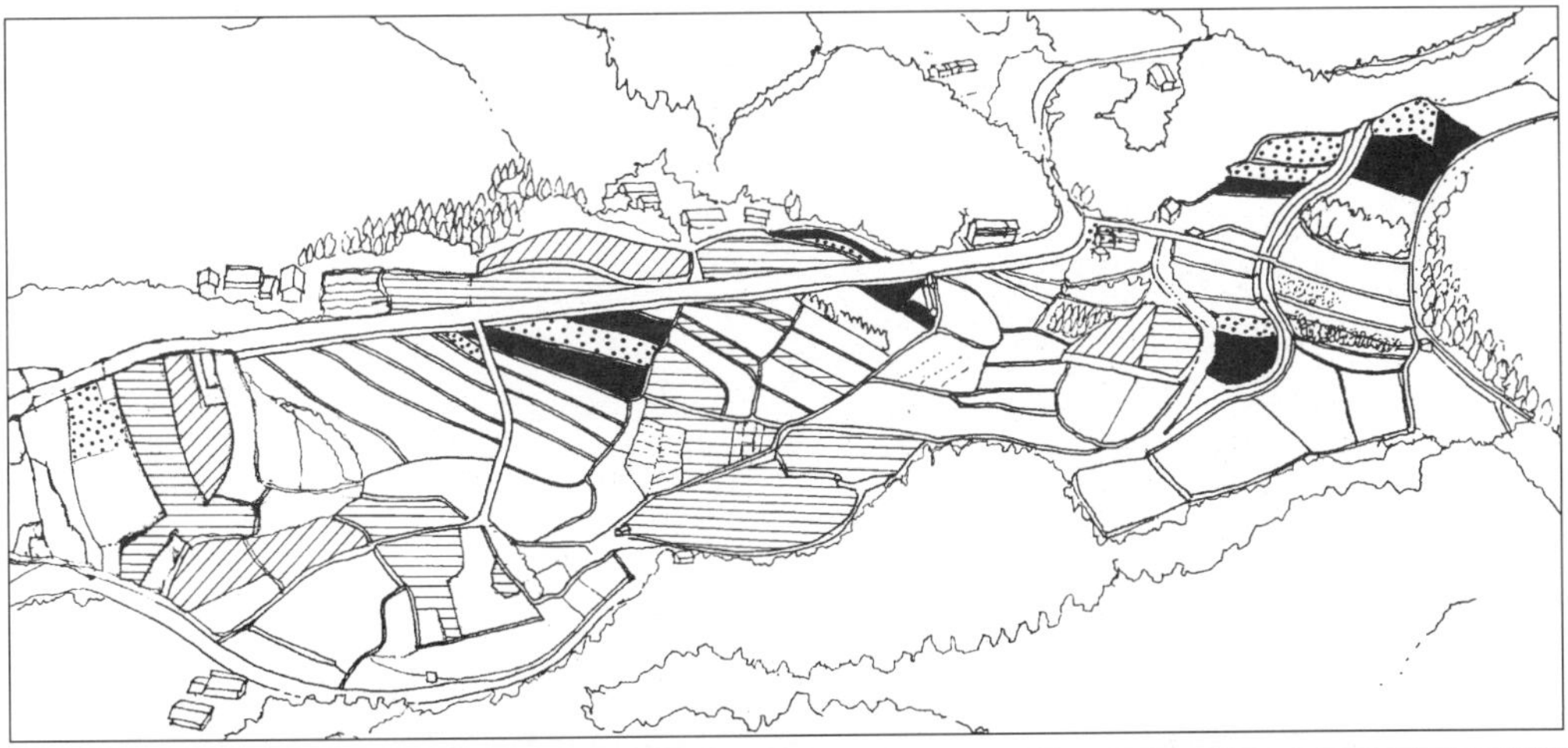

写真56　拓きつくされた棚田。はるか山中の川から伸ばした水路によってつくられている。
高知県長岡郡大豊町（1979・7）

競売にかけられ、むらの人たちは、おのおの力の範囲で少しでも高く買って引き取ります。そうしてなごりを惜しみつつ途中まで見おくり、その後の整理は近くの親類筋の人などがあたります。墓地はそのまま残ります。出ていった人はしばらくの間は三年おき、五年おきくらいに盆の墓参にもどって来ますが、それも次第に足が遠のき、やがて墓地の素姓も忘れられてゆきます。

その小さなむらでもこうした体験を、この百年ほどの間に四回ほどもっていました。

もちろんそのむらでも、明治末頃までさかんに耕地を拓いており、当時のこのむらのリーダーであったある旧家の戸主は、杖をついては山を歩き、田を拓ける場所をさがしては開墾していった話が語り伝えられています。

それでも暮らせる人数には限りがあります。

この養えぬ人を外へ出す力、ここにも私はむらの意志というものを感じました。ム

写真57　山腹に拓かれた茶畑。下のほうの茶畑はかつて水田だったのだろうか。畑の傾斜が平らである。高知県高岡郡東津野村（1976.5）

ラという言葉の語源は、「群れる」という表現に求められるそうですが、人が集まり群れて暮らしつづけると、一人一人の意志を越えたところに群れの意志というものがあらわれ、その群れ自体を守るために働きます。それはそこに共に暮らす一人一人の意志とつながらぬものではないけれど、単に一人一人の意志の集合ではなく、時によっては大多数の一人一人の意志に反して、ということもあり得ます。◆

群れを守るために働いたその力の善悪や当否をここで述べるつもりはありません。そうした判断は、何を基準にするかによってかなり大きく変わるものです。

農耕に頼るむらでは養い得る人数に限りがあるという一面にしたところで、それはある場合には、むらにさまざまな副業を受け入れる素地ともなり、ある場合には、多くの職人を生み出してゆくひとつの条件ともなり、そのあらわれかたは決して一様ではなく、その腕にさまざまな技術を身につ

写真58　三原市中之町別所の谷。この一帯の田が本章で述べた地域になる。右手の山は龍王山。山頂には雨壺と称される壺が口の部分のみを出して埋められている。雨乞い信仰にかかわるものであり、水の確保は切実な願いであった。広島県（1975.11）

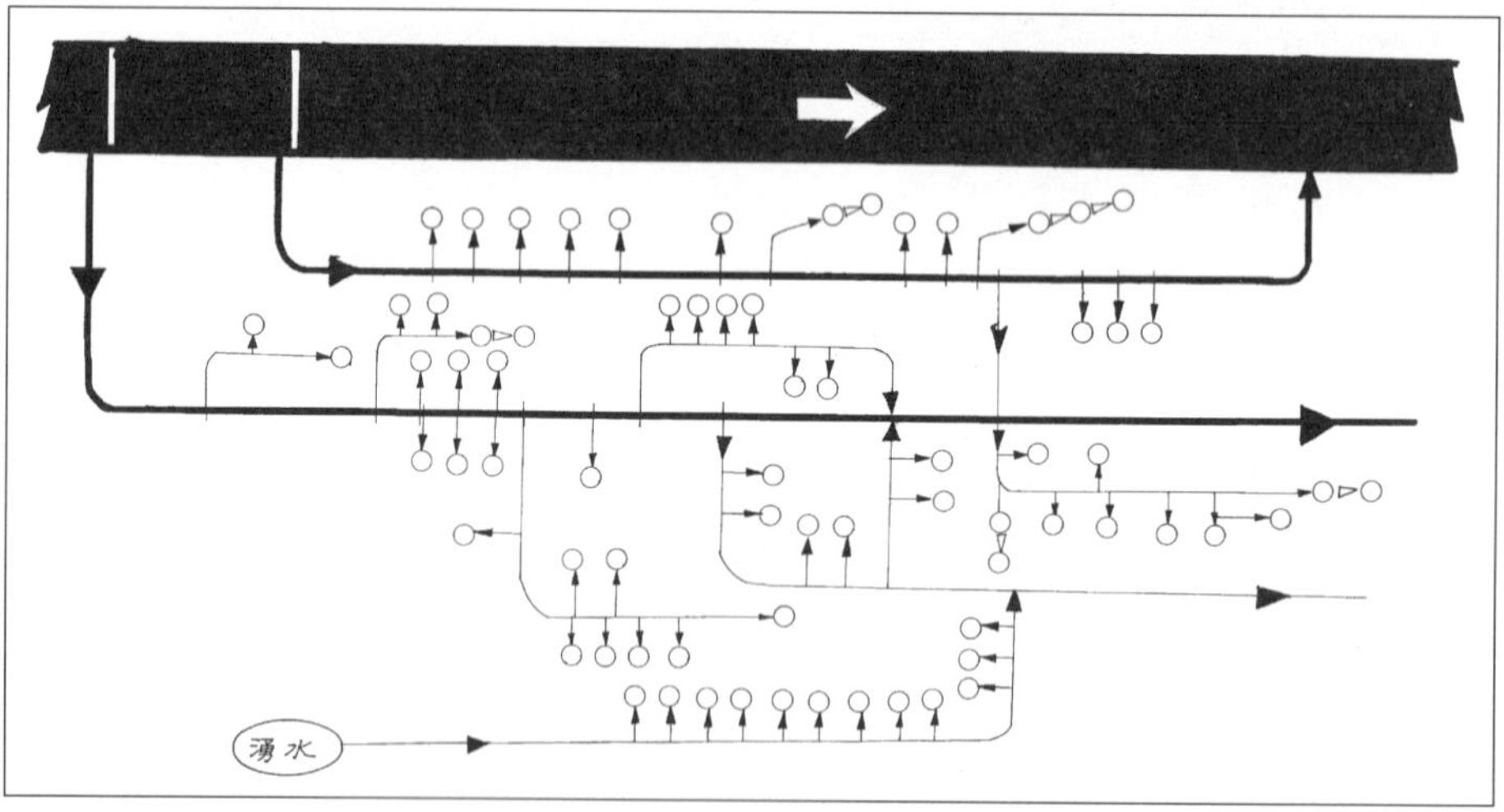

図17　徹底して設けられた田一枚一枚への小水路。広島市白木町河原付近。三篠川右岸低地の水路図。こうした小水路については22章でもふれる。凡例は30ページ参照。

写真59　細長い田。かつて排水を受けていた田なのだろうか。上．広島県三原市（1975.8）下．青森県北津軽郡金木町（1978.11）

けた人々の多い中国地方を私がよく歩いたためか、むらを出、自分の技をみがきつつ己の世界を広げていった人々のこともまた思いうかびます。

ただ、群れとしての意志が働いていた結果、おのおののむらはむらとして分解せずに続いてきており、それはかつてのむらの景観についてもそのまま言えるのではないか、そう思います。

写真60　幕末から明治にかけて房総台地の畑を水田に変えていった上総掘り井戸の口。千葉県君津市（1982.3）
写真61　交錯する水路。平地である程度まとまった水田がいりくんで拓かれていくと、水路をまたぐ水路があらわれる。交錯する水路は交錯する権利であり、交錯する境界でもある。栃木県真岡市（1982.5）

注
◆　むらのもつこうした一面については、本書の旧版の刊行前後から出版されてきた守田志郎の著作から大きな示唆を受けつづけてきたことを付記しておきたい。
◆◆　一例として拙稿「技をもつ人々の旅」『ものがたり　日本列島に生きた人たち８　民具と民俗　上』（編集協力　宮田登　岩波書店　二〇〇〇年刊）所収。

9　様式としての住みつきかた──「典型」の示すもの

城下の西隣の谷で

これまで私が述べてきた三原市とは、広島県東部に位置する瀬戸内海沿岸の人口八万三千人、戸数三万三千戸ほどの市です。その東西はおのおの尾道、竹原両市と接し、かつての三原城周辺と、幕末以降にそれよりさらに南に広がった干拓地の一帯が、現在の市の中心となっています。

市街地のすぐ背後には標高四百－六百メートルほどの山々が迫り、山々を越すとそこは世羅台地の南端であり、水田地帯が北へと広がっています。その台地のとりつきが八幡町であり、さらに北へ行くと、稲荷神社に宮座を残している御調郡久井《くい》町になり、久井町の北は、中世に大田庄という荘園が成立していた地域へと続きます。

これに対して海に迫る山の麓、三原の市街地周辺や瀬戸内海沿岸には、畑作を中心としたむらが立地しています。それにいくつかの古い漁村と佐木《さぎ》、小佐木《こさぎ》の二つの島、東流して瀬戸内海に注ぐ沼田《ぬた》川下流域の谷のむらと平地のむら、これらが三原の市域を形成する主要な地域です。

その瀬戸内沿岸の畑作地帯においても、山を背負い拓きおろす形の住みつきかたを見つけることができます。三原市街地の西に西野町という二すじの谷から成る町があり、北へ伸びる谷域を小西《こにし》、西へ伸びる谷域を大西《おおにし》と呼んでいます。

大西の谷は、西の山間部から三原城下へ入るちょうど入口にあたります。この谷を歩いてまず気づくことは、谷川の左岸、北の山際にほぼ等間隔に、石垣を積み白壁をめぐらした屋敷、あるいは屋敷跡が点々と谷奥まで続いていることです。こうした景観は、かつてこの谷筋が交通の要衝であったことを考えると、人為的、政策的な背景があるの

写真62　中世、小早川氏によって干拓がすすめられたという三原市沼田《ぬた》川流域の水田。広島県（1979.11）

ではないかと思います。土地台帳をもとにして明治後半期の土地所有を復元してみても、こうした家々は周囲の耕地とはさほどつながりがなく、いわば周囲から浮きあがる形で点々と置かれている観があります。

　そうしてこの谷の開墾は、一見風景としては目立たぬその対岸、南側から始められたと思われます。というのは、これまで何章かにわたって示してきた、山を背負い耕地をみおろす形の住みつきかたが、この対岸にいく例もでてきたからです。

　図18で土地所有領域を示した家もその一例です。耕地部分については7章の篝のむらの事例と同じ手法で復元を行ない、山林部分は地割図が不正確なために、さらに聞き取りで補って図を作成しました。図では家の前の耕地をほぼ六割ほどしか所有していませんが、かつては前面の耕地一帯を円弧を描くような形で持っていたそうです。この家は、かつて同家から一キロ近く南にある頼兼《よりかね》城に居をかまえ、この地の地頭であった岡崎十郎左衛門頼兼の子孫だといわれています。「国郡志御用諸品書出　西野村」（文化十一年）によれば、岡崎家は小早川隆景に反

写真63　丘陵上のむら。瀬戸内海沿岸の背後に迫る山をのぼれば、こうした台地状のむらが続き、そこには谷すじに依る定住様式を多くみることができる。広島県御調郡付近
（1979.11）

写真64　谷すじに依る定住様式の家々の背後の山をのぼれば、このような尾根筋のむらも散見する。尾根づたいには旧道が走っている。尾根すじを移動しつつ定住した人々のむらなのだろう。岡山県小田郡西部（1982.3）

写真65　西野町大西の山を背負う家。本文参照。（1979.11）

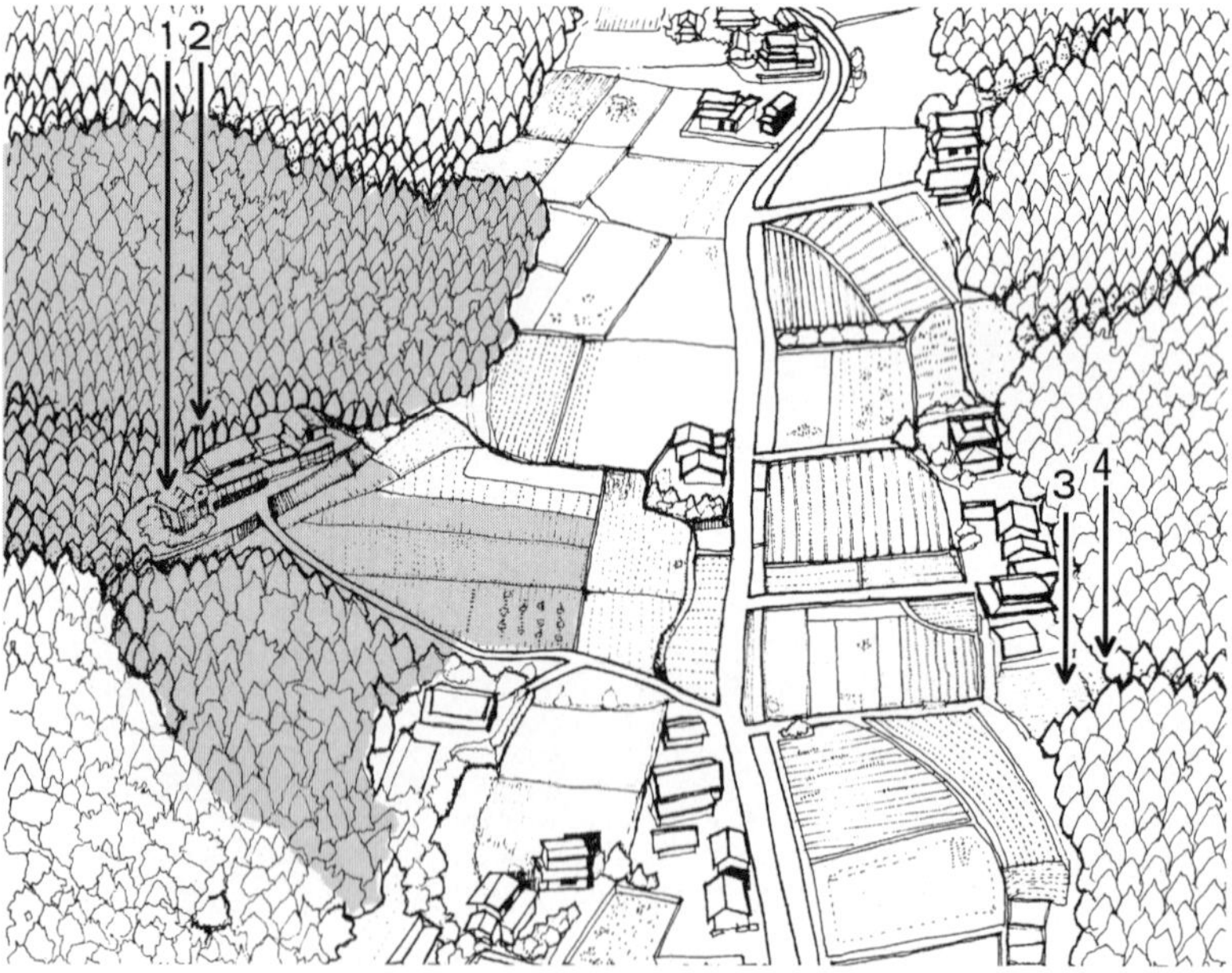

図18　上の写真65と対応する形で図示した同家の土地所有復元図。１は同家の祠の位置。２は墓地の位置。３は初代の隠居屋敷地。４はその墓地。

写真66　写真65、図17で示した旧家の正面。右下．同家屋敷裏の墓地。左下．同家の屋敷神、頼兼祝神。
(1976.5)

写真67　西野町大西の谷の一角。図18と対応。本文参照。（1979・11）

抗して亡び、かろうじて生きのびた十郎左衛門の子五郎左衛門がのちにこの地へ帰り、小早川家の目を避けて姓を変え、鍛冶の業を名目にして住みついた旨の記述がみえます。この家の屋号をカジヤといい、戦前までは家の前の畑からよくカナクソが出ていたそうで、この記述とも符合します。

屋敷地の山よりの場所に「頼兼祝神」と書かれた祠がまつられており、さらに山よりの地に同家の墓地があり五輪塔数基を含む墓石が三十基ほど並んでいます。もっともこの場所に住みついた初代の戸主は、同家のむかいの山すそに隠居屋を建ててそこで余生をおくり、墓はその裏手に設けたそうで、その場所にも五輪塔一基を含めた墓石数基があります。

大西の谷筋はその奥で二つにわかれます。その分岐点の、やはり南岸に位置するある本家とその周辺の分家の明治後半の耕地の持ちかたを示したのが図19です。1が本家で、2、3が分家です。分家の耕地のすべ

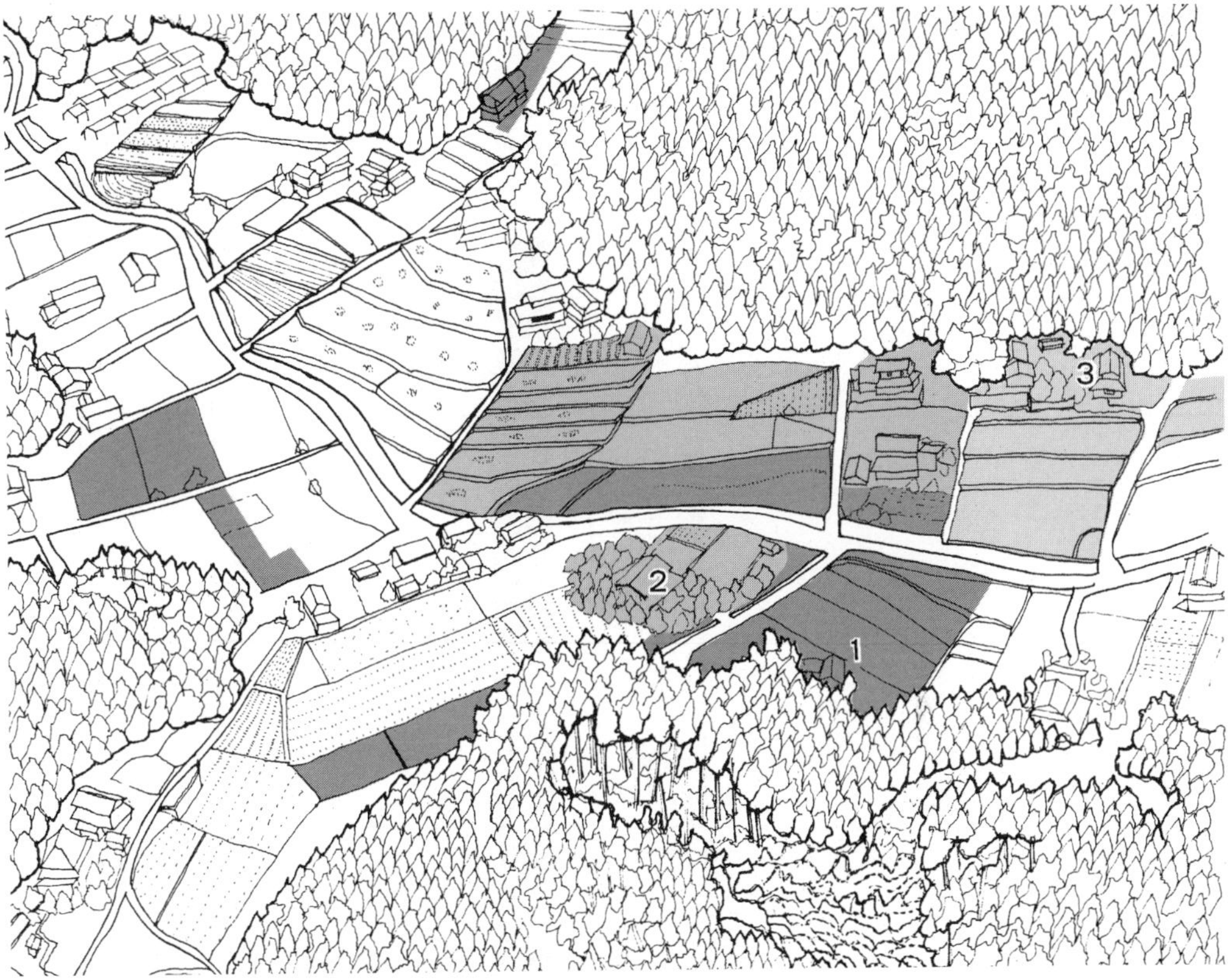

図19　同じく本分家関係の農家の土地所有復元図。写真67と対応。

てをかつて本家が持っていたとはいえないと思いますが、この本家も当初はこれまで述べてきたような住みつき方ではなかったのかと思います。なお、こうした形の本分家の場合、本家は家の背後の山も持っていることが普通ですが、分家は必ずしもその限りではありません。

こうした山際の住みつきかたの家々が右岸の畑側の山すそに並んでいることや、左岸の水田の水路がきわめて単純な形態であることから（図20）、この谷筋は畑から先に拓かれていったと思われます。

ふり返って見える姿

私の三原でのむら歩きとは、今思い返してみれば、山を背負って居を構え、そこから耕地を拓きおろす形の住まいかたを、次々と発見してゆくことだったともいえます。この地域が中世から近世初期にかけて拓かれていったところであるとすれば、こうした住みつきかたは、ある時代性、地域

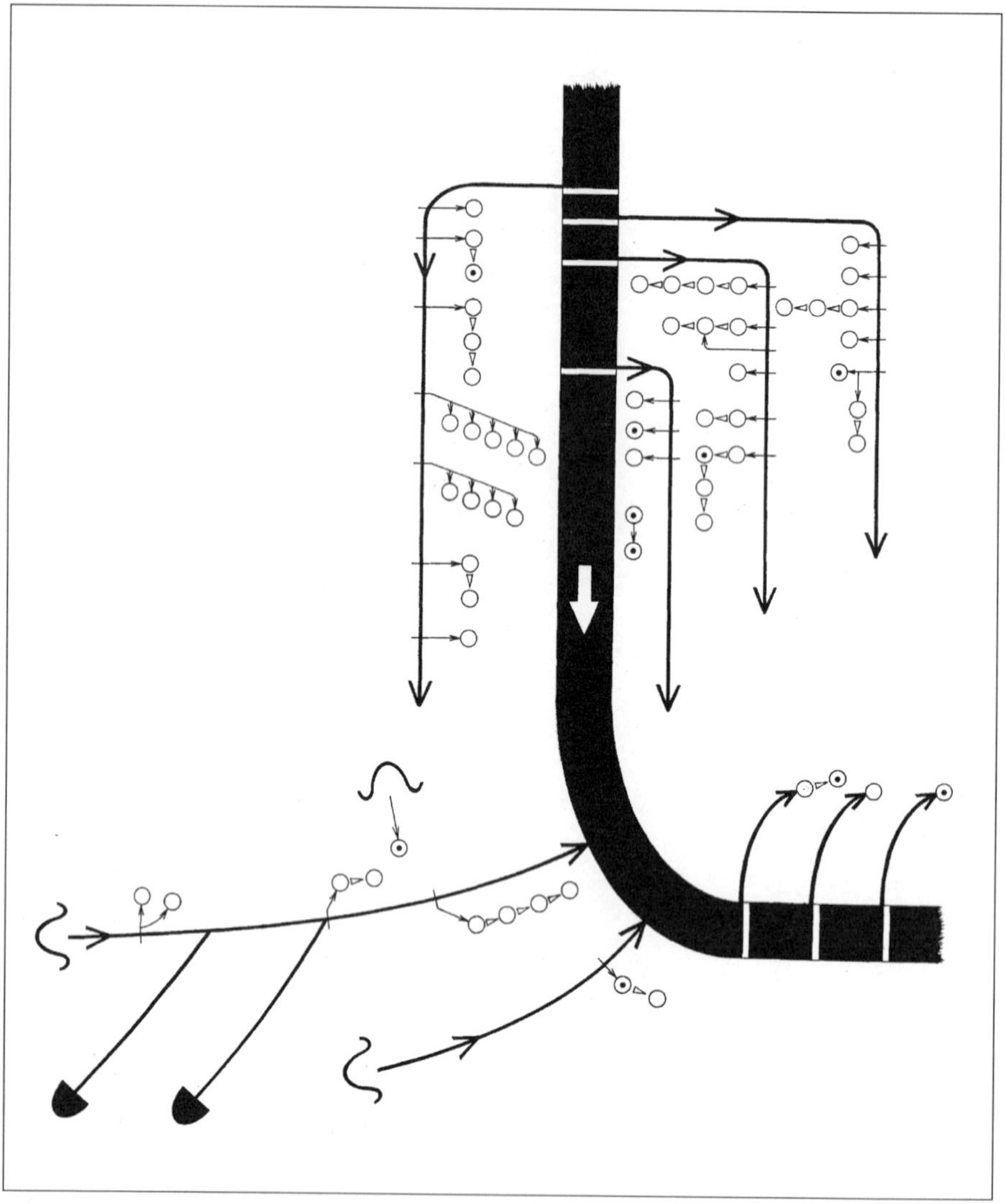

図20　西野町大西の水路図。上がほぼ北になる。水路にいりくみがない。凡例は30ページ参照。

写真68　手拓《てびら》き田、とでも表現できそうな水田。拓きのこしの土地が畦道という観がある。やがて少しずつ田が道を食う形で拓き広げられていくのだろうか。五能線車窓から。青森県（1978.11）

性を反映したひとつの定住のパターンだといえそうです。

人がその地に住みついていったありさまや、谷が拓かれた年代、井堰が築かれた年代などが信頼できる資料でうらづけられている例は少ないと思います。ですから私が行なっていることは、水路調査や土地所有復元をはじめとして、いわば開拓定住の状況証拠をさぐっていくことです。「……と感じます」「……と考えるのが自然です」とつなの観があります」、「……文は多くそんな表現でつないでいます。これはそのまま私の住みつきかたという様式を探っていることを示しています。

たとえば歴史学で使われている名田という言葉、この基本的な意味あいは中世における徴税単位ということであり、各地におけるその実態は多様だったと思います。中世の社会経済史的に位置づけられた概念である以上、名田は近世に入れば消滅、変質といったみちをたどります。けれども、たとえばこれまでみてきたような中国地方における谷筋への定住様式――とりあえずこれをこの地方の「名田」的な住みつきかた、と表現しているのですが――は、時代を越えて受け継がれてゆく力をもっています。

ものごとのおこった絶対年代や、そのあらわれてくる時代のなかでの位置づけよりも、そのあらわれてくる条件や

写真69　一枚一枚の耕地の形状や面積は、おのおのにその由緒や権利を示しているのであろう。それがそこにそのような形であるということを必然性として一枚一枚の田が背負っている。磐越西線車窓から。福島県会津若松—郡山間（1982・2）

あらわれかた、またその生産領域としての継承性に重きをおいてみていくこと、そこのことを「様式を探る」という表現であらわしています。そうした文脈のなかでは「名田のむら」というよりも「名田的なむら」、「時代」「地域」というよりも「時代性」「地域性」という言葉をとりあえずは多用しています。

もちろん確実な史料でうらづけられている「名田」のむらがあれば、そこを歩くのは大切なことでしょう。けれども状況証拠を探ってゆくなかで、開拓のあゆみをみてゆくひとつの視点が確立できるのではないかという手ごたえは、三原の調査以来感じつづけています。それが私にとって様式としての住みつきかたの持つ重味になります。

その時代の状況が、ある住みつきかたの様式を生みだす大きな条件としてはたらくことは否めないにしても、逆に、時代にこだわると見えにくくなるものもあるのではないかと思っているからです。

10 テンパスのむら——高みからの展望

等身大の痕跡

子供の頃に遊んだ陣とり遊びのひとつに、テンパスと呼ぶものがありました。
まず地面に一メートル四方ほどの正方形をかきます。そうして四隅のひとつを選び、そこに親指を軸にして人さし指、もしくは中指のスパンで正方形の内部に円弧を描きます。その中がおのおのの陣地です。陣地の外縁であるその円弧の線の上に小石を置き、指で軽くはじきます。次に円弧の線上に親指をおき、はじかれた小石の位置にかかるように同じように指のスパンで円弧を描きます。それがあらたな領土になるのですが、小石をはじきすぎて指のスパンが届かなければ小石をはじく権利は対角にいる相手に移ります。こうして互いに陣地を広げてゆき、領土を競います。その領土はきわめて不整形なウロコを重ねたような形で広がってゆきます。手でコンパスのように円を描く、だから子供たちはこの遊びをテンパスと呼んでいたのでしょう。

中国地方の「名田」的な集落を山の高みから、あるいは小型機の窓から、あるいは航空写真で見るとき、私はいつもこのテンパスで描かれる円弧の群を思い出したものです。ああ、あそこにもテンパスがある、ここにもテンパスがある、と。

人が鍬を持って気ままに大地を打っていくと、その跡は人を中心に円弧を描くそうですし、また、われわれが曲線を描く時、山の線と谷の線とでは山のほうがはるかに描きやすいはずです。ひじを中心に手を動かせばよいのですから。

自分を中心に円、もしくは円弧を描くという動作は、人が行動する時にあらわれる最も基本的な動きのひとつでは

写真70　ウロコ状に広がる水田。ここにも大地の上の陣取り遊びが。上．東北本線車窓から。栃木、福島県境付近（1981.7）下．中央本線車窓から。岡谷—富士見間。長野県（1980.5）

写真71　写真中央の谷川はほぼ町の境と重なる。ごく自然な土地境である。谷川の両側には山を背負った家々がみえる。広島県竹原市田万里町（1979.11）

ないでしょうか。それはどれほど機械製品が身のまわりにあふれていようと、少なくともわれわれが自分の手と足とで自身の日常の用を足してゆく限り、変わらずに行なわれてゆく動きであり、やしなわれていく感覚だと思います。

どうしてこんなことを言いだすのか。それはいったん慣れてしまえば、航空写真から、これまで述べてきたような谷筋に住みついた家の生産領域をよみとることはさほど困難でないからです。そのひとつの目安がこのテンパスのウロコ群です。もちろんこれまでに示した例はかなり典型的なものですし、地形的にもきわめてわかりやすい場所に位置していました。

けれども、たとえ家を中心に円弧を描けぬような場所でも、その家のかつての領域とそれ以外の領域とは、かなりの確率をもって判別することができます。どうもこの小道を境にして東と西とは感じが違うな、そう思ったところが実はその境であったという経験は多かったのです。いわば不定形群の中での不整合部のよみとりとでも言えばいいのでしょうか。私にそれができるということは、不整合な部分や線

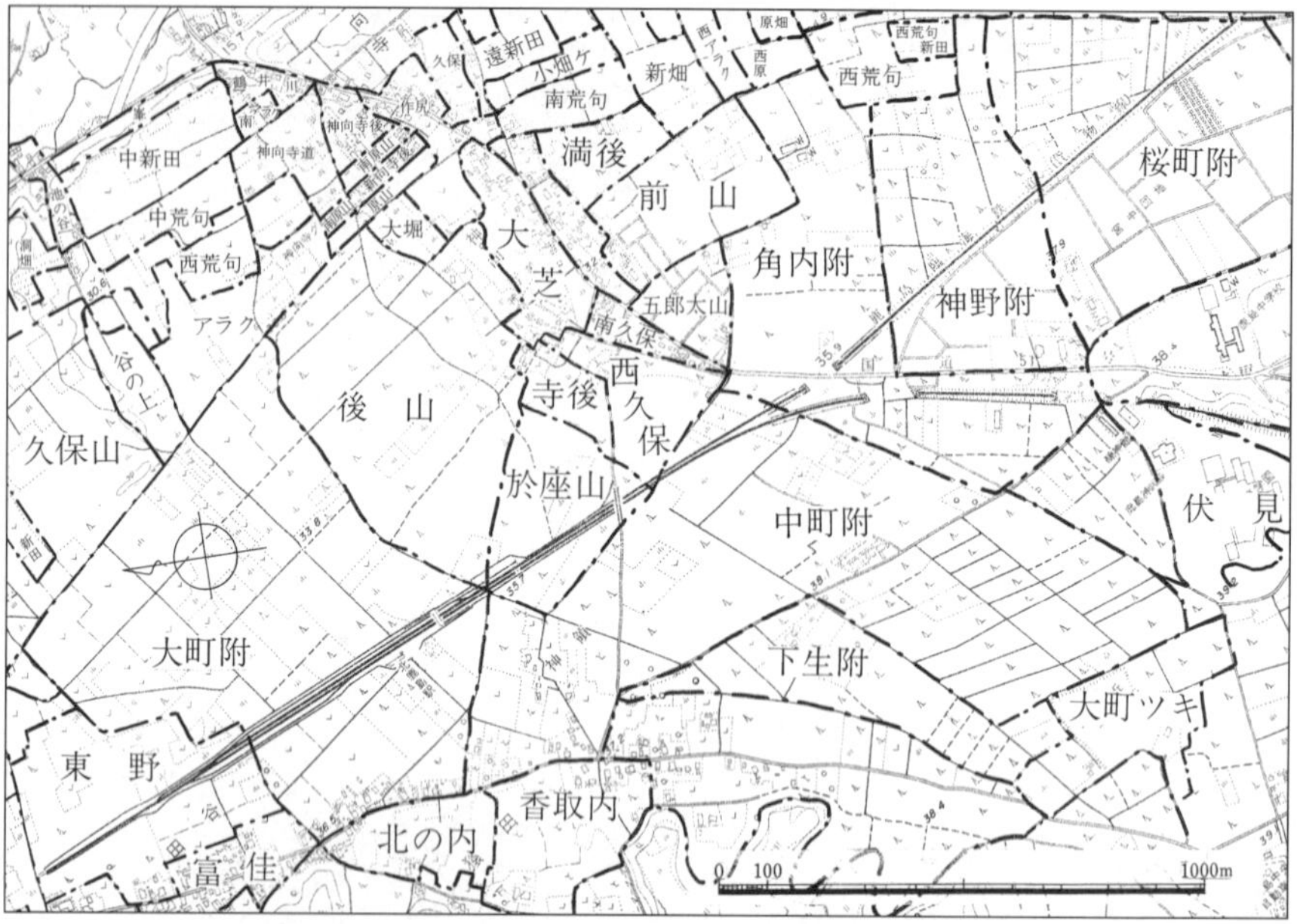

図21 茨城県鹿島郡鹿島町の小字集成図（部分）。同町役場資料より作成。

写真72 図21と同じ地域の航空写真。比較的判読しやすい小字境の例。畑割の不整合線や道が図21の小字境の線の多くと符合している。国土地理院発行の KT-72-3X C1-21 を使用。

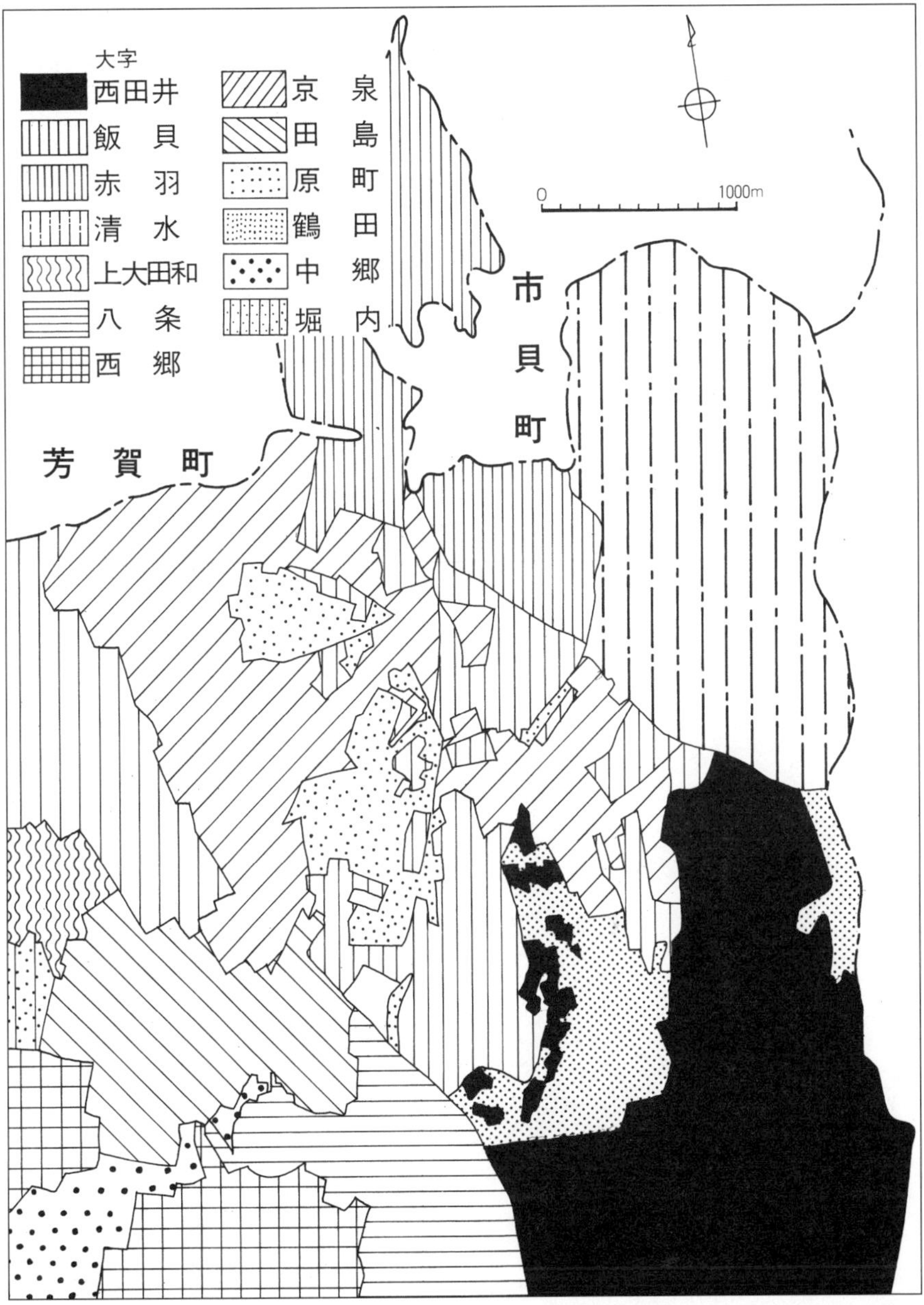

図22　飛び地のむらの例。拓きのこしの土地が、のちの時代まで残り、そこを周囲のさまざまなむらの人間が蚕食して拓いていったのだろう。栃木県真岡市北部。『都市地図 栃木県真岡市益子町二宮町』（昭文社）より作成。

を直感的に見分け得る感覚を、もともと私が日々の暮らしのなかにもっていたからではないかと思います。いうまでもなく己れを中心とした円や円弧、それがこの場合の基本になっています。

地形に応じてさまざまな形をとって広がるにせよ、そこにあらわれてくるのは、結局人が己れの領域を主張するときに描く、いわば多彩なテンパスだからです。農耕を主とするむらの小字の多くが、なんらかの形でのかつての開拓の区切りであり、航空写真にあらわれる耕地の不整合線の少なからぬ部分が小字境と重なることを思えば、これは当然といえば当然なことです。

その意味からすれば、景観をみてゆく際に、とりあえずは自分の感覚にかなり信をおいてよいのではないかと思います。拓いた者が人間であり、それをよみとる私が人間だから「名田」的なむらは姿をあらわす、そう言い切ることができれば誠に颯爽としているのですが、土地の境というものはそう単純なものばかりでなく、例外も少なくはありません。例外というよりも、人間の営みや権利が時代をこえて受け継がれていく場での厄介さ、といったほうがよいのでしょう。けれどもだからといって景観のなかの不整合線の存在の意味が軽くなるわけではないと思います。

11　薪山を持つ町家——周防大島・つらなる棚田

一枚一坪の田

山を背負う形で屋敷地を定め、そこから下を拓きおろす——私が歩いたむらむらで多くみられた住みつきかたの様式をこう述べてきました。

それではそうした景観がどう崩れていったのでしょうか。そのひとつの例と思われるものをここで示しておきます。

山口県東部に周防大島という瀬戸内海に浮かぶ島があります。東西三十キロ、南北十五キロほどの金魚の形をした島です。

この島の中心となってきたのは北岸に位置する久賀《くか》町で、『吾妻鏡』には久賀保という国衙領として登場する土地です（文治三年／一一八七　四月二十三日条）。北に広島湾を望み、三方を嘉納山、文珠山、嵩《だけ》山の山なみに囲まれ、この稜線や分水線がほぼ町の境と重なる地理的なまとまりをもった町でもあります。これは江戸時代から受け継がれてきた町域なのですが、現在はなおこの地域に、一九五六年に合併された西の椋野《むくの》地区を含めて町が成っています。

この町は海岸寄りの平地に、かつての商人、職人町があり、そこから海へと続く一帯に漁師町が接しています。これらの地域がこの町の中心でもあり、またこの島の中心でもありました。

この町場から周囲をとりかこむ山々を見まわすと、山の斜面に点々と水田があるのがわかります。というより現在山中の水田は、みかん畑や杉林に変わっているところが多く、逆にその中に点在する水田によってかろうじてかつて山間に水田が拓けていたことがわかる、と表現する方が自然でしょう。たとえば、標高六百メートル余の嵩山では、

写真73　山口県大島郡久賀町津原川の谷。国土地理院発行の CG-65-4X　C7-16 を使用。

往時は八合目あたりまで水田が拓かれていたそうですから。

この町の中心に津原《つはら》川という川が流れています。航空写真でこの流域を見ると、海岸寄りの平地からほとんど途切れることなく棚田が山間へ続いており、その段数は二百を越します。

「このあたりの者は、みな山のなかに田地を持っとった。行くのに一時間から上《うえ》かかりよったよ。こやしから何からみな負うてあがるんじゃけ。うちも六郎《ろくろう》という小字名のところに田があった。秋には田で扱いてカマスに入れたモミを負うて来にゃいけん。朝一時、二時にカンテラ下げて出て夜が明けるまでにひと往復じゃが、昔はみなそうしとった。じゃけ山道のところに段をつけた休み場があったよね。そこに腰かけて、オイコ（背負梯子）を負うたまま段に体をもたして休んだ。そこでみな休んで年寄りも若い者も話をして、また歩きよったよ。」

この町のある農家の古老の話ですが、これに似た話はここではいたるところで耳にします。

この町の農業の歴史が、少しでも多くの耕地を拓くべく、営々と山に鍬を打ちこみつづけた人たちのあゆみであったことは、町に残っている明治二十一年（一八八八）の土地台帳の記載からもうかがえます。たとえば、

字遠見下　四九三三　一枚　水田一歩
字高ノ師下　四九八六　一枚　水田五合
字横縄手　五六五二　一枚　畑一歩
字桜木　六一三四　一枚　水田一歩
字米山上　六一六六　一枚　水田一歩

これは一筆が一歩（一坪）以下の田畑の事例の一部です。あるいは、

字池ヶ迫南　四九五七　七十一枚　水田三反六畝十六歩
字袴　六〇七九　五十枚　水田一反七畝二十七歩
字柳迫　六一〇〇　五十九枚　水田二反五畝五歩
字西中ヶ迫下　六一二〇　五十二枚　水田二反一畝二歩

地番	小字	地目	施行前			施行後			増分			届出年月
			反	畝	歩	反	畝	歩	反	畝	歩	明治
5450	曽祢田	畑	}	1	25		2	8				30.
5451	〃	畑										
5591	鳶ノ巣上	畑			22		2	23			1	30.12
5592	〃	畑		1			1	8			8	30.12
5594	〃	水田		5	27		6				3	30.12
5650	長安寺	水田		1	3		1	19			17	29. 2
5659	横縄手	水田		2	9		2	29			20	29. 7
5743	小井手	水田		7	6		8	2			26	28. 4
5544	殿原	水田		9	11		9	14			3	28. 4
5749	鍛冶屋敷上	畑		1	26		2	23			27	29.10
5790	片原上		2	2	25	2	3				5	27.12
6027	火打岩	水田		6	1		7	5		1	4	30.12
6028	火打岩	水田		3	29		4				1	30.12
6042	船木下	水田	1		1	1	2	13		2	12	30.11
6047	〃	水田	1	2	21	1	3				9	30.11
6058	惣田上	水田	1	1	13	1	2	2			19	28. 4
6080	袴	水田	1	1	11	1	4	2		2	21	28. 4
6200	牛氏下	水田	1	2		1	3	7		1	7	30.12
6201	〃	}										
6202	〃	水田(合併)	2	4	16	3	2	2		7	16	不明
6203	〃											
6210	牛氏	水田		3	25		5	27		2	2	30.12
6246	亀ヶ松上	水田	1	3	12	1	5	11		1	20	28. 4
6267	西松ヶ久保	不明	1	7	8	1	9	9		2	1	28. 6
6472	平安	水田	1	1	20	1	2	8				30.
6865	崩	水田		8	28	1	2	22				28. 4
6999	西岡田	水田	3		3	3		19			19	29. 3
7002	〃	水田										
6996	〃	水田		9			9	28			28	30. 2
7304	谷山頭	不明		7	24	1	1	1				27.12
7320	大藤上	水田	2	1	10	2	1	17			7	30.12
7396	明神北	水田	1	2	16	1	2	18			2	30.12

地番	小字	地目	施行前			施行後			増分			届出年月
			反	畝	歩	反	畝	歩	反	畝	歩	明治
388	大□南	畑		6	10		7	13		1	3	27.12
586	寺替地	水田		4	26		5	2			6	27.12
733	南大□	不明	1	1		1	1	14			14	27.12
1133	塚	水田			14			21			7	30.
1145	宗久保	畑		2	1		2	24			23	30.
1277	宮ノ□北	水田	2	7	11	3	1	27		4	16	30.
1278	〃	〃		3	18		3	26			8	30.
1475	柱松西	不明	1	6	4	1	6	11			7	29.
1496	柱松	不明	1	8	16	2		19		2	3	29.
1497	弥ケ迫西	不明		6	15		7	28		1	13	27.12
1523	弥ケ迫東	不明	2	3	9	2	7	24		4	15	29.
1714	横田東	水田		2	17		2	21			4	29.11
1780	松堀南	不明	1	6	27	1	8	7		1	10	27.12
1818	郷代西	水田		2	7		2	29			22	29.
1954	大坪	不明	2	5	12	2	7	4		1	22	27.12
1994	東浮迫上	不明	1	3	29	1	4	11			18	27.12
2115	六郎	水田	2	4		2	4	23			23	30.
2205	下河内	水田	1	8	28	2		4		1	6	30.
2324	雨ケ森上	不明		5	5		5	6			1	29. 5
2422	後久	水田	1	8	5	1	8	10			5	30.
3023	下替地上	水田	2	8	18	2	9	10			22	30.
3201	大峠東	水田		4	18		6	19		2	1	30.
3260	畑奥	水田	1	1	16	1	7	23		6	6	0.
3336	堂ノ尾	畑		5			7	12		2	12	30.
3551	耳切	水田	1	1	7	1	3	9		2	2	30.
3742	寄江	水田	1	5	19	1	7	27		2	8	30.11
3749	江下北	水田	1	5	6	1	5	27			21	30.
4082	長森	水田	1	2	16	1	2	25			9	30.
4940	丸子	水田	1	4	7	1	5	7		1		28. 4
5035	梶免下	水田	2	4	15	2	4	21			6	30.
5443	曽祢田	水田	1	6	10	1	6	28			28	30.11
5444	〃	〃										

表3　久賀町のマチダオシ（小さな水田の統合）の例。「増分」の欄が、マチダオシの結果増加をみた田の面積を示している。
『畦畔廃除取調書刺　二十七年一月ヨリ仝三十年一月マデ』（久賀町役場所蔵）より作成。

写真74　棚田の土手を石積みへ。土手をより強く、水田をより広く。水糸を張って目安とする。高知県高岡郡檮原町（1975.12）

これは一筆が五十枚以上の田から成っている例の一部を抜きだしてみました。

一坪、さらには半坪の耕地がひとつの所有単位、ひいては徴税単位としてめずらしくなかったことや、一筆の水田が数十枚の棚田によって成っていた例が少なくないことから、この地がどれほどこまやかに、また徹底して開墾がすすめられてきたかを推し測ることができると思います。

予往年屢々大島郡ニ来往シ、機会アル毎ニ町村役場ニ就キ、字図ニヨリテ穂ノ木名ヲ写シ取リ、或ハ又、人ニ嘱シテ写サシメ、遂ニ沖浦村ト平郡島トヲ除クノ外其業ヲ了シタリキ。（中略）大島郡ノ如キハ、殆ド山地ニテ、段々ニ開墾セラレシ、一筆一坪田ノ類尠カラズ、之ヲ整理シテ大地積トセンニハ、非常ノ労力ヲ費ヤサヾル可ラザルヲ以テ、多クハ前畔旧畛ヲ踏襲シテ、敢テ革ムルナキヲ以テ、穂ノ木名モ亦、古来変動極メテ稀ナルベシ。明治二十年一斉ニ土地丈量ヲ行ヒタル際ニ、便宜穂ノ木名ヲ細分シタレド、夫ハ只、原名ノ外ニ、東、西、南、

写真75　小さな水田の統合。いわゆるマチダオシ。寄せられているのは水田の表土。農閑期の作業。広島県神石郡豊松町（1974.3）

北、上、中、下、前、後、奥、岡、代（台）浜、枝、又等ヲ附シタルニ止マレリ。

（御薗生翁甫『大島郡町村穂ノ木名』一九三一年）

とあるように、この島の穂ノ木《ほのぎ》（小字名）は比較的旧態を受け継いでおり、その分布はそのままこの土地の歳月を反映しているようです。

山からおりる家々

かつて久賀保があったとされている海寄りの平地には、塔免《どうめん》、道免《どうめん》（堂免）、京免《きょうめん》（経免）、梶面《かじめん》（鍛冶面）といった免田を思わせる小字名が分布し、その南、標高五十メートル前後の一帯には久保河内《くぼがいち》、四郎替地《しろうがいち》などのカイチ名のつく地名がみられます。また町の中心からやや西寄りの流田《ながれだ》川以西には、平地から山すそにかけて宗光《むねみつ》、国貞《くにさだ》、末光《すえみつ》といった中世的な開拓地名や、庄地《しょうち》、佃《つくだ》といったこれも中世的と思われる地名が残っています。久賀保はのちに久賀荘といわれるようになるのですが、こうした小字名の分布から、久賀保の外側が拓かれて名田が成立し、その名田を中心にして荘園が形成されていった

のではないかとの推測もできると思います。

もっとも、瀬戸内の島々はみかん栽培が普及した結果、水田は盛土をされ、山は拓かれて果樹園化がすすみ、かつての水路をこまかに調べたり、山割りをみたりすることが困難になっています。

さらに久賀町についてみれば、弘治元年（一五五五）の厳島の戦いで中世の久賀が滅び、その後近世の久賀は、落人伝承をもつ人々が新しい勢力となって伸びてゆくのですが、幕末の長州征討で戦火を受け、各家は激しい盛衰の波を受けた歴史をもっています。こうした一連のことも古い久賀町の姿をつかみにくくしています。

三原市での仕事を終えたのち、地名、明治時代の土地台帳、それに古老からの聞き取りを手がかりに久賀の町を通算してひと月ほど歩いてみました。

点々と水田が残る山の景観は、かつて

写真76　津原川の谷から久賀の町を望む。みかんがつくられているこの台地は、かつてほとんどが水田であったという。山口県大島郡久賀町（1980.12）

山間に人々が居を構えていた時代のなごりと、のちに山間の田を拓いていった人々の営みとがあいまって成ったものらしいことがわかってきました。

山間の田の開拓といっても、耕地の乏しい農家が細々と拓いていったものばかりでなく、旧家の主人が陣羽織を着て皆を指図して拓いたという大がかりなものまであり、地域ぐるみの開墾だったことがわかるのですが、ここで問題にしたいのは前者、山間の住まいのなごりの例です。

久賀の町場の旧家には、周囲の山々の七、八合目あたりに土地を持っていたという家が多く、戦前まではそこへ田を作りに行ったり、あるいは薪をとりに行っていたという話を聞きました。なかには山中の土地に古い墓があった家もありました。この地域の「名田」的な住みつきかたが、家と耕地と山と山間の墓地をひとつのセットとして成立しているとすれば、

写真77　棚田の土手のズエヌケ（崩れ）。石垣の中ほどの列状の石の突起は草を刈る足場の場合もあれば、上の田と下の田の所有の境を示す場合もある。山口県大島郡久賀町（1980.12）

写真78　湧水を利用した小さな溜池。池の内壁左手に土管を利用した縦樋とハチンコとがみえる。石組みをみる限りではそう古い池ではない。山口県大島郡久賀町（1980.12）

写真79　山の田を拓くことは傾斜面のなかに水平面をつくりだしていくことでもある。そこにはさまざまに切りとられた水平面があらわれる。いずれも新潟県古志郡山古志村。地すべりと闘いつつの拓田であろう。(1978.8)

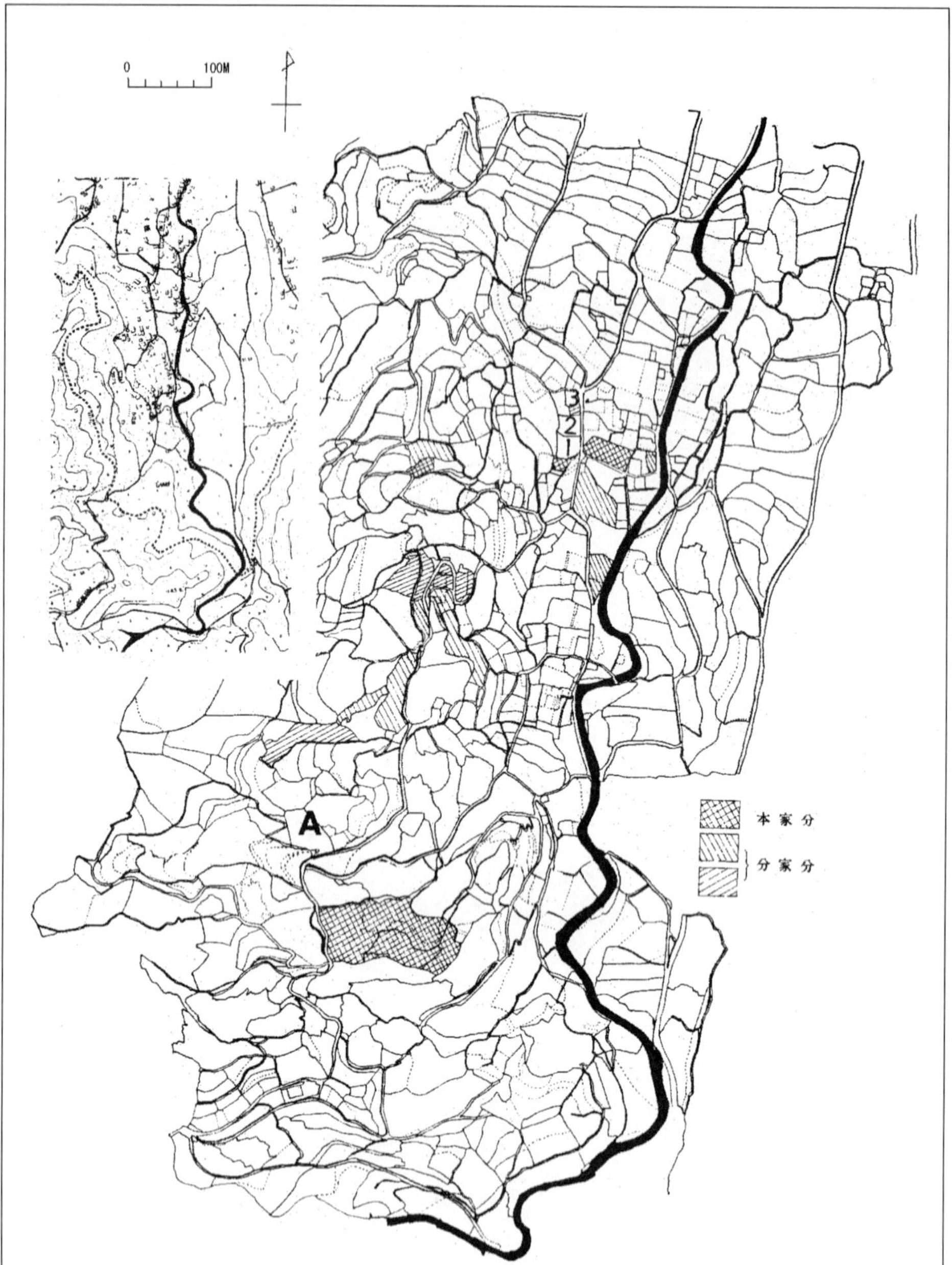

図23　農家の低地移動の例。１の数字が本家、２、３が分家の現在の宅地の位置。おのおのの所有地を明治二十一年の土地台帳により復元し斜線で示している。本家は南の山中Ａの文字の下の一画に耕地を持っている。左上の図は同地の地形概要図。（『周防久賀の諸職』より）

写真80　この山手の集落の中ほどにハナ（始まり、端の意）という屋号の家がある。かつてはその家が最も下手にあったからだという。他の家々が次第に下へ移ったために同家は中ほどに位置するようになった。家々の低地への移動の一例。広島県三原市糸崎町（1975.10）

山間に土地を持つということは、かつてその土地に住み、のちに平地に降りてきたことを示唆しているように思います。

もちろん、こうした例は町場の家に限らず町場よりの農家においてもさまざまな形でみることができます（図23）。

近世になって社会が安定した後、山間の家々が次第に低地におりてくる傾向は、瀬戸内海西部で一般にみられます（写真80）。その一例が、ここでは結果として山間に点在する水田の景観を残すことになったのではないかと思います。

家と耕地がかけはなれて立地している景観を、私は旅の先々でいくつもみてきました。どのようないきさつでそうした生活領域が形成されてきたのか、この久賀の例はその答のひとつのように思います。

写真81　瀬戸内海西部の集落には、山の中腹に位置するものと海に面しているものとがある。前者は、次第に低地へと移る傾向があるのだが、これは二者の対比がよくわかる。愛媛県越智郡上浦町（1975.10）

写真82　下に移る山の中腹の家々と、海岸から山際に増えていく家々とが次第につながっていき、一見性格のよくわからない集落が形づくられていく。広島県因島市（1979.11）

12 伏流水掌握——ハネツルベの林

棚田の横穴

久賀町の調査は、宮本常一先生をリーダーとして地元の松田國雄先生、藤谷和彦先生、それに印南敏秀氏（現愛知大学）や私がチームを組んで行なったものです。この町の棚田の石垣には、ちょうど横穴式石室古墳の羨道を思わせるような石積みのトンネルをもつものが点在しています。これは一種の取水施設ですが、これがいつ頃築かれ、どのようなしくみをもつものなのかをさぐることが調査の主要な目的でした。

そうして

- 久賀町内の棚田に千二百か所を越す石積横穴があること。
- その分布は古い地名が分布しているところからはずれ、中世後半以降に拓かれたと思われる地域に多いこと。
- この地域は石積みの職人を多く出したところであり、田のマチダオシ（小さな田の合併拡大）をはじめ石垣のつき直し、手入れの跡が著しく、石積みの様式分類は困難であること。

といった点が明確になってゆき

その機能としては、

①地下の伏流水を取水するかたちのもの
②谷川を暗渠化しその上に土盛りをしてまたぐ格好で田を拓き、その取水口として横穴を設けているもの
③さらにこれら二種以外のもれ水を集め田に取水するもの

の三種に分類でき、②が最も新しい形のものではないかと思われること。

写真83　棚田の石垣につくられた横穴。山口県大島郡久賀町（1980・12）

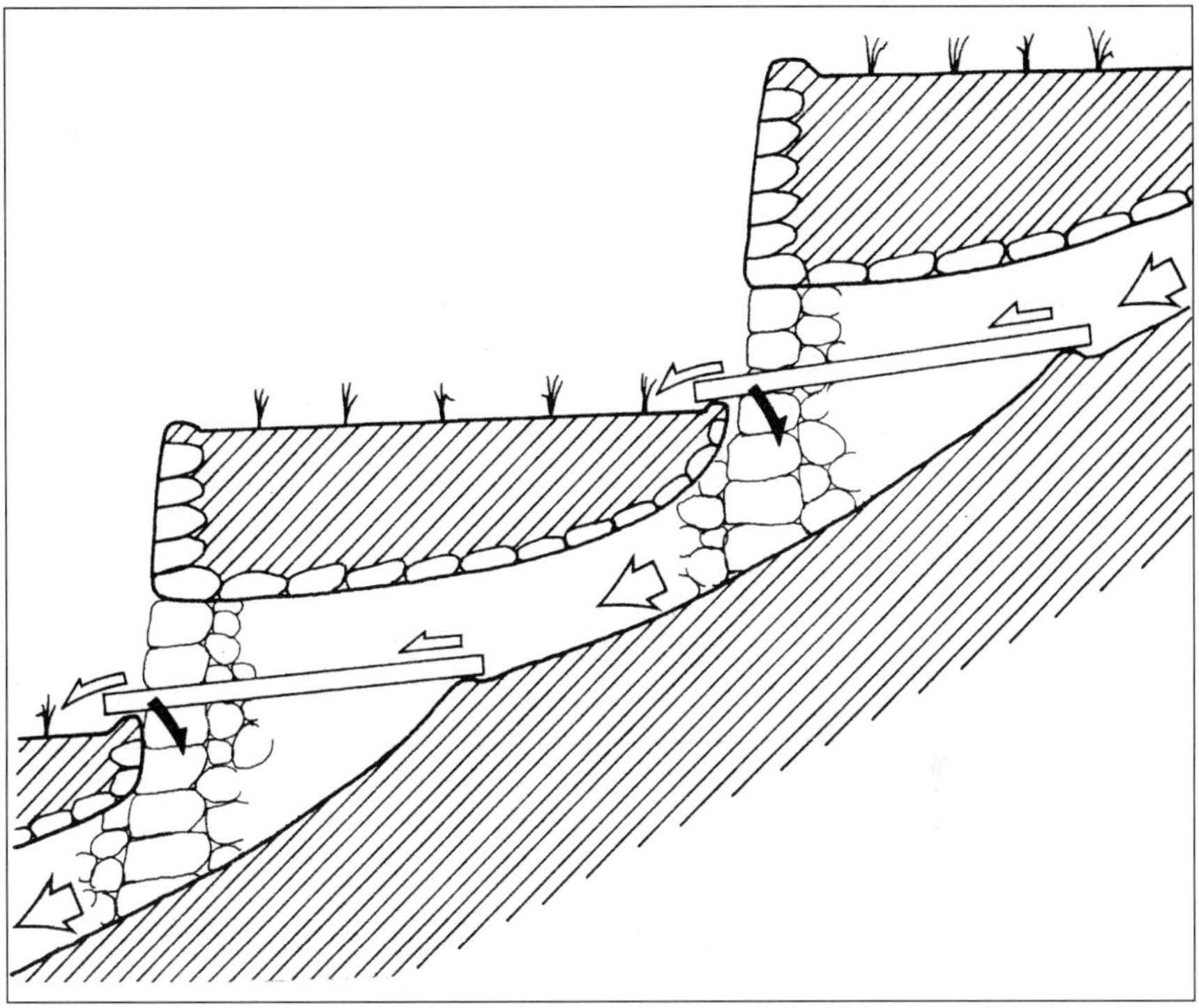

図24　暗渠の断面。白矢印は取水の、黒矢印は排水の水の流れを示す。（『周防久賀の諸職』より）

こうしたことも次第にわかってきました。

久賀の町を流れる津原川の河口を二キロ余りさかのぼると二筋の枝谷があり、その東の谷に畑《はた》というむらが、西の谷に能荘《のうしょう》というむらがあります。元文二年（一七三七）の「周防久賀村絵図」では、畑の谷には家々の表示がなされていますが、能庄の谷は耕地の記載があるのみで、家はありません。このことと対応するように、能庄では、この谷の家々は今から十二代ほど前に、尾根を越した東隣の日前《ひくま》から移り住んだ家筋の者が中心となっていると伝えられています。久賀町の戸数、人口は元文二年から寛政三年（一七九一）の五十年余りの間に七〇六戸、二一五二人から、一二三八戸、六一九〇人に急増しており、日前から能庄への移住もこの間の時期になされたと思われます。これだけの人口急増の背後には、なんらかの政策的な配慮があったのかもしれません。ともあれ、この時期には開墾もめざましくすすめられたのではないかと思います。

能庄の家々およびその周辺の多くの水田は、

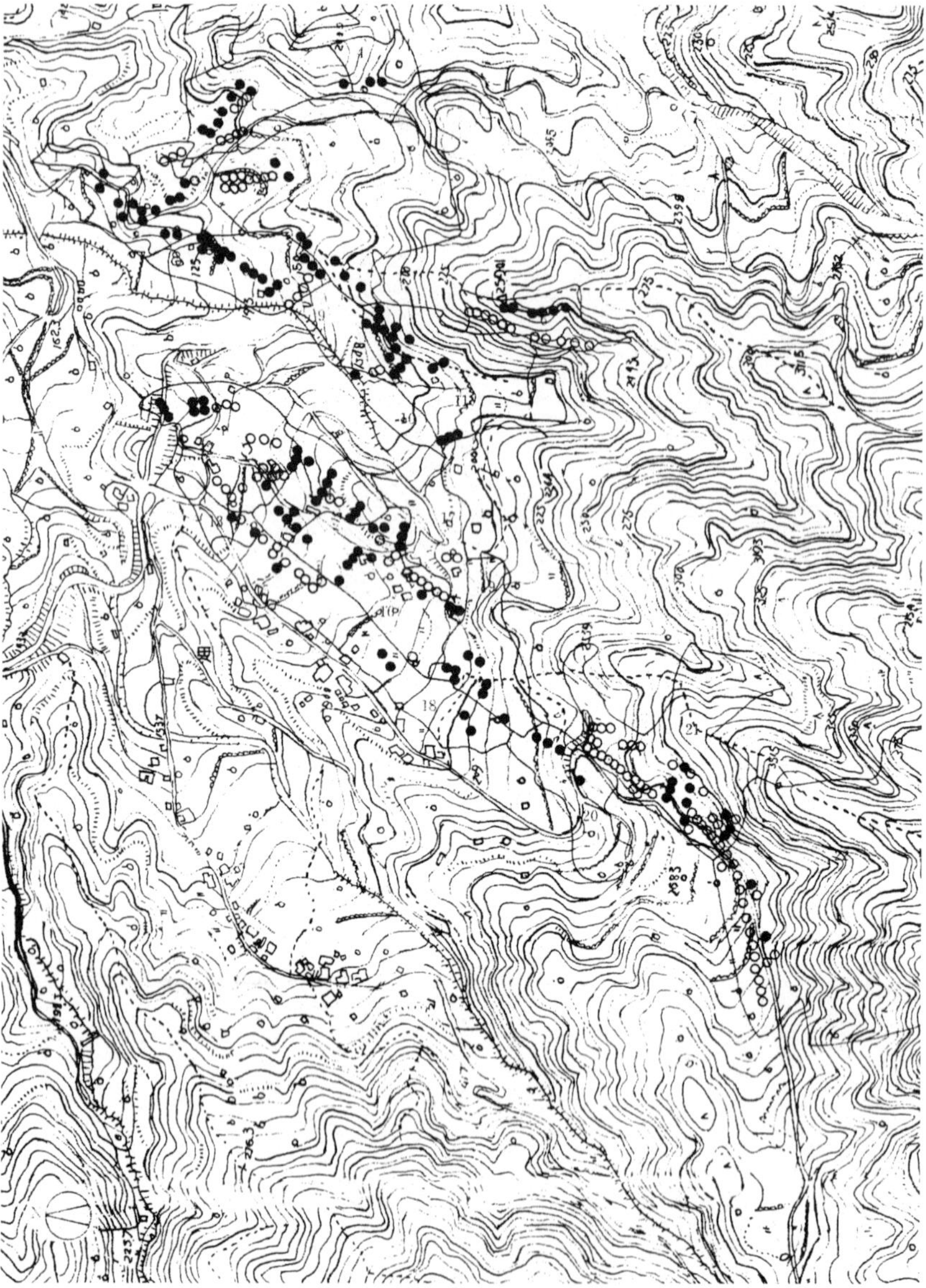

図25　能庄の谷の石積横穴分布図。黒丸は谷川を暗渠化したもの。白丸は伏流水取水のためのもの。（『周防久賀の諸職』より）

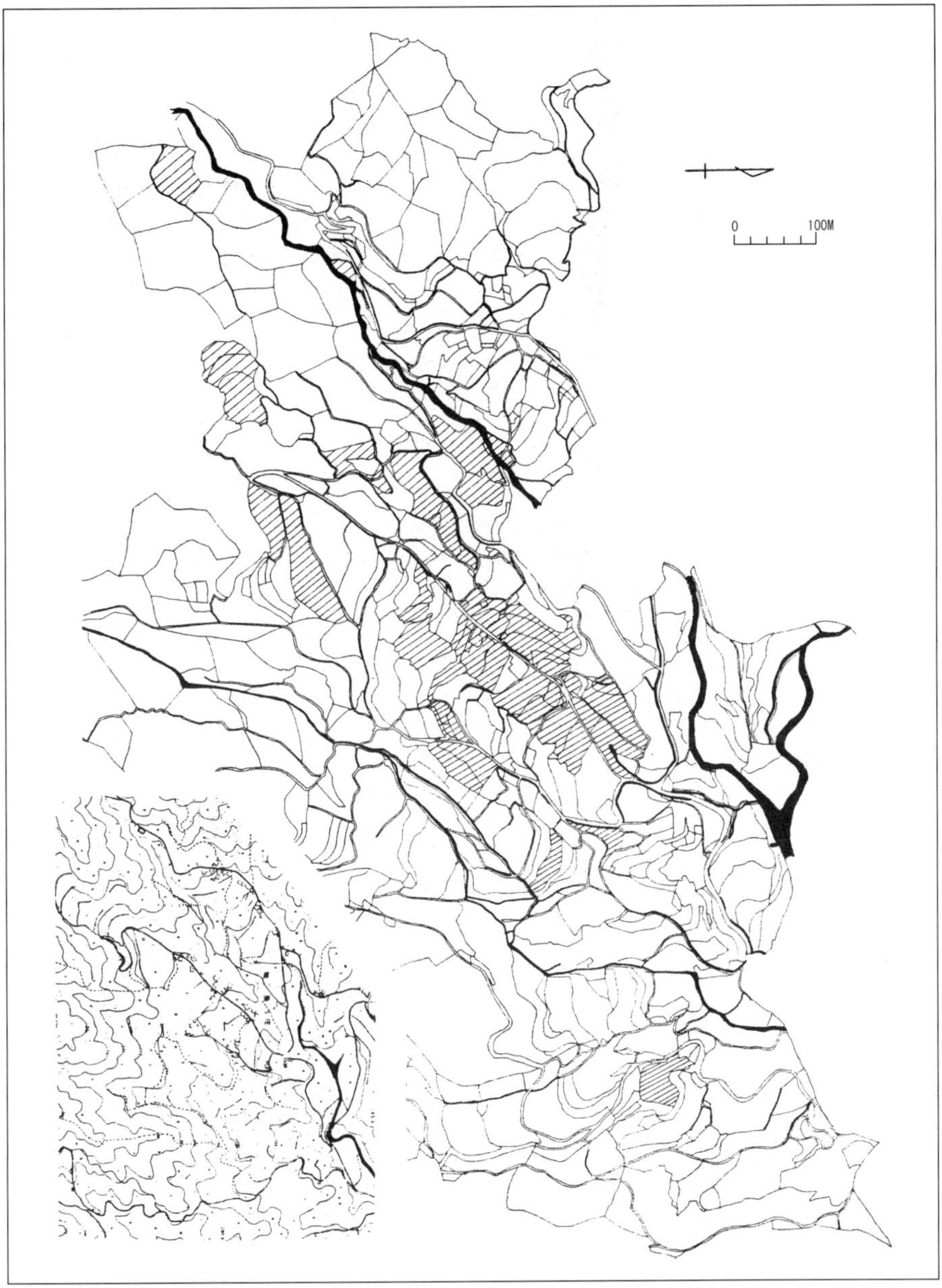

図26　久賀町能庄の谷。斜線部が日前からの入居者の所有耕地。明治21年の土地台帳より作成。左下は同地域の地形の概要図。（『周防久賀の諸職』より）

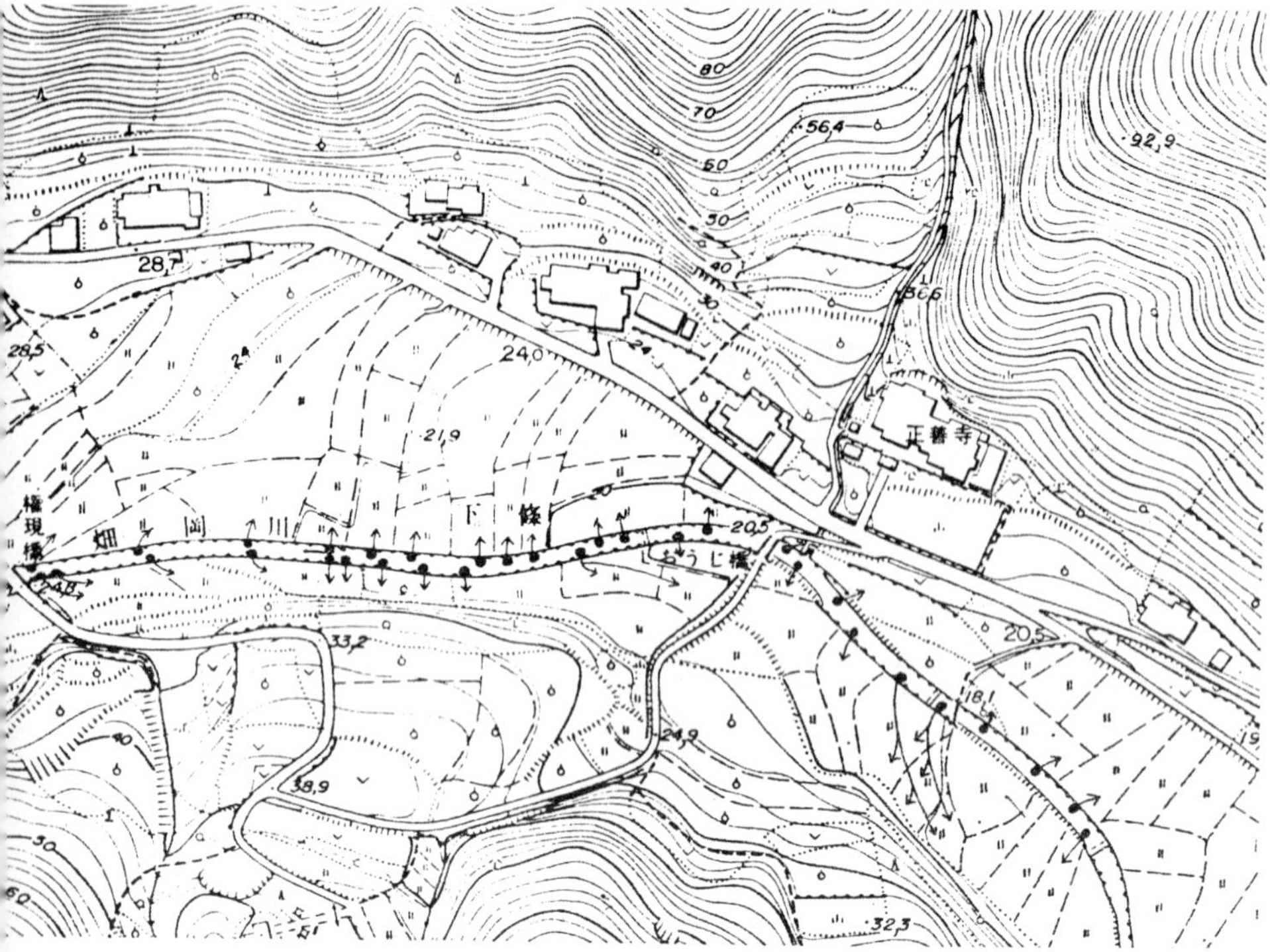

谷川を石積みのトンネルでおおい、盛土をした上にあります。むらのこうした文字通りの基盤造りも、この谷に移り住んだ人々によってなされたという伝承がむらの旧家に残っていました。図25に暗渠の分布を、図26に移住した家筋の土地所有復元を示していますが、この二者には重層する傾向がみられます。

こうした開田はこの家筋の人々にとっては大土木工事だったはずです。開田の歴史を追うことは、このような水をめぐるさまざまな工夫の跡に出会うことでもあります。

川底の権利

中国地方のさほど大きくない川では、なかば砂に埋もれた川底が周囲の水田より高くなっているものが少なくありません。こうした川では、少し日照りが続くとすぐに水が枯れるのですが、枯れてもその砂底の下には伏流水があり、この水を田に引くためにさまざまな手だてが工夫されていました。

三原市の和久原《わくはら》川上流では、川底の湧水の出

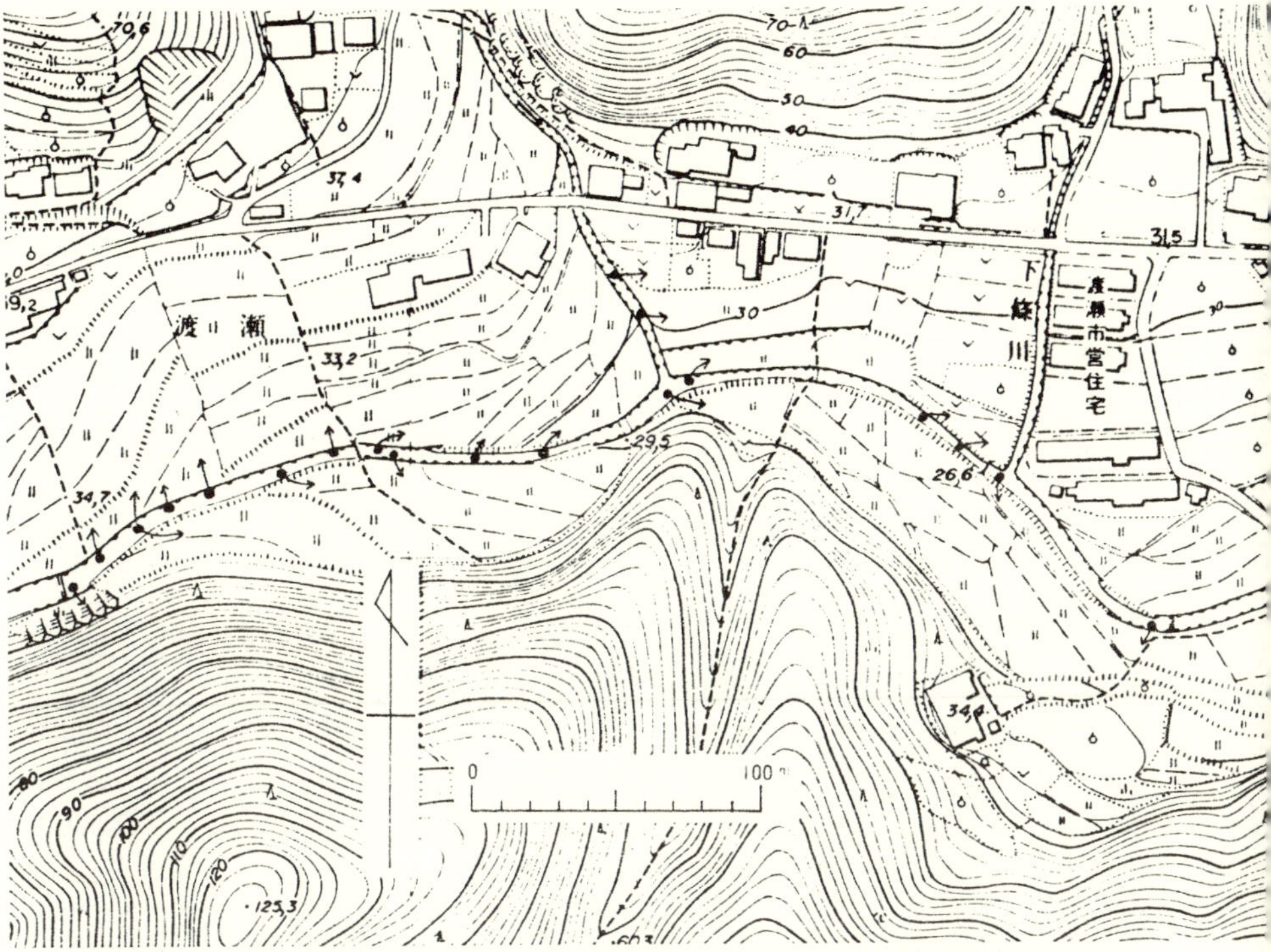

図27　黒丸が三原市幸崎町渡瀬のむらの和久原にみられるダボショ（川底井戸）。黒丸から出た矢印で示した田がダボショからの取水権をもつ水田。（『三原市史』第七巻「民俗編」より）

る箇所に井戸を掘り、そこからの水を小さなトンネルをつくって用水の取り入れ口へ引く工夫がされていました。トンネルはまず溝を掘り側面と底面は石灰を混ぜた粘土でよく締め、その上に平らな石をかぶせてふたをし、その上層にグリ（小石）を並べさらに石を置いてかためていました。

川床に暗渠を伸ばし伏流水を集めるこの種の工夫については、淡路島でも耳にしましたし、讃岐平野のある土地改良区へ寄った折には、「そんなのはこのあたりに何十とありますよ」といわれたものです。

川の水が枯れると川底に井戸を掘り、そこから水を掻《か》き出していた話は、三原の八幡町や小泉町で聞きましたが、幸崎《さいざき》町の渡瀬《わたせ》というむらでは、このような場合、川底に井戸を掘る場所と数が定められており、その井戸からどの田へ水をとるのかも決められていました（図27）。人々は地下を流れる水も利用できるものとして把握する感覚を持っていたようです。

三原市街地のすぐ北の谷のむらを歩くと、今

写真84　野井戸とハネギ。広島県三原市（1974.7）

写真85　水気の強い田は雪が降ると姿をあらわす。磐越西線車窓から。福島県猪苗代—会津若松間（1981.12）

写真86　岡山平野の湿地帯（1982.3）

でも何百というほどの野井戸を田の中にみることができます。かつて夏になるとそこにハネギ（はねつるべ）が設けられ、見わたす限りのハネギの林が出現したそうです（写真84）。

水田には、通常はあらわれていないけれども、ある状況になるといっせいに姿をみせて機能を始める権利や手だてがあります。渇水期の対応や配慮がそこにあざやかに出現するわけです。

現在、その多くは土地を拓けるだけ拓いていった人々の意志の余熱として、景観のなかにごく控え目に存在しているにすぎないのですが。

写真87　田のなかの野井戸。広島県三原市（1975.6）

類型という感覚

写真88　山を拓き、地中から出てきた石で家の石垣を積み、道に石だたみを敷く。ここを自分たちが住みつづけるむらにしよう。そんな先祖の意志が日々目にする景観のなかに潜んでいる。高知県長岡郡大豊町（一九八二・五）

13 顔をあげて見通す——武蔵野の境木

武蔵野の開発

最近東京都国立《くにたち》市の農村部——かつての谷保《やほ》村——をよく歩きます。ここには東西に伸びる甲州街道に直交するように短冊状に土地が割られ、街道沿いに屋敷が並び、屋敷裏に畑が細長く続く、いわゆる武蔵野の新田集落によく見られる景観がまだ残っています。屋敷林のケヤキやカシは今では多くが伐られてしまっていますが、屋敷裏の竹林は点々と残っています。

こうした景観を見れば、私が三原市で歩いてきたむらむらは、いかにも思い思いに居を定めて住みついたという観があります。思い思いに拓くといっても、もちろんさまざまな条件や制約がありますし、拓き住みつづけることで人々のつながりが生まれ、それがむらとしての意志をもってくることはいうまでもありません。けれども一面、最初の定住様式が、その後のむらのあゆみを規制する要因として強くはたらくことも否めないように思えます。

景観を見てわかりやすいのは、計画開墾の場合でしょう。ひとつの意志のもとに、あるまとまった土地が拓かれた場合、そこには分割上のルールが読みとれるからです。そのルールの読みとれる範囲が、その開墾の領域を知る大まかな目安にもなります。これは開墾に限らず、共有山を合意のもとに家ごとに分けて持った場合なども同様です。

こうした規則性は水田よりも畑のほうがわかりやすいことが多いようです。というのは、畑はあらかじめ分割して拓くことができるからです。水田は水を張るために水平面をつくり出さねばならず、その形状には自然的な条件がより強く作用します。もちろん条里遺構田をはじめ干拓地の水田など平坦部の水田においては、規則的な土地割りのみごとな例は少なくありません。

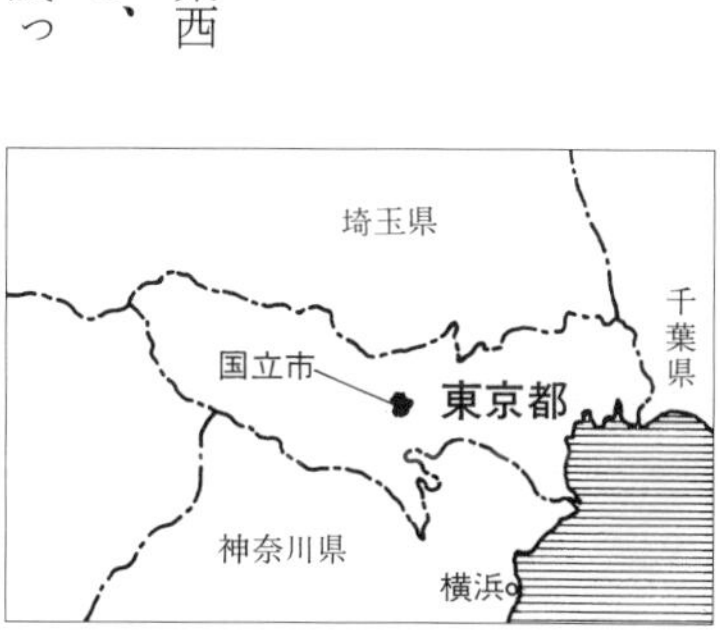

写真89 小平市のかつての小川新田の農家の裏にまわれば、玉川上水から分水された水路が空堀として残っている。東京都（1982.5）

写真90 ウツギ（ウノハナ）の境木。東京都国立市（1982.8）

武蔵野の新田集落としては、埼玉県入間郡から所沢市にかけての三富《さんとみ》新田や、東京都小平市の旧小川村の例がよく知られています。

小川村は今から三百五十年ほど前に、狭山丘陵の西南の一画に位置する岸村の小川九郎兵衛が開墾権を得て拓いたところです。同じ頃に玉川上水が掘られ、その水を引くことで開拓がすすみました。

ここは青梅街道に沿ってみごとな街村集落が続いており、当初の土地割りの際に植えられたといわれている樹齢四百年ほどのけやきの大木も残っています。

屋敷の裏には玉川上水から分岐した用水が——現在ではほとんど空《から》溝の形で——残り、その背後に細長く続く畑の中を小道が通り、他人の土地を踏まずに耕作地へ行けるように配慮されています。短冊状の畑のな

写真91　写真上方の屋敷林のある家々が農家（もしくはかつての農家)。そこから短冊割りに土地割りがなされている。その開墾当初の土地割りに沿って増えていく住宅、囲いこまれる耕地。ひとつひとつの短冊状地割内の住宅化のありかたや、作付は一様でない。家々の都合や姿勢を示しているのであろう。東京都小平市付近（1980.11）

かに、ちょうど梯子《はしご》に桟をわたすような形で所々に一列の茶が植えられているのは、春先の強い南風による砂ぼこりを防ぐためでもあります。分割された土地の末端は栗林や雑木林になっており、これらの一切を含めると、一軒平均して一町五反ほどの広さになるそうです。土地割りの幅は十間から十二間が多いのですが、一律ではありません。

国立市の旧谷保村の場合、どんな基準のもとに土地割りがなされたのかはわかりませんが、歩いてみるとさまざまな発見があります。

旧谷保村の西部、青柳、石田と呼ばれている地域に、典型的な短冊状地割がよみとれます。青柳は、多摩川南岸の関戸（日野市）にあった青柳島というむらが、万治二年（一六五九）の洪水にあい、四ッ谷村（府中市）に借地をして暮らした後、現在の地に移ったものといわれています（『青柳根元録』◆）。また、石田も多摩川をはさんだ日野市の石田からの分村ではないかといわれています。この地域の甲州街道北側の畑を歩くと、多くの家が奥へ細長く続く畑の途中に三、四坪の墓地をもっているのがみられます。各家の墓地は街道から同じ奥ゆきのところにあるため、南北方向の短冊形の地割の線を貫通して東西に墓地の線が伸びている形になります。その墓地の線の途切れるところと字《あざ》境がほぼ一致しており、墓地のつらなる線はなんらかの形で開拓の区切りを反映しているのではないかと思われます。なお、おのおのの墓地にある最も古い墓は元禄年間（一六八八―一七〇四）の銘のものが多いようです。

このような景観は、開拓定住した家々がひとつの意志のもとに動かなければあらわれてこないと思います。また短冊形の土地割りそのものにも、あるまとまった地域との境では不整合線があらわれています。これは形を構成しているものが直線だけに強い人為性を発信しているかのようで、前章で述べた水田の不定形のなかの不整合線よりも、はるかによみとりやすい境界です。

境の風景

短冊状の畑のへりに境木として点々と植えられているウツギの灌木も、こうした景観のひとつの特色でしょう。いくつかの点を設定し、その点を結ぶ直線を基準にして位置を示し確定する知恵は、古くから人間がごく自然に身につ

写真92　境木で分割された山の畑。東京都西多摩郡檜原村（1978.5）

写真93　仁淀《によど》川の小さな沖積地を分割して畑に。バス車窓から。高知県吾川郡越智町付近（1979.6）

けていたものだと思います。

漁師は漁場を覚えるのに、山あて（山だて）ということを行ないます。

「権現様の松の木と夫婦岩とを見通せる線と、龍王山の大銀杏と蛙岩とを見通せる線とが洋上で交わるところがハマチの漁場である」という具合に、二直線の交点として海上での位置を特定してゆきます。これは最も基本的な測量の技法であり発想でしょう。

「四至《しいし》牓示《ぼうじ》」という言葉があります。中世、荘域の隅に目印の石や杭を設けて荘園の領域を示すことです。必ずしも

写真94　国立市の甲州街道北側の一画。写真左右の矢印で示す線上に各家の墓地が点々と位置する。この線上の茂みの多くは墓地である。(1980・11)

写真95　境木の景観　①栃木県上都賀郡粟野町（1978.5）②愛媛県　伊予大州—八幡浜間予讃線車窓から（1982.2）③青森県下北半島　大湊線車窓から（1979.5）④神奈川県小田原付近　新幹線車窓から（1978.8）

四か所に設けると限ったものでもなく、また地形的な条件などがからみ目印と目印とがかっちりとした直線で結ばれていなかった例も多かったと思います。けれども境を示すのに点を設定する行為のもとには、その点を直線で結ぶという感覚があったはずです。

山間の土地で占有の境を示す時、その四隅の木に股木をかけておく例があり、また木々が茂って見通しが利かぬ山の中では大きな塚を盛り、その塚と塚を見通すことで境の線を示した話を聞いたことがあります。

10章では「自分を中心に円弧を描く」といった表現を使いましたが、それになぞらえていえば、いくつかの点を設定し、それらを直線でつなぐこの行為は「顔をあげて見通す」といえばいいのでしょうか。それは人が少し離れたところを意識して見つめる時の自然な姿勢です。前者が手足の動きの具現化だとすれば、後者は自然な視線がもとになった行為とでもいえそうです。

写真96　分割のリズム　①香川県高松市付近　予讃線車窓から（1981.12）②高知県吾川郡越智町付近　バス車窓から（1979.6）③広島県山県郡筒賀村（1974.8）④長野県木曽郡木曽福島付近　中央本線車窓から（1979.10）

蛇行する水路

ただ、ここでこの二つの様式を比較してみたり、おのおのを、思い思いの開墾と計画開墾の生み出す景観に収斂させ、対置させるつもりはさほどありません。というのは、この二種の要素は、少しこまやかな目でみれば、実は旅先で目にしたさまざまな景観のなかに、いろいろな規模や形でとりこまれて存在しているからです。

景観を構成してきた主要なものは、人間のごく自然な動作の延長であり、その組合わせから成っているという私の感想を述べたかっただけのことです。だとすれば、人文景観のよみとりに必要なものは、多少の知識と根気のほかに感覚的な要素があげられるのでしょうが、これはもう自分の日常の感覚に頼るほかはないと思います。だからこそ1章で述べたように、自分自身の生いたちや感性に対しても、問いかけや発見が続いていくことになります。

なにが人々の意志をまとまらせ、計画的に拓かせたのかは、もちろん一様ではないでしょう。けれどもその荒地が平坦であり、ある程度まと

写真97　地形と田の拓き方とがあいまって、池の波紋のような景観があらわれる。一見、本書の4～7章でふれた「名田」的な住みつきかたに似ているが、背後の谷の規模に比べて拓きおろされている田が広い。おそらく山すそに川の上流からの水路が走っているはずであり、その意味では近世的な要素が加わっている景観となる。上．愛媛県東宇和郡城川町（1979.1）下．高知県長岡郡大豊町（1980.8）

写真98　写真下の木々の茂みが、いわゆるはけ（段丘崖）。はけの上には短冊割りの畑が拓かれているが、はけの下には水田が拓かれている。東京都国立市（1980.11）

まった人々が計画的に拓くのであれば、畦や境をまっすぐにとろうとするのはごく自然なことではないかと思います。なによりもまず、耕地が広くとれるうえに境や区画の線、さらには耕地の位置や広さが明確に示されますし、水田であれば、取水、排水の効率のよさといった条件があげられます。

条里田の広がる平野であれ、北海道の開拓村であれ、縦横に交錯して走る直線からなる景観のなかに、もし曲線があるとすれば、それは旧来からの河の流れです。これは最も効率のよい直線で景観を構成しながらも、水に対しては無理をしなかった、いや、できなかった人間の姿勢がそのままそこに示されています。

もっとも、効率がよいとはどのようなことなのかという点になると、これは一様ではないようです。国立市の多摩川べりの低地に休耕田政策施行以前までは、九十町歩余りの水田が広がっていました。この水路は、右に曲がり左に折れて田の中を走っています。水の取入口のとっつきから末端の排水口までの落差がわずかなために、その間に拓かれている数百枚の不定形の田にまんべんなく水を送ろうとす

写真99　封じこめられた川。かつて増水時に水をかぶったところや蛇行領域は水田化されていく。高知平野（1980.12）

写真100　条里平野に残る川の蛇行跡。高知平野（1980.12）

ればそのような曲がりくねった水路でないと水がおのおの田にゆきとどかぬそうです。水をなだめすかしながら引いていった人々の営みを、この水路の曲線が語ってくれています。

人為を越えて蛇行する川のカーブと、人の手によってたくみに曲げられて走る水路のカーブ。一見、背反した意味を背負った二種の曲線ではあります。けれどもこれは、人の水に対するつきあいかたの、同じ姿勢の異なったあらわれかたにほかならないのかもしれません。

注

◆「青柳根元録」『佐藤康胤家所蔵史料（昭和五十五年五月調査）』（くにたち中央図書館　一九八三年刊）所収。なおこの史料集の解説によると、「青柳根元録」は明治三年頃にしるされたものとされている。

写真101　廃屋。これはいわゆる過疎化によるもの。シホウバナシはそのひとつ前の時代のことになる。広島県三原市（1975.7）

14 外へと向う人々——むらうちでの平和

限られた土地のなかで

静岡県熱海市の沖に初島という小さな島があります。ここは、かつて「原始共産制」が残っているとかで紹介されたほど、古くから家々の数を増やさずまた互いに侵さない形でむらが続いてきたところだそうです。しかし一面、この島には島外のあちこちに山林を所有している人が何人もあり、そのことが島内の平等な暮らしを守ってきた、そんな話も聞きました。◆

私はこの島を歩いたことも調べたこともありませんが、そうだとしてもそれは不自然なことではない、そんな気持でこの話を受けとめました。というのは、これに似た事例にはこれまでいくつかぶつかっているからです。限られた土地のなかで、その土地の内に依存して暮らしている以上、誰かが大きくなるということは、誰かがおとろえてゆくということです。これはそれまで維持されてきたむらのバランスが崩れることを意味します。

互いに暮らしを維持するなかで人口が増えてゆくと、地元によほど稼ぎになる副業がなければ、外に向かって出てゆくほかはありません。それは出稼ぎの形をとることもあれば、前述したシホウバナシのように、そこから出はらってしまう場合もあります。

むらとは、内部に生じた矛盾を外に向けることで解決してきた歴史をもっていると思います。むらのまとまりは、そこで住みつづけるためのものであり、多くの場合は外からの波を防ぐことを第一義としているわけではなく、このため、外部からの力に弱い一面をもっていると思うのですが、この弱さも、むらが矛盾を外へ向けてきたそのあゆみと無関係ではないように思います。

こうした内部の矛盾は計画開墾の場合に、より直截にあらわれてくるのかもしれません。というのは、むらうちでの許容量の一面が明確に見てとれる暮らしだからです。

思い思いに拓き住みつくということは、いわば先住者の余地を埋める形で住みついていくことでしょう。自分の拓いた田のむこう側は、当初はまだ誰のものともわからぬ山や荒野が広がっていた。やがて同様に住みつき拓く家がまわりにあらわれ、誰のものでもない土地は次第に少なくなってゆく。それでもまだあちこちに手がつけられていない荒地が点在している。やがてそんな飛び地ばかりを拓いて暮らしをたてる家があらわれ、そこも耕地で埋められていく。思い切って端折って模式的にあらわせばこんな具合です。

むらの内と外

これに対して、たとえば前述した国立市の青柳、石田地区をみてみます。甲州街道に直角に南北およそ七十ほどに土地が割られています。これはもう開拓時当初からはっきりとこの地区の戸数の許容限度を景観を通して明示しています。計画開墾とはそうしたものかもしれませんが、この明快さは時にはむらが背負ったしんどさとして意識されたことでしょう。もちろん駄賃稼ぎが盛んだったり、近くに開墾の余地のある山をもっていたりといった条件によって、その許容人数には幅があると思います。けれどもたとえば、七十に割られた短冊畑をのちに九十に細分して住むというわけにはいかず、家がたちいかずに潰れたり、家筋が絶えた家のあとに入る以外には、新しく家を構えることは困難だったと思います。武蔵野の新田村はその境がきわめていりくんでいる例が多いのですが（図28）、これは開墾定住が、見かけの土地割りほどには順調にすすまなかったことを示しているようです。開墾すべく短冊割りに仕切った

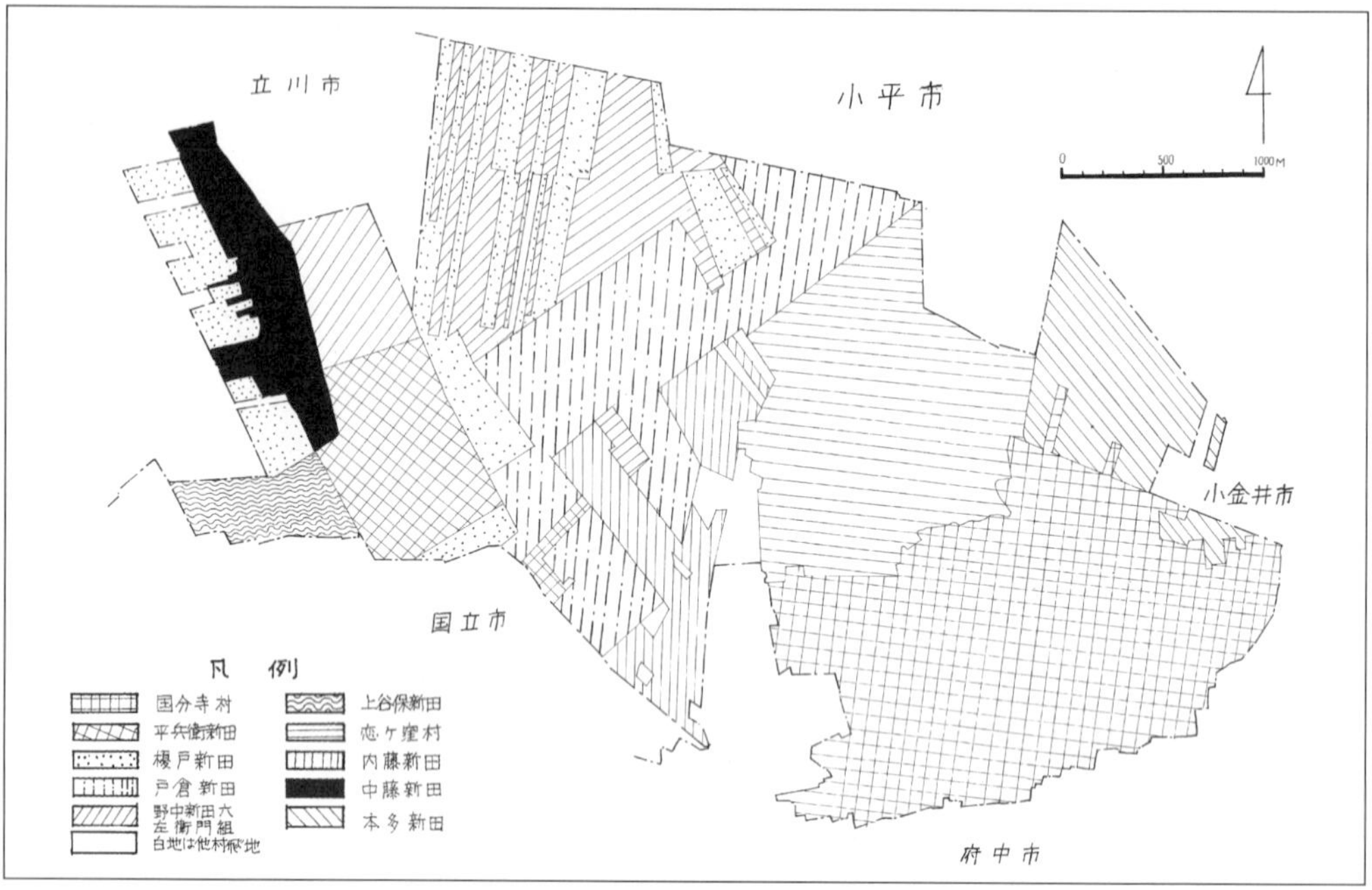

図28　東京都国分寺市域内旧村区分図。いりくんだむら境。(『郷土こくぶんじ——国分寺市の歴史』国分寺市　1989年　の付図より作成)

写真102　上図との対応写真（周辺部が少し欠ける)。左上から中央部下方に走る段丘の線が国立市との境とほぼ重なる。国土地理院発行のＫＴ-71-1X　C6B-2 を使用。

写真103　武蔵野の土は霜柱がたちやすく、また陽が照ればすぐにぬかるむ。農家は庭や通りにワラやムシロを敷いた。最近では中古のカーペットも使われる。東京都国立市（1982.2）

土地が荒地のまましばらく放っておかれたり、一度家が潰れて荒れた地所を他のむらの者が入って興していったようなことが数多くあったのではないかと思います。

そうした盛衰も、当初に区切られた土地の枠をくずすことなくくりかえされてきたのでしょう。そう考えれば、この直截な地割の線の上には、むらのあゆみの重さが乗っています。

むらの若さ

国立市農村部で、昔、横浜にとび出して商売を始め横浜市街地の大地主となった人の話や、山梨県の石和《いさわ》温泉（東八代郡）に土地を得、旅館を経営している人の話を聞きました。後者の話の主人公は、私が国立市のむらを歩き始めた頃も健在で、毎朝隣の立川市まで甲州街道をゾウリばきでリヤカーを引いて野菜を売りに行くおじいさんでした。国立にいる時はそこで昔からの自分の仕事をくりかえしているからこそ、ここの人々の目が外へと向かっていったのではないだろうかと思えてきます。むらうちで互いに他を侵さず他に侵されず、同じように暮らしが

写真104　新しく拓かれた耕地はわかりやすい。山と畑と道の境が妙によそよそしい。散髪帰りの刈りあげ頭、といった感がある。岡山県小田郡の山間（1982.3）

続いていくという状態の背後には、さまざまな形のエネルギーが激しく動いています。そうしたエネルギーの総体が、「むら」という名で括《くく》られた人間の定住行為ということになるのでしょうが、ここではそのエネルギーが外へと向かっていった例をみたことになります。

一見以前と変わらない景観を保ちつづけているその風貌の裏で人は激しく動いてきました。いやその動きがあったからこそ、むらの風貌が維持されてきたことになります。この武蔵野の景観はそのことを生硬なほど直截に語ってくれているようです。

私がここで武蔵野のむらに生硬さ、言い換えれば未成熟さを感じるのは、この問題を考える時、常に近江平野の事例を引きあいに出して語ってくれた宮本先生の次のような言葉が忘れられないからです。実はこの言葉を、私は自分の書いたもののなかでいく度となく紹介しています。それは私にとって景観を考える時のひとつの座標軸になる発想であり、また常にそこにたちもどり考えを検討する、いわばスターティング・オーバーの場——自分を確認する起点——としての意味をもっているからです。

写真105　干拓地の水田。岡山県南西部（1982.3）

「わしゃ滋賀県は日本で一番おもしろい県と思うとるんじゃ。むらが続いていくとはどういうことか、むらの景色の中にそのまま典型としてあらわれとる。まわりには条里田が広がっとるじゃろ。あの条里集落の人々は、――全部が全部とは言わんが――千年やそこらはその条里田をつくりつづけて生きてきた。宮の杜《もり》でそれとわかる氏神様に行ってみると式内社が多い。

　集落の中に入って歩いてみると、どれも似たような規模の家でね。これは住まい方の思想の中に主従関係でないものが古い時代から下敷きとしてあったんじゃろうね。そのなかでひときわ大きな屋根は、だいたい真宗寺院じゃ。それも寺の中に入ってみると、その寺院の開基より古いと思われる五輪塔や宝篋印塔があるわね。真宗になる前は禅宗とか真言宗の寺としての歴史をもっとったんだろうね。

　そいでここらのむらは、農業以外のさまざまな稼ぎをやっとるわね。その稼ぎのあり方はむらによって違うし、単なる副業とは考えられないくらい大きなものもある。そのことがこの地域のむらを、むらとして支えてきた大きな力になっていると思うし、

写真106　国立市の農家の物置。しだいに工具の数が増えてくる。(1980.5)

それがまた京都を支えていく力にもつながっているんじゃないだろうか。」

日ニ日ニ継ゲドモ

人の集団が、定住を前提としたむらという形で住みつづけていくことで、そのなかにどのような時代性の堆積をかかえこみ、永続のためにどのような知恵を積み重ねてきたのか。この問題を考えようとする時、武蔵野のむらは、その歴史が若いままに都市化の時代を迎えたように思います。

定住とは、そうした時代性の堆積であり、その堆積の成熟化であり、そのことを通して受け継がれていく知恵の試行的な展開といえると思います。そこに構成者の個々の意志を越えた集団意志としてのむらが存在しているのでしょうし、しばしば指摘されてきたむら社会の「保守性」もそのことと通じているのでしょう。

日ニ日ニ継ゲドモ同ジカラズ、そんな表現が記されているフランスの村落景観のポストカードをどこかで見かけたことがあります。落ち着いたむらのたたずまいをみると、よくこの言葉を思い出します。

5章でふれたことをここでまたくりかえしてしまいました。むらの秩序や落ち着きとは、むらの激しい動きの別の顔であるということを。

注

◆この島について早い時期のまとまった業績として、一九三四年刊行の内田寛一『初島の経済地理に関する研究』があげられるのだろうが、たとえば宮本常一の次のような指摘がある。「(前略)島の社会はせまい。1人が島内で群をぬけばバランスはすぐ破れる。破れると誰かが不幸な目にあう。伊豆熱海沖の初島はずっと古くから家が40余戸しかない。土地もほとんど平等に持っている。そうしなければ島の平和は保てない。しかし島民は島外では自由に耕地も山林も持っている。山林大地主も居るのである。(中略)狭い世界で小さいことにこだわりあうのは、小さい事でも島では解決のつかない問題をはらみ、しかもそれが広い社会につながっているからである。」(宮本常一『離島僻地新生活運動の根本問題』財団法人新生活運動協会　一九六一年)という指摘がある。

◆◆このことについては私自身いく度かふれてきたのだが、その一例として「景観の概念と民俗」(『講座日本の民俗学4　環境の民俗』雄山閣　一九九六年　所収)。

15 車窓の緑——玉川上水の道

安堵を求める気持

小平市の旧小川村の上空を、これまでにセスナで何度か飛んだことがあります。開墾当初は、おそらく粟、稗、芋、そば、陸稲などが植えられ、その後最近までは桑畑になっていたと思われるところに、今は蔬菜類や植木がさまざまにつくりわけられています。その作付は家によってみな違います。これらの作物や樹木がつくり出すパッチワークの多様さは、あたかもそのまま個々の家の意志や事情を示しているかのようです。各家の都合といえば、短冊状地割の末端から次第に青梅街道の方向に建ち並んでいく住宅が、農地に食い込む度合いも、地主である農家——あるいはかつての農家——の、生活の姿勢や都合を反映しているのでしょう。これらの住宅群は、当初の土地割りを越えるような規模の用地買収でも行なわれ、旧来の土地割りが塗りかえられない限り、開墾時の土地割りをそのままなぞる形で、新しい景観をつくり出していきます（写真91）。

むらの開拓のあゆみを調べる旅をするようになって、私はこの「なぞる」という表現をさまざまな意味あいで多用するようになりました。

棚田の石積みの出稼ぎにいった広島県の農民が、鹿児島県北部の山間に定住してできたむらの写真を見たことがあります。そこにはそっくりそのまま山陽地方のむらの景観がつくられていました。

明治初期、藩主伊達邦成を中心に北海道紋別に入植した仙台藩支藩の亘理《わたり》藩の二千七百名近くの人々は、そこに新しいむらをつくりました。邦成は移住と同時に、故郷の樹木の苗を生活必需品と同様に取り扱い、入植地のいたるところに植えさせたそうです。◆

写真107　人の意志と手間とがつくり出す模様。濃い色はみかん畑、淡い色はジャガイモ、スイカなど。広島県三原市（1979.11）

人は何を暮らしの依りどころとしてそこに住むのでしょうか。自然条件や技術的な条件が許す限りにおいて、自分たちの背負ってきたものをなぞることによって、生活のなかに安堵感をもつものではないでしょうか。

この移住のような端的な事例ではなく、定住の時期が判然としない古い歴史をもつむらの場合でも、当初の開墾定住様式を新しくなぞりなおすことによってむらは変わってきたように思います。これはなにも開墾様式に限ったことではないのかもしれません。そこに祖父が住み、父が住み、子が住み、孫も住むであろう家々によって成っているむらにおいて、むらのうちでのある問題の解決とは、完全に完結した形での解決というものはなく、あるいはさらに新しい問題が生みだされる形で、あるいはその問題が持ちこされる形で処理されていくのではないでしょうか。永続を希求する定住とは、そうした人為の流れでもあると思います。

さて、旧小川村の開墾当初の地割をなぞりつつ並ぶ新しい住宅の南に、ひと筋の木立ちが、見渡せる限り続いています。東京の西郊でこうした景観をも

写真108　拓かれる平地林。山割りが畑割りに変わっていく。埼玉県北東部（1981.11）

っているのは玉川上水――その上水沿いに続く雑木林――以外にはありません（写真110）。

新しい景観をつくり出しつつある住宅群と、古くからの木々を残して続く上水の林。相反する二種の景観がここにも出てきました。そうしてこの二種の景観を生み出した背景のもとをたどれば、やはり同じところにいきつくように思います。

現在私は、かつて武蔵野の一画であった東京都小金井市の借家に住んでいます。武蔵野から急激に緑が消えていったといわれて久しいのですが、よそ者にとってその土地の景観というものは、変わってからはじめて気づくものでしょう。新しい住宅が建ってはじめて、おやここは林だったのにと思い返す、といった具合に。いつ頃から変わったのかもよく思い出せず、ひょっとすると、もうこれ以上は変わらないのではなかろうか、と心のなかで漠然とたかをくくって自分のまわりの景観を見ているのかもしれません。そんなよそ者の私ですら、林が消えそこが家でうめられてゆく変わりかたを鮮やかに記憶している例は、この一年のうちにでも少なくはありません。それほど激しい変わりようなのですが、この緑

写真109　耕地が盛土をされ宅地に。境木は残っていく。房総線車窓から。千葉県船橋—稲毛間（1982.3）

が減ってゆくありさまを、「宅地化の波のすさまじさ」といった一般的な表現のみでまとめてしまってよいものか、そこに漠然とした疑問を持っています。

　当初の武蔵野の開拓のありかたのなかに、現在の変化の著しさを助長する一因が内蔵されていたのではないかと思うからです。

「署名捺印」という手間

　先に述べた広島県三原市で次のような例にぶつかりました。

　三原のかつての町場は、三原城を中心にして東西に伸びる道筋に沿って立地していました。その本通りに面して南北両側に屋敷割りがなされ、その道に面した土地を持つ家々が自治を支えていました。

　こうした町のひとつに本町があり、この町は屋敷地の裏手に共有林を持っていました。かつて町の人々はそこに薪などを頼っていました。現在、その場所には住宅も建っていますが、耕地や藪として残っているところもあります。この町にはそうした共有地が何か所かあり、明治初期の官民有区分の際に、本町の共有地としてではなく、本町の町方六十九戸

写真110　玉川上水に沿って続く木々。東京都小平市付近（1980.11）

の連名持ちの形で登記され今日に至っています。つまり六十九戸が平等に所有権を有しているわけで、こうした共有地の存在はこの町のひとつの結束の絆になってきたのだと思います。

けれどもこの家々が町屋敷を売って転出していく時、屋敷地は当然他人の所有になるのですが、共有地の共有名義はそのまま残り、新しい屋敷所有者にはその権利がゆずられない形でこれまで土地売買が行なわれてきました。といって、他に出て行った者がその共有地を利用することはありません。にもかかわらず、共有地を売る時には共有者全員の署名捺印を必要とします。この六十九名の現在の消息は、

三原市内にとどまる者	二〇戸
三原市以外の広島県在住者	八戸
兵庫県在住者	七戸
京都府在住者	九戸
大阪府在住者	五戸
神奈川県在住者	四戸
山口、岡山、鳥取、千葉、山形各県および アメリカ在住者	各一戸
不明	一〇戸

となっています。

はじめのうちは他へ出た人数も多くはなく、さほど遠くへ出ることもなかったため、署名捺印をとることも何とか可能でした。けれども次第にそれが不可能に近いことになってゆきます。私にこの話をしてくださったのは、かつて本町筋で製菓業を営み、現在では隠居してその裏手で暮らしているおじいさんです。この方は今でも町のこまごまとした世話をされているのですが、あいまを見ては署名捺印をとりに出かけたり、消息不明の人を人づてにさがしたりする手間の大変さをなげいておられました。

写真111　急激な宅地化がすすんだ武蔵野には、かつての養蚕地帯のおもかげを残すように茂るにまかせた桑の木があちこちに見られる。これは1982年 8 月に写したものだが、この改訂版の作業にとりかかった2000年にはこの木も切られてなくなっていた。かすかな土地の記憶すら抹消されていく。東京都小金井市

都市の緑

こうした実務レベルでの事情の裏に、その地域が抱えている問題が根深く潜んでいることは意外に多いのではないかと思います。この大変な手間を要する手続きが、本町の共有地の急激な変化を規制する力になっているわけです。共有という集合意志が分解して手続きのわずらわしさのみが残り、そのことが土地の細分化を防ぎ、細分化にともなう土地利用の変化や土地所有の移動を防いでいることになります。同じような事情から宅地化や開発の波を受けず、手つかずの林として残っている土地の例を、私は旅先でいくつも見聞きしました。そこを持っている人たちにしてみれば、不本意ながら緑が残った、ということもあるでしょう。また逆に、たとえば共有山ゆえに共有者がそこにむらがり、木々をとりつくし山を荒らしてしまったという例もあると思います。

けれども現在、宅地化の激しい地域で、ある程度まとまって木々の茂りが残っているところといえば、その大半が公有地かこうした形の共有地で

墓地改葬公告（第二回）

大洗町営公園墓地環境整備のため、墓地埋葬等に関する法律施行規則第3条により、東茨城郡大洗町磯浜町字前の内六〇〇九番地一部区域を改葬いたしますので、縁故者は昭和五十七年六月二十日までにお申し出下さい。なお、右期間内にお申し出がない場合は、無縁として処理いたします。

昭和五十七年　茨城県東茨城郡大洗町長　竹　内　宏
四月十七日　**連絡先**　大洗町役場衛生課　電〇二九二六六⑥一〇一〇

墓地改葬公告　第1回

三島市東本町一丁目田福寺墓地は、都市計画街路東本町幸原線施行に伴い移転します。左記地域内に身元不明者の墳墓がありますので、縁故者は昭和57年7月3日までに届出て下さい。なお連絡のないときは、無縁仏として合葬しますから御承知下さい。右、墓地埋葬等に関する法律施行規則第3条の規定により公告します。

記

所在地（代表地番）／静岡県三島市東本町一丁目一三六三番一（田福寺墓地）　昭和57年5月3日
連絡先／静岡県三島市大社町三番六号　時宗　田福寺
代表役員　祢宜田宏然　電話〇五五九―七二―六三六八

墓地改葬公告（第二回）

高崎都市計画高崎前橋線街路事業施行に伴ない左記墓地の移転改葬を行うことになりましたが、所有者不明の墓地がありますので、縁故者は昭和五十七年九月十五日までに左記寺院までお申し出下さい。
期日までに申し出のない場合は無縁墳墓として改葬しますからご承知願います。「墓地埋葬等に関する法律施行規則」第三条の規定により公告します。
昭和五十七年七月五日
一、墓地　群馬県高崎市新後閑町甲二四四　荘厳寺
電話　〇二七三(23)二六七七

群馬県都市計画高崎事業所
電話　〇二七三(22)五〇四一

写真112　本書の旧版を刊行した頃（1982年）、新聞でこのような囲み通知をよくみかけたものである。人の流動が新しい無縁墓地を生み出していき、これと軌を一にするかのように都市周辺の霊園墓地への申込みが盛況となる。この当時、墓地を改葬するには、全国紙にこうした通知を数度出すことが義務づけられていたが、1999年に墓地埋葬法が51年ぶりに手なおしされ、官報、公報に通知を出し、一年すれば無縁墓地の整理が許可されるようになったという。地方の無縁墓地の増加の動きは法律改正にまで及んだことになろう。

しょう。

中央線の車窓から東京の西の郊外の景観をみると、甍《いらか》の波を越すほどの木々の茂りが残っているのは、公園、寺社や大学などです。それ以外で木々の茂りが目立つところに行ってみれば屋敷林を残した家があり、その一画の家々の表札はみな同じ姓であり、あきらかに本分家でよりそって暮らしてきたかつての農家であることがわかります。景観をぬりかえてゆく宅地群の攻勢のなかで一部の公有地、共有地――およびこの二者に準ずる公共有的性格の土地――、それにかつての農家の屋敷林が、かろうじて昔からの木々を残す砦のように点在しています。そのなかで武蔵野は共有地の占める割合がきわめて低かったように思います。

一戸の意志

武蔵野の新田村――ことに享保年間（一七一六―三六）以降の新田村――は、近郷の入会地を潰す形で開墾がすすんでおり、これは暮らしの安定が共有地をなくしてゆくことのなかで計られてきたということでしょう。その共有地がどのような形で潰れていったのかに私は興味をもっています。

武蔵野の開墾が盛んになるのは享保年間以降のことで、

写真113　東京都国立市南養寺のから池。この寺院から北にある地域の住宅の増加にともない、1955年頃から次第に池が枯れていったという。（1982.5）

それまではここでふれた小川村やあるいは砂川村（立川市）などの開墾が行なわれていましたが、享保以前は開墾を志し願い出る者があったとしても、幕府は近村の入会地であるとの理由で容易に許可を与えなかったようです。

吉宗による享保の改革以後、開墾は広がり、元文元年（一七三六）には武蔵野のむらむらでいっせいに検地が行なわれるに至っています。この検地の特徴のひとつに、未開墾地を含む全域を対象としたことがあげられています。つまり幕府は、その時までの開墾畑を「下畑」以上の地目や品等に公定し、松林は「林畑」に、また芝地を「下々畑」、「野畑」、「林畑」、「屋敷」に分割公定したことが知られており、「林畑」の開発は勝手次第として、個人の裁量を認めたそうです。こうした施策をとり得た一条件として、拓くにしても水路という厄介な施設を必要としない畑が大半を占める土地だったからということがあげられるでしょう。

景観が維持できなくなるということは、それを支えてきた人々のつながりが崩れたことである、と私は1章で述べました。独占的、排他的と形容される

写真114　上の写真の光景から下の写真の光景へと変わっていったように見えるが、もちろんこれは別の地域。上は栃木、茨城、埼玉三県の県境付近。下は東京都調布市付近。ともに1981年３月撮影。上の地域が下のようにかわっていくのにそう時間はかからないように思う。関東地方には丘陵地が多い。その低地部は水田として拓かれた。いわゆる谷田《やつだ》であろう。そこに盛土をして住宅が増えていく。谷田に宅地が侵入していく。私の友人はこれを「宅地化の水虫現象」と呼んだ。きたねえなァと思ったが、たとえとしてははずれていない。

近代の所有権からすれば、あるいはうっとうしく感じられるのかもしれませんが、かつてむらのなかの土地は、自分の土地ではあっても自分一人の都合や裁量でどのようにでもなるといったものではなかったように思います。水や雑草の管理ひとつとってみても、常に隣接する他人の土地への配慮を必要としました。つまり一面、自分だけの土地ではない性格をもっていたのだと思います。人々のつながりのなかに「所有」という営為が場を与えられていて、そのこと自体が景観を守る力としてはたらいてきました。

武蔵野のむらは、そのような不文律の基盤が弱いむらだったのではないのかと思います。

共有地を潰してゆく形でむらが拓かれ、その拓かれかたも自分の家から他人の地所を踏まずに自分の耕地に行ける形で土地割りがなされ、さらに立木の残っている「林畑」の処理は、お上のお墨つきをもって各家の勝手次第であった、つまり、土地利用や地目の変更が一戸の家単位で比較的気がねなくできる――どこまでどのように気がねするかということがむらうちでの不文律だったとすれば――むらとしてこれまでに至ったように思います。

だとすれば、いま緑が消えそれにかわって住宅が増えていく急激さは、往時から受け継がれてきたこの土地の性格の露呈にすぎないのではないかとも思います。かつての武蔵野の林はそのほとんどがいわゆる二次林であり、人がつくりあげてきた景観の好例としてよく紹介されます。しかし現在、同じ土地で住宅がすさまじい勢いで増えている、これは暮らしのなかの伝統の断絶でしょうか、それとも継承なのでしょうか。

いや、そのどちらであってもこの二十年ほどは、それを弾きとばす勢いで加速的に景観が変わっていっているのも事実なのですが。

◆注

野田正光『北限に生きる望郷樹』北海道新聞社　一九八〇年。

権利の重層

写真115　毛細血管のように走る日本列島の谷川。かつてその谷川に沿う形で人々の開田の意志がすみずみにまで及んだ時代があった。岡山県小田郡（一九八二・三）

16　せめぎあう生活様式——塗りかえられる土地割り

くい違う道

国立市の旧谷保村の北部には松や雑木の生い茂る平地林が広がっていました。いずれも不規則に区画割りされた私有林で、谷保の人たちはおのおのそこに薪を求めたり、林の中に小さな畑を拓いたりして利用していました。大正末期、学園都市誘致によってこの平地林に対して大規模な買収が行なわれ、かつての土地割りや道はほとんど塗りかえられ、あらたな土地割りのうえに新しい町ができてゆきました。現在のJR中央線国立駅の南に広がる一帯がそれにあたります。この町割りはドイツの学園都市ゲッチンゲンを参考にしてつくられたといわれていますが、駅の南口を降りると正面から南へ大きな道が延びており、その左右にも、おのおの中央の道とほぼ六十度の角度をもって放射線状に道が伸びています。

けれども現在国立市の農村部を歩いてみると、意外なほど農地が残っているのに驚かされます。ことに東の府中市との境や西の立川市との境までくると、急に住宅群が視界にとびこんできて、改めて国立の畑の広さに気づきます。開発の波が、まず大学の用地確保という大規模な形で北の平地林から始まり、そこに新しい中心地がつくられていったことが、南部の耕地をまとまって残した一因となっているのでしょう。広がる畑のさらに南、多摩川に面した、いわゆるはけ（段丘崖）の下から湧く水は、一九七八年までは飲料水の検査にパスしたほど清浄であったといいます。

それ以降の国立市の開発も、ある程度の広域の買収がくりかえされる形で次々に南に及んできました。そうして北から住宅が南下して広がれば広がるほど、この市が発展したといわれる時代になっていったわけです。

ここでの都市計画は直線の世界です。けれども施行時期の違う開発地域の境には、まがりくねった不整合線があら

写真116　昭和初期の国立市北部（上）と昭和55年（1980）11月現在の同地（下）。矢印はいずれも一橋大学兼松講堂。上の写真では平地林のなかに道が新しく引かれている。その道を基準にした土地割りのもとで宅地化がすすんできた。（上の写真は国立市役所所蔵）

われています。

国立市の中央よりやや南寄りの場所を、南武線という昭和二年に敷かれた鉄道が東西に走り抜けています。南下する住宅の波はここで止まり、住宅地のために引かれた道もここで途切れます。また、線路の南の農村部から北に伸びてくる道もここで止まります。この道は農家の生産生活のために伸びていた道といっていいでしょう。この二種の道は線路を越えてつながることはほとんどなく、多くはくい違う形で、おのおの北と南から線路に道の口をのぞかせています（図29）。

線路をはさんで

景観とはしばしばきわめて象徴的にその土地の状況を語ります。この線路を境にくい違う道の景観は、まるで異なった二種の生活様式をもつ人々が、背中あわせに住んでいることを示しているかのようにも見えます。

この線路を越えて道をつなげられないものか、そう思っている人も少なくはありません。国立市に郷土の生活のあゆみを調べている民間の小さな集まりがあり、古老を尋ねライフ・ヒストリーを記録したり、農家をまわって民具の調査などを行なっています。このメンバーのほとんどは国立市を永住の地と定めてはいるものの、開発の波にのって他から移り住んだ人たちです。かつての国立市のあゆみを学ぶとともに、農村部の人たちとのつながりをもてないものか、そのような意志をもって集まったグループでもあります。私がしばしば国立市を歩く、と述べたのは、このグループの手伝いをしていたことがあるからです。

農村部の人たちがこれまで「地域」を背負ってきたとするなら、このグループの人たちはこれから「地域」を背負ってみようとしている人たちです。もちろんその「地域」とは、農家の人たちが背負ってきたものに比べればはるかに軽い地域かもしれません。けれども私はこの調査の結果と同じかそれ以上の興味と関心をもって、このグループの活動自体を見ています（このグループのこれまでの主要な業績を章末の注に示しておきました）。◆

急激に変わりつつある景観の裏で、人は景観の変化を越える形で動こうとしており、ささやかな例かもしれないの

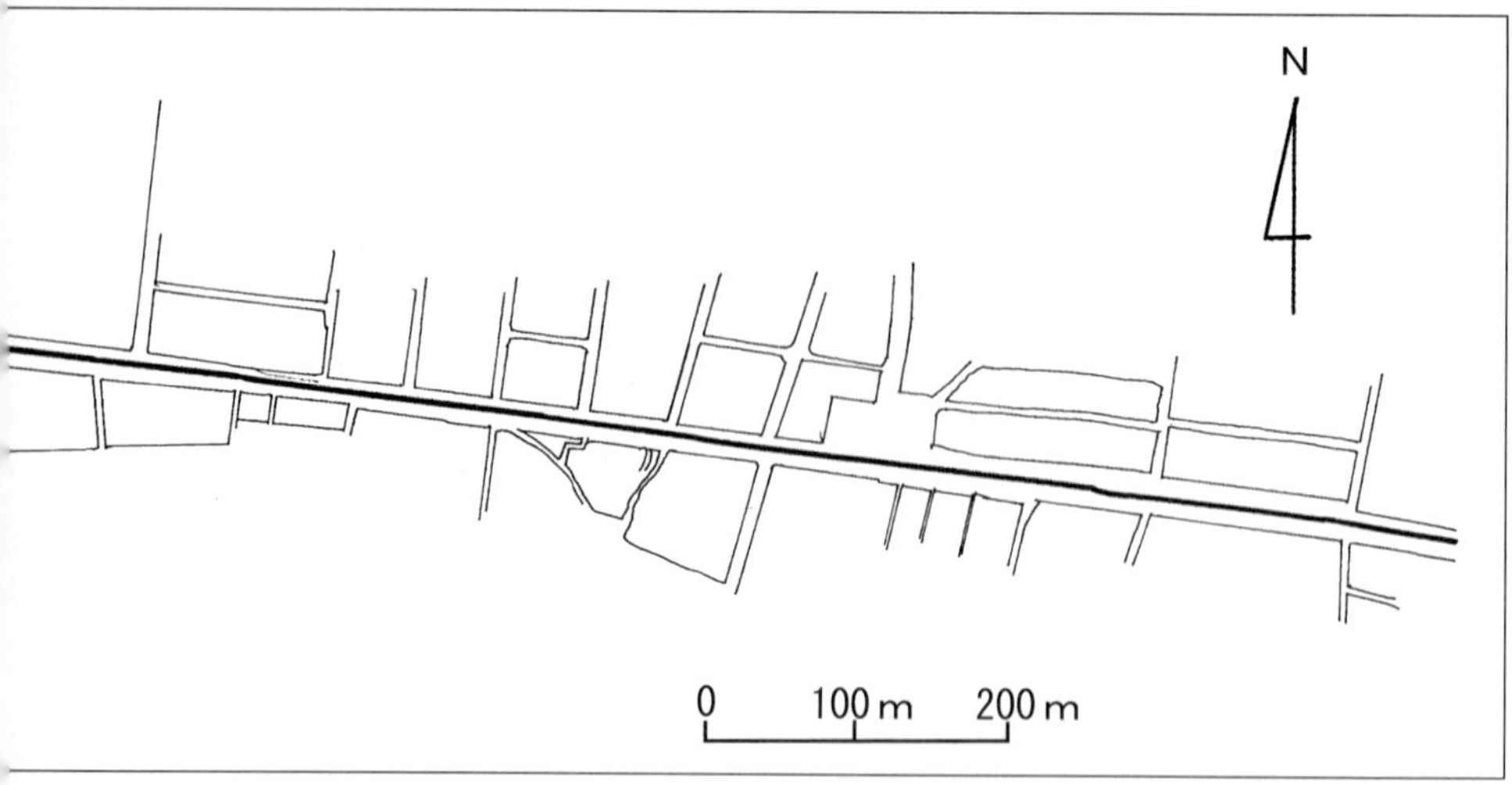

写真117　武蔵野の段丘崖、いわゆるはけ。段丘に沿って木々が連なっているため遠目にもわかりやすい。東京都小金井市（1982.5）

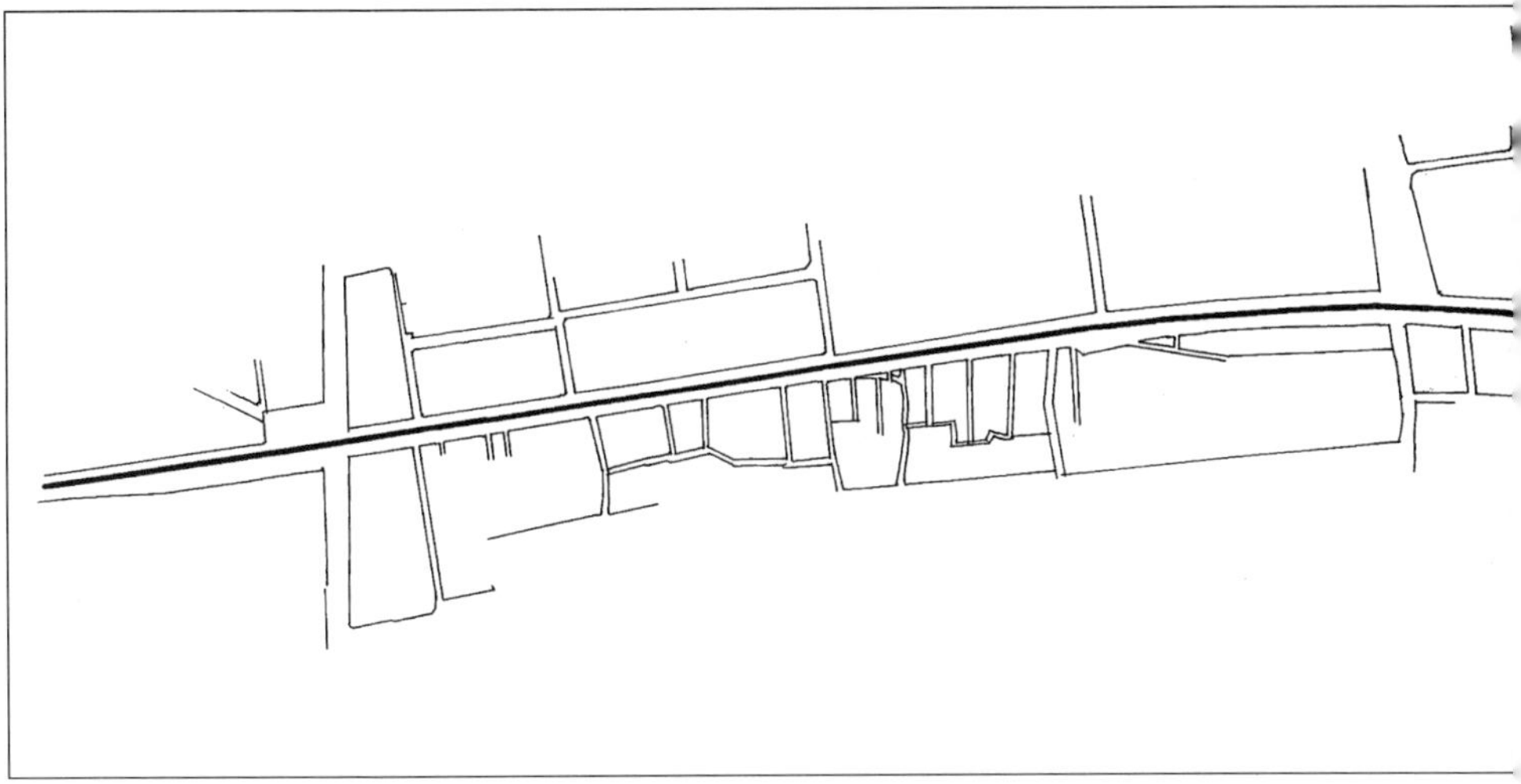

図29　南武線（中央を左右に走る太い線）を境とする南北の道のくい違い。本文参照。（国立市役所の地籍図より作成）

写真118　はけの湧水。暮らしのための水から保護される水へ。東京都国立市（1980.4）

写真119　平地林を拓いてつくられた畑の土地割りを、宅地化による新たな町割りがぬりかえていく。埼玉県南東部（1981.3）

写真120　新旧の土地割りの重層。これまで畑だったところに、あらたな基準で道がつくられ、そこに高層の団地がたちならんでゆく。埼玉県所沢市付近（1981.3）

写真121　東京都国立市の民間グループの郷土調査。自分たちの足もとを見つめるために。（1981.8）

ですが、そのような試行の場に立ちあえたと思っているからです。

◆注

本文中のこのグループは「くにたちの暮らしを記録する会」（旧称国立市民具調査団）といい、現在も調査活動を続けている。これまでに国立市教育委員会刊の国立市文化財団調査報告集の一環として多くのレポートを作成してきた。その主要なものを列記すると、『くにたちの民具①国立第一小学校収蔵の民具』（一九八〇）、『古老の語り』（一九八一）、『古老の語り　続　谷保の人生』（一九八二）、『国立の生活誌——古老の語る谷保の暮らし——』（一九八三）、『くにたちの民具②国立市民具資料』（一九八三）、『国立の生活誌　Ⅱ　佐藤彦一家の暮らし』（一九八五）、『国立の生活誌　Ⅲ　谷保の講中倉と講』（一九八五）、『国立の生活誌　Ⅳ　谷保の暮らしの諸相』（一九八六）、『国立の生活誌　Ⅴ　古老の語る谷保の暮らしⅡ』（一九八七）、『国立の生活誌　Ⅵ　古老の語る谷保の暮らしⅢ』（一九八八）

なお、こうした報告書を刊行しつつさまざまな調査活動、社会教育活動に関わり、現在も定期的に機関誌を発行している。

17 さまざまな所有——土地台帳の背後に

流動性のなかの意志

「じいさんの代に売った田をわしの代で買いもどしたよ」

といった話はよく聞きます。少し前の時代まで、田畑を売ることは買い主の小作となってそこを耕すことだったという例が少なからずあったようです。江戸時代には形の上では田畑の売買が禁止されていたため、質入れの形で土地の移動が行なわれ、いわゆる質地小作を多く生みだしたなごりかもしれません。買い主も、買ったからといって勝手に他へ転売はしない傾向が強かったようです。これは土地自体をひとつの商品とみなす感覚とはあきらかに異質なもので、土地自体よりも、その地力と作物とに第一の価値を求める感覚が根本に流れています。

土地の持ちかたには、元来、時代背景やその土地の事情に応じてさまざまな形があったと思います。「持ちかた」というよりも「関わりかた」、「所有」というよりは「占有」といった方が妥当でしょう。◆

素朴すぎる例えになりますが、古代に条里制が施行された時、条里のむらで暮らしていた農民は、現在われわれが持つという言葉であらわしている意味で水田を持っていたのではないはずです。当初のとりきめでは、その水田は耕作主が死ねば国に返すことになっていたのですから。

山守《やまもり》の　ありける知らに　その山に　標結《しめゆ》ひ立てて　結《ゆ》ひの恥《はぢ》しつ

（『万葉集』巻三、四〇一）

と、異性への呼びかけになぞらえている標は、山の占有権を主張するための手だてでしょう。「木地屋は山の七合目から上の木は自由に採ってよい」といった表現も、その実態はともかく、山に関わる多様な権利のひとつのあらわれと見ることができます。

『越前石徹白民俗誌』（宮本常一著）には、山のいりくんだ占有例が示されています。石徹白《いとしろ》は岐阜県境に位置する福井県東部の山村で、江戸時代までは十二人のオトナによって村がおさめられていました。オトナとはオトナの株をもつ十二人の人間のことで、オトナの株とは、村の周囲をとりまいているオトナ山を持つことだったそうです。

そうして山の木は共有山、個人持ちの山のいずれもヒノキ、ケヤキは御用材として、一般の人が伐ることは禁じられており、杉については村人の相談で伐ることができました。以下、同書から少し引用してみます。

併しその外の木は共有山、個人持（株山）の区別なく、だまって伐ってもよかった。株山（オトナ山）の方では、株山の持主はその土地で馬一頭分のマグサ、ニウ（草づみ）にして七個刈りとれば、後は誰が刈ってもよかった。（中略）

焼畑なども個人所有の土地で持主が焼畑づくりをした場合、その後を再び山林にかえした時、三年たって居れば、所有者でない他の者が、そこを利用しても文句は出なかった。このように草を刈ったり、焼畑をしたりするのは山の奥の方に多かったが、そういう所をノバクサンバクと言った。

そういうところで草刈りをしようという時には、四五尺の木を目的の地に立てておいた。これをツッダテといい、ツツダテをすることをツツムと言った。ツツんだ所へは他の者は鎌を入れる事は出来なかった。木をたてるかわりに生えている一群の萱の穂先をあつめてくくっておいてもよかった。

たきものを取ったり、焼畑をひらいたりしようとする場合には、たとえそれが自分の土地であっても三年以内に又になった木をそのあたりにある木の枝にかけておいた。これをカギカケルと言った。◆

あるむらがある山の草を刈ることに関して、山へ入る時期や時間の制限は言うに及ばず、鎌の刃や柄の長さの制限、

写真122　条里遺構の水田は碁盤の目状に構成されてはいるが、碁盤整備後の田のようにかっちりとした線ではなく、微妙な凹凸をもっている。機械の力が生み出した畦の線と、人力でつくられ時代をかいくぐって維持されてきた畦とのちがいだろうか。高知平野（1980.12）

牛馬連れこみの条件、山への往復の道の指定など、さまざまな条件の上で草刈りの権利が成立していたことはめずらしくありません。この時、草を刈る権利とその山自体の所有とはまったく別のものです。草を刈るについてのさまざまな条件も、刈る人々のむらの成立の新旧や成立の過程などを反映して成っていたものだと思います。

おのおのの地域での土地にかかわるこうした権利の多様性は、法律で一律に収拾できぬほど雑多であり、いりくみ、流動的だったと思います。人がそこに住みつき、暮らしていくということは、その地の人々の努力や営みが土地にさまざまに関わり、反映していくことですから、そうしてそれが「権利」という形で認められ受け継がれていくことですから、それが土地に応じて多彩に展開していくのは当然ともいえます。状況に応じて成立し、時の流れをくぐってきた秩序とはそうしたものでしょう。そうしてそれらを凍結し、四捨五入することで、

写真123　土地に刻まれた記憶がその地の歴史だとするならば、ここは土地そのものが造り出されたむらである。岡山県児島湾の干拓地（1982•3）

日本は近代国家としてむらむらのしきたりを統制し治めてきたのだと思います。

「近代」という普遍

開拓、定住ということを軸にして見れば、国家がきらったのは非定住民、つまり漂泊という営みだったと思います。むらむらを、山中を、海上を流れ動いて暮らす人々ほど、国家にとって厄介なものはなかったようです。

私が水路や土地所有を調べていた三原市に能地《のうぢ》という古い漁村があります。ここはかつて家船《えぶね》と呼ばれる船に居住し、魚を追って暮らしをたてる人の根拠地として知られていました。よい漁場を見つけるとそこに住みつき、枝むらをつくります。瀬戸内海にはそうした能地の枝むらが百を越えるといわれています。枝むら以外に、砂浜に仮屋を建て、ある季節だけそこに住みつき漁をするといったところまで含めると、その何倍にもなると思います。たとえば愛媛

写真124　高知県長岡郡大豊町の焼畑のむら。1500町歩といわれる共有山にたよって三十戸余りの家々が暮らしをたててきた。租税徴収のため、焼畑の場所、面積、作付のチェックには、四、五十年に一度税務署の役人が来ていただけのことだったという。(1985・8)

県越智《おち》郡の大三島の宮浦や岩城島の西部では浜辺に仮小屋を建て、地元のむらにいくばくかの入漁料を払って、漁をしていた旨の伝承が残っています。

義務教育や国民皆兵という制度をここでもちださずとも、税を集め再分配するという近代国家の機能の一面からみるだけでも、こうした人々の動きは為政者にとってそう快いものではなかったはずです。定住や所有をめぐって、ことにこの百年余りは――それ以前の時代に増して――国家が漂泊の人々の根元を押さえ、掌握し、その漂泊に制約を加えていったあゆみではないかと思えてきます。

近代国家は、流動、多様、曖昧といったものを嫌ったようです。たとえそれがその土地土地の状況に応じて生まれたものであっても。それは、明治以降、全国でひんぱんに発生した山林の入会権問題に端的にあらわれています。かつて山は、耕地よりも土地にかかわる権利がさまざまにからみあ

写真125　丘陵上の開墾地。もとからあった木々をそのまま境木としてのこしていく。福島県南会津郡東部（1981.11）

いつつ利用されてきたところでしたし、それだけに、時代を越えて古い姿を伝えていた土地だともいえます。

私が土地所有を復元する際に使う検地帳にしても土地台帳にしても、こうした曖昧さや多様性がかなり整理されたうえでの記録です。それではある時期以前の古い姿が消えてしまったり、古い姿を残している面があらわれてこない復元になる場合があります。

聞き取りやその他の資料によって復元した姿が、実はその明治の変化のピーク時の姿であり、それをあたかも昔からの姿として受けとってしまう、そんな誤りをこれまで何度も体験してきました。まけおしみではなく、それほど明治以降の国家による慣習の均一化や統制は強かったと思います。なによりも、核となる価値観を崩さない形で流動的な対応力をもつという慣習の本質が、変化を迫られたことになるのですから。

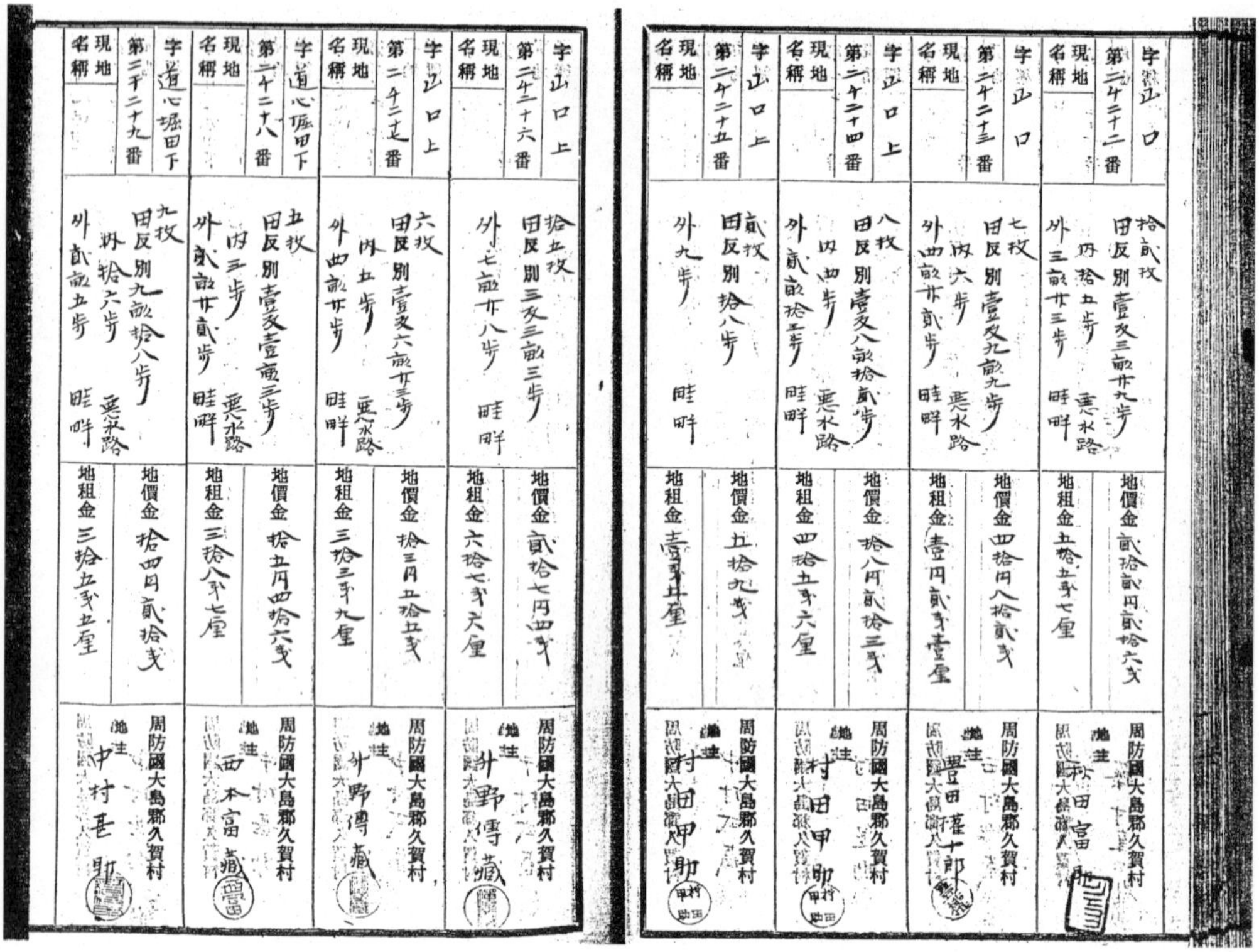

字	第番	現地名稱	田反別	地價金	地租金	地主
山口	第二千二十二番		拾貳枚 田反別壹反三畝廿九歩 内拾五歩 悪水路 外三畝廿三歩 畦畔	貳拾貳円貳拾六戔	五拾五戔七厘	周防國大島郡久賀村 秋田富[illegible]
山口	第二千二十三番		七枚 田反別壹反九畝九歩 内六歩 悪水路 外四畝廿貳歩 畦畔	四拾円八拾貳戔	壹円貳戔壹厘	周防國大島郡久賀村 豊田權十郎
山口上	第二千二十四番		八枚 田反別壹反八畝拾貳歩 内四歩 悪水路 外貳畝拾三歩 畦畔	拾八円貳拾三戔	四拾五戔六厘	周防國大島郡久賀村 村田甲助
山口上	第二千二十五番		貳枚 田反別拾八歩 外九歩 畦畔	五拾九戔	壹戔五厘	周防國大島郡久賀村 村田甲助
山口上	第二千二十六番		拾五枚 田反別三反三畝三歩 外七畝廿八歩 畦畔	貳拾七円四戔	六拾七戔六厘	周防國大島郡久賀村 井野傳藏
山口上	第二千二十七番		六枚 田反別壹反六畝廿五歩 内五歩 悪水路 外四畝廿歩 畦畔	拾三円五拾五戔	三拾三戔九厘	周防國大島郡久賀村 井野傳藏
道心堀田下	第二千二十八番		五枚 田反別壹反壹畝三歩 内三歩 悪水路 外貳畝廿貳歩 畦畔	拾五円四拾六戔	三拾八戔七厘	周防國大島郡久賀村 西本富藏
道心堀田下	第二千二十九番		九枚 田反別九畝拾八歩 内拾六歩 悪水路 外貳畝五歩 畦畔	拾四円貳拾戔	三拾五戔五厘	周防國大島郡久賀村 中村甚助

写真126　土地台帳。これは11、12章でふれた山口県大島郡久賀町の明治二十一年のもの。

（同町所蔵）

心の中の「公《おおやけ》」

けれども――と、ここでもう一度文意の流れを変えておきたいのですが――たとえば、どこかの漁村のありふれた風景を思いうかべてみてください。陽のあたるコンクリートの波止《はと》で漁師のおじいさんがすわりこんでタテアミをつくろっています。すぐそばに一間四方ほどの彼の道具小屋があり、すぐその前には彼の船がつながれています。網のつくろいがおわれば、彼はその船で夜のタテアミをしかけに行くのでしょう。

彼の道具小屋が建っている土地は彼の所有地ではありません。船つなぎの場所も彼個人の土地ではありません。ただ彼の父も祖父もそこにすわって網をつくろい、その前の小屋に漁具を置いて漁をつづけてきました。そのことは世代を越えてむらびとが認め、納得しています。彼の後について動き、その日の彼の行動の逐一を見せてもらったとしたら、今もどれほど多くの慣習的権利の世界によって彼の暮らしが支えられ

写真127　広島県三原市幸崎町能地の春の祭り。旧暦1月27、28日に行なわれる。このむらはかつて家船の基地であったが、家船の多くはこの祭りには帰ってきた。むらびとは祭りを終え、墓まいりをすませると、また船で魚を追う暮らしにもどっていったという。（1975.3）

ているかがわかるでしょう。

とはいえ、この例は都市に住んでいる人にとっては少し遠い事柄かもしれません。もうひとつだけ例えを示しておきます。ここで少しふれてみたいと思ったのは、こうした秩序そのものより、それをあたりまえのこととして支える感覚の存在についてのことになりますから。

近代的な所有とは、独占的、排他的という形容語を付ける形でしばしば紹介されます。たとえばそこが自分の土地であればそこに囲いをめぐらしたとしても、どこからも文句をいわれる筋あいはない、これを端的に表現すれば、たとえばそういうことでしょう。

もしいま、日本の山林所有者がいっせいにそれを行なったとしたら、おそらく日本のハイキングコースの八割以上は壊滅するでしょう。そうしたことはないということを前提に、ハイキング、トレッキング、登山という娯楽が成立し維持されています。

写真128　かつて一週間を要した田植えが機械の導入で半日ですむようになったとしても、その田植え自体は年に一度しかできない。農業とはそうした枠が存在する稼ぎであり暮らしである。時代をさかのぼるほどその枠組は強かった。仮に80の稼ぎがあれば食べていけるとしよう。75では赤字が重なる一方であり、85では累積黒字となる。わずかその差は10にすぎないが、一方は破産の途をたどり一方は暮らしが安定していく。そのためプラスを増やす工夫と同じほど、マイナスをくいとめる苦労や手だてがなされてきた。水田の中につくられた自家用の菜園畑はそうした時代のなごりであろう。上．山口県岩国市（1980・4）　下．広島県世羅郡甲山町（1982・6）

写真129　おのおのの船をつなぐ場所は昔から決まっており、それは今も受け継がれている。広島県安芸郡倉橋町鹿島（1998.5）

山林所有者はなぜそれをしないのでしょうか。そんな問いを設定することで、いわゆる法的な秩序と、そのもうひとつ底にあるそれを運用する感覚との二つの世界のありかたが、少しははっきりしてくるようにも思えます。彼にとって「社会」とは、そこに柵を設けるようなものではないからです。制度を成立させ運用させている「公《おおやけ》」とはまた違った面をもつ「公」が個々の中に存在しているのでしょう。この後者の「公」とむらの景観を維持させてきたものとは通底しています。

注

◆　むらのこうした点については小野武夫、丹羽邦男の諸業績に多くを学んだ。

◆◆　柳田國男監修　宮本常一『越前石徹白民俗誌』刀江書院　一九五一年。これは財団法人民俗学研究所編　全国民俗叢書Ⅰとして刊行された。引用文は同書八五―八七ページ。

18 慣習から制度へ——吉野川の谷

番人庄屋の土地

占有権や借地権が、土地の売買の結果、そのまま所有権に移っていく例があり、この場合はその所有領域から、かつての占有あるいは借地領域を知ることができます。そのひとつの例をここであげてみます。

高知県長岡郡大豊《おおとよ》町は私が学生時代から何度も訪れている町です。町、というより四国山地の中央よりやや東寄りに位置する山の村といったほうが自然な感じがします。昔、雨の夜にこの地にはじめて入った行商人が、山腹に散在する家々の灯を見て「さすが山の中、雨の夜でも星が見える」と言ったという笑話が伝わっています。標高三百から八百メートルの山の斜面に点々と谷奥まで続く家々を見ると、この話は本当ではないかと思えてきます。

この町の西から町域を貫いて流れる吉野川は、徳島県との境近くで流路を北にかえます。その北へ曲がりかけたあたりで、この本流に南小川という支流が合流します。この南小川の奥には徳島県との県境をなす標高千百メートル余の京柱《きょうばしら》峠があり、そこには阿波へ抜ける古い道が通じていました。この谷筋の最奥部、東にすぐ京柱峠を望む山の斜面に、沖《おき》という戸数九戸の小さなむらがあります。一九七八年の五月に、私はこのむらの公民館をお借りして自炊しながら、むらのあゆみを調べていました。

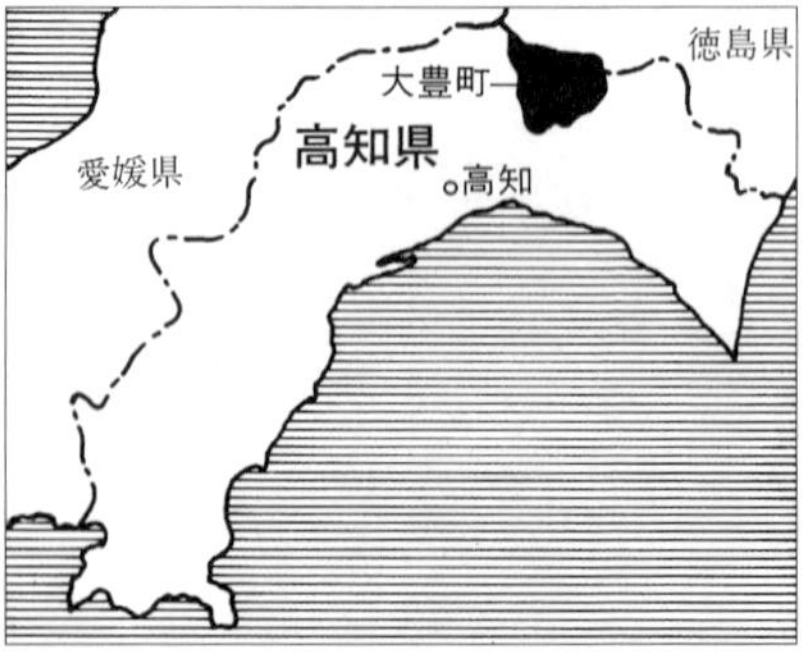

散在する家々の木々のために、むらを歩く限りでは沖のむらの形はつかみにくいのですが、対岸の山の斜面からむらを望めば、やや南東向きの斜面に散らばっている家々が等高線に平行にほぼ二列に並んでいることや、その間を四

写真130　ずいぶん高いところにむらがある、と思うのは、私たちがのちに吉野川沿いの低地に敷かれた鉄道や道を利用しているからである。高知県長岡郡大豊町（1978.10）

写真131　吉野川と並んで走る国道沿いにもまとまった平地がない。道沿いに家を建てるとすれば川に向かってゲタをはくしかない。高知県長岡郡大豊町（1979.2）

写真132　山の斜面に点在する農家。この写真をみると、こんなむらの踏みわけ道をずいぶん歩いたな、とまず足の裏の記憶がよみがえる。高知県長岡郡大豊町（1971.7）

筋の小さな谷川が走っていることが容易に見てとれます。水の流れは見えなくとも、谷川に沿った杉や雑木のつらなりから、それと知ることができます。

家々の背後には垣杉《かきすぎ》と呼ばれる防風林がめぐらされています。沖は奥に京柱峠があるために、風が強い時には風が抜けずに谷の内で舞うそうです。少し強い風が吹く春の日のこと、小さな竜巻がおこり、菜園畑のあちこちを舞ったあげく枯草の束を十メートル余りの高さまで放りあげた情景を、私もここで目にしました。その垣杉と谷川に沿う木々それに杉の植林とによって、家と家、耕地と耕地は区切られています。

ここは前述したように現在九戸から成るむらです。藩政時代の記録には、周辺の大畑井《おおばたい》、久生野《くおの》、土居《どい》など十余りのむらを含んだ西峯《にしみね》という地域名で一括されて記されているため、当時の沖のみの戸数、人口を知ることはできないのですが、西峯の永瀬というむらの明神社の文化元年（一八〇四）の西峯惣氏子の寄

写真133　本書の３章から９章にかけてふれた広島県三原市でも、四国山中と同じような趣きの集落景観をみることができる。ここは三原市登町、通称ハタの山。地名からするとかつて焼畑が行なわれていたのであろう。写真上方は干拓地に広がる三原市市街地。このハタの山は新幹線が三原駅に停まると、車窓からすぐ南に望むことができる。（1979.11）

進帳には、沖の者九名の名が出ていることがわかっています。

現在家々のある周辺部に、もと屋敷だったといわれ、近くに墓地のある小さな平坦地が五か所あります。今はみな雑木や杉におおわれているのですが、前述の史料や屋敷跡の数と対応するように、沖にはかつて家が十四、五軒あったといわれていたそうです。もっとも沖の明治四十年生まれの古老によると、ものごころついてからはずっと九戸だったそうです。

かつて西峯の土地の六割前後は、この沖から下手《しもて》にある土居《どい》の三谷という家が持っていました。同家は『長宗我部地検帳』（豊永郷の施行は天正十六年／一五八八）に筏木《いかなぎ》名の名主として出てくる三谷二郎三郎をその祖にもつといわれています。二郎三郎は山内氏入国の三年目、慶長八年（一六〇三）におこった滝山一揆の討手として伊予境まで行き、その功により西峯に一所（八反）を与えられ、ついで翌年山内家から任ぜられて西峯の庄屋

写真134　ぜんまいをゆがき、もんでは干す。春の山菜とりは大切な稼ぎである。高知県長岡郡大豊町（1978.5）

と番所をつとめることになります。この家については「三谷家文書」（高知県立図書館蔵）という厖大な史料が残っており、それをもとにした研究もすすんでいます。なお、同家は昭和初期、十八代盛武氏の代に高知市内に移り現在に至っています。

『西峯の流れ　土佐大豊町三谷家の系譜』（山本駿次朗著）によれば、◆「明治十七年に三谷家の小作人百三十二人が三谷家に納めた小作料は二十六石四斗四升五合」、「その他に大畑井、沖から土阿国境にかけて三百町歩に及ぶ山林があった」そうです。

沖の古老の話では、三谷家は山林地主的な性格が強く、西峯の土地の六割を所有しているといっても、その内訳は山がほとんどで、田は少なかったそうで、百三十二人の小作人で小作料が二十六石余りというのも、その間の事情を反映しているように思います。

沖の土地の九割以上はこの三谷家が所有しており、どの家もその土地を借りて一年単位で加地子《かぢし》（借地料）を払っていました。一年単位といっても、何代にもわたって同じ所を借りつづけており、やがて大正時代の後半から昭和初期にかけての時期に、沖のほとんどの家がそれまで三谷家から借りつづけた土

写真135　標高700-800メートルの山の斜面に位置する沖のむら。高知県長岡郡大豊町（1980.12）

地を買い、自分の地所としています。これはその当時、三谷家が高知の町へ出て暮らしてゆく資金を作るために売ったものだそうで、その間の事情を沖のある古老（明治四十年生）はこう話していました。

「このあたりの土地はね、もとは土居番の番所（三谷家を指す）のじゃった。家も田畑も山もどこも。そいで一年にいくらと加地子を払うて暮らしよった。うちは全部で十五円じゃった。ずっとそうじゃった。よけい土地はないけんど山をみな入れて五町歩くらいか、そんなもんと思うがね。代々、番所の三谷の家が、こっちからこれまでゃお前ん家《く》にあてるぞ、いうて。その土地のなかはどがいにしてもよかった。杉を植えようと思うたら植えてもかまん、止めてもかまん。山を田畑に拓いてもかまん。あたっとる以上は勝手じゃ。沖の家はみなそうじゃった。

昭和十年頃のことじゃ。番所の家も弱っとるいうんで、中にたって話をまとめてくれる家があって、裏の山の松から杉があったんをみな切って木を売って、その金でこの地を買うた。五町余りで三百円じゃった。切った裏の山は戦争中に焼畑にして稗を作

写真136　対岸から望む沖のむらの中心部。図30～32に対応。高知県長岡郡大豊町（1978.5）

ったよ。」

斜面の九戸

この話にあるように、借りた土地はどのようにして利用してもよかったのですが、土地利用の変更には事前に三谷家の許可が必要でした。けれどそのために加地子があがることもなかったそうです。

なお、前述の『長宗我部地検帳』には、「西峯名ヲキ村」として三十三筆の土地が記されています。薬師堂一筆を含む屋敷十一筆（三反三十一代一歩）、水田五筆（一反十五代一歩）、畠十七筆（一町一反四十五代）がその内訳です。（長宗我部氏の検地では面積の最小単位が才で二才で一勺、二勺で一歩、六歩で一代、五十代で一反、十反で一町となっていた。一反が一石、一代が二升に換算される）。土佐の国では同地検帳に記録されている水田を「本田」、それ以降に拓かれた水田を「新田」と呼ぶ慣行がありました。このような水田に対する呼びわけは、かつては大畑井までにはみられたのですが、沖にはなかったそうです。この谷すじの他のむらに比べ、最奥部に位置しているだけに本田はなく——隠田が拓

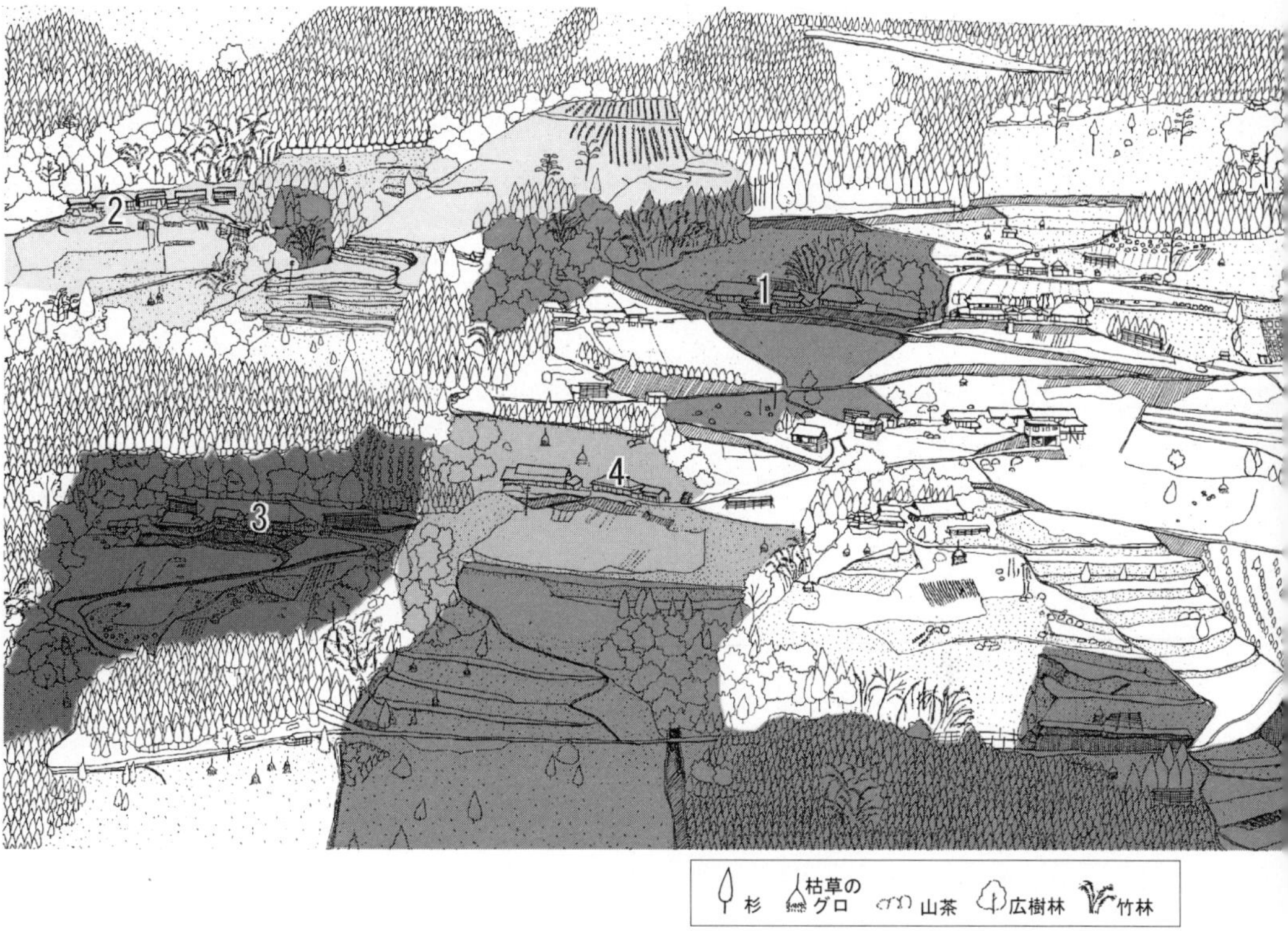

図30　沖の土地占有復元図①。草分けの家とその分家。1．ヤガシラ　2．ミヤンダイラ　3．ノクボ　4．シタジモイ。1の領域と横ならびに2があり、1のかつての領域に4がわりこむ形で入っている傾向がよみとれる。スミをかけて示したところがおのおのの領域。

かれていた可能性はあると思います——山にたよるむらであった故でしょうか。

この谷には、ほかに役地《やくぢ》百姓という形の小作がありました。番所、庄屋、名本《なもと》などの役付きの家の小作のことで、この小作料は「つくりわけ」と呼ばれ、地主と小作人がその年の作料を半々にわけるならわしだったそうです。これは当時としてはめぐまれた小作条件だったため、租税が厳しかった本田百姓と比べられて「本田百姓肩を張る　役地百姓腹が張る」という言いまわしが残っていたそうです。なおこの役地百姓がいたのも大畑井までであり、沖にはいませんでした。

家の領域を見る

地主の番人庄屋三谷家に対し、沖はほとんどむらぐるみで名子的な色彩の強いむらだったと思います。もっとも聞き書きでさかのぼれる限りにおいては、地主に対して特に定められた労役の義務はありませんでした。

さて、沖の九戸の家は、二組の本分家関係

図31　沖の土地占有復元図②。一組の本分家。5．タケノハナ　6．ショウブノナル　7．バンヤ。本文参照。

の家々――おのおの四戸と三戸――およびその他二戸の家とにわけられます。これを屋号で示すと、

1　ヤガシラ（本家）
2　ミヤンダイラ（別名ミヤノムコウ　分家）
3　ノクボ（分家）
4　ミタジモイ（分家）

の一組。それから、

5　タケノハナ（本家）
6　ショウブノナル（別名ショウナル　隠居）
7　バンヤ（分家）

の一組。および、

8　ヒガシ
9　ニシ

という内訳になります。

写真136は沖のむらの中心部であり、図30、31、32はおのおのの家がかつて三谷家から借りていた土地領域を復元したものです。これは大豊町役場落合支所の土地台帳をもとに、聞き取り調査によって補い作成しました。前述した屋号に付した番号とは符合しています。

図30はヤガシラ（図中1）を本家とする家々の土地領域を示しています。分家のミヤンダイラ（同2）、

図32　沖の土地占有復元図③。新しい家二軒。８．ヒガシ　９．ニシ。本文参照。

ノクボ（同3）、シタジモイ（同4）のうち、前二者は分家時期が不明です。おそらく、ミヤンダイラがまず分かれ、次にノクボが出たのではないかと思います。シタジモイは一番新しい分家で、三代前に出たそうです。

図30からまず気づくことは、ヤガシラの土地領域の広さです。図で南（下方）が切れていますが、この下方の谷川に至るまでずっとヤガシラの領域です。十二所神社や薬師堂のある土地を含んでいることからも、このむらの中心となる家であったことが推測できますし、さらにその分家の分をあわせれば、この図で示した半ば以上の土地を領していたのではないかと思います。なお現在、この神社の土地は沖の共有地となっています。

沖の草分けはこのヤガシラだという伝承が残っています。氏神の十二所神社（図31の表示参照）も、もとはといえば同家の氏神であり、それをのちに沖の氏神としてまつるようになったといういきさつをもっています。この社の二月と九月の祭りの世話も、これまでヤガシラが行なってきており、さらにヤガラシは、沖の北の奥のジュウマンダヤという山に神をまつってお

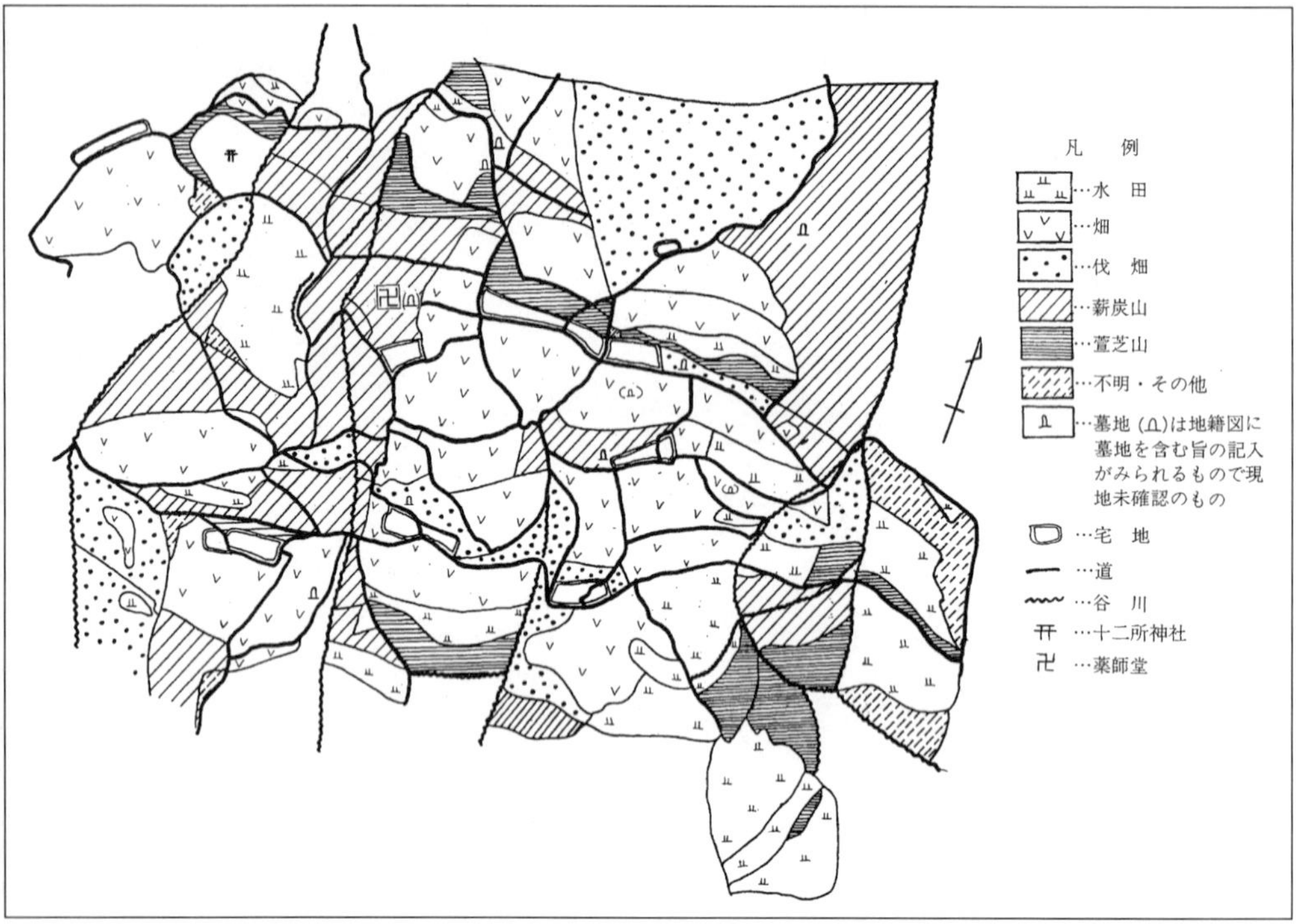

図33　沖中心部の明治後半期の土地利用復元図。大豊町役場落合支所の資料をもとに作成。

り、昔は毎年大晦日の夜に、ヤガシラの戸主がそこへ御供物をあげに行っていたそうです。また、沖の家々のうち、そうした社地を含めて自分の土地を持っていたのは、このヤガシラのみです。もっともヤガシラにしてもその土地の大半は三谷家から借りていたのですが、図30で示したヤガシラの領域にはこの二種の土地があわせて図示されています。こうしたことから考えると、三谷家が番人庄屋として西峯の山々を安堵される以前に、すでにこの地にこのヤガシラの家筋の人たちが住みついていたのかもしれません。

　そのヤガシラの土地の東（図の右側）に割り込むような形で土地を占めているのが、タケノハナ、ショウブノナル、バンヤの三軒です（図31）。この三軒の土地も一連のものとしてとらえることができるように思います。タケノハナ（図中5）の土地は、かつてショウブノナル（同6）とバンヤ（同7）の二軒の本家にあたる家が占有していたそうです。いまこの家に住んでいる人の祖は、昔、南国市の前浜で漁師をしていたといいます。漁がふるわず、やがて一家は香美郡に移り住んだのですが、そこでも洪水にあい暮らしがたたず、文化年間（一八〇四―一八）頃にこの沖に移ってきました。そうして地主の三谷家に頼り、現在の地所に住むことになりました。その時タケノハナの本家は潰れており、二軒の分家に対して本家のつとめとするという条件でそのあとに住みこんだといわれています。バンヤが分家、ショウブノナルが隠居筋にあたるのですが、おのおのいつ頃分かれたかについては伝わっていません。

残りの二軒の家、ヒガシとニシ（図32の8と9）も、その住みつきかたがそのまま土地占有のありさまに反映しています。ヒガシはこの町内の柚ノ木《ゆのき》から百六、七十年前にここへ移って来たと伝えられていますし、ニシには戦前まで別の家筋の人たちが住んでいたのですが、戦後に隣のむらの大畑井から家督を継ぐ形であらたに人が入り、現在に至っているそうです。戦前までいた家の人の祖も、百数十年前に香美郡から沖に入ってきたといわれています。この二軒の家は、ヤガシラ、タケノハナをおのおの本家とする二組の家々の耕地のなかに割り込む形での住みつきかたになっています。この二軒の家はその周囲に、菜園畑の他にはごくわずかの耕地しかつけてもらっていません。もちろん二軒とも離れた山間にある程度の土地――この図にはでていません――を占有し、それによって暮らしをたててきたのですが、そのいずれもが三谷家の土地だったことは同様です。

こうした一連の伝承をとおして、百数十年前にこの地に移ってきた二軒の家に対し、地主の三谷家が沖周辺の山を借し与え、宅地は、ヤガシラ、タケノハナの一族の家々が並んでいるところの一部を割かせ住まわせたいきさつを想定することができるようです。

家がおとろえては消え、消えてはまた他から入り増えていった盛衰や重層が、この小さなむらの中心部の土地占有の状況にも反映していると思います。そうしてその消長は沖に点在する素姓のしれない墓地の多さとも符合するようです。

◆注

山本駿次郎『西峯の流れ　土佐大豊町三谷家の系譜』（一九七四年）。三谷家文書に関しては間宮尚子の多くの論考がある。

19 ある農家の暮らし——阿土国境・京柱峠を望む

母子二人の山

沖は、このように独立したむらとは言い難く、また共有山もなく、おのおのの家は借し与えられた土地のなかで暮らしをたてていました。耕地は沖全体で十二、三町歩あり、うち田と畑は四対六の割合で、いずれもそのほとんどが山間に点在しています。平均すれば一戸あたり一町歩以上の耕地所有ということになるのですが、これも家によりまちまちです。たとえば、タケノハナの場合は水田が谷の奥の二ヵ所におのおの二反と一反余、それに現在の戸主が拓いた田が二反余りで計六反ほどになるのですが、前述したように文化年間頃にここに住みついた時には田は二、三反しかなかったそうです。それに畑が六、七反と山が三町歩、これがこの家の占有領域の内訳でした。

ショウブノナルの家は、沖の家々のなかでは最も高いところに立地し、家の背後の山一帯を占有していました。図31では図の右側が切れていますが、占有領域はこのまとまりのみで、これで五町歩ほどの広さがあります。そのうち水田と定畑は屋敷の周囲の二反余りにすぎません。

以下このショウブノナルの古老（明治四十年、沖生まれ）の話を通してその暮らしの一面をみてみましょう。なお、この聞き書きは一九七八年五月の調査時のものになります。

「わしのおやじはね、太夫（神宮）じゃったんですが、家を出て行ったらね、三年も四年も帰らざったわ。この下《しも》に野々屋《ののや》というところがある。そこにジンペイさんという太夫さんがおった。その弟子じゃった。剣山《つるぎざん》をうんと信仰してやりよったですじゃ。占いをしても、なかなかようあたったということじゃね。おやじはよく阿波（の国）に行きよったんです。そこで太夫さんをしたり、煙草の葉をはさむ縄をなう稼ぎをしたりして、あちこちまわっては暮らしていきよったんです。阿波はうんと煙草をつくりよった。それをはさむ縄は先に左にのうて（なって）、そいつを今度は右になうんよ。それをのうて稼ぎよったいうことじゃね。

　時々ひょっこりもどってきてね、そいで行ったらまた三、四年は帰らざった。仕送りなんどもひとつもせんけん、私は母育ちじゃ。そんなことしよったんは、この辺じゃおやじだけじゃ。文句言うてものにならんおやじじゃったわ。おやじには草鞋《わらじ》一足世話になったことのない、恩のない親よ。そんで学校へも母が日傭い稼ぎをして行かせてくれた。けどその尋常小学校もろくに行っとらんけん、字もろくに知らんのよ。

　その頃、日傭いいうたら、今みたいな土方と違うて百姓仕事よね。昔はこの辺の百姓で広いことやりよう（農業を手びろく営む）家があってね、そこに雇われて行くのよ。五月じゃったら麦刈りとか草引きとか。日傭いを雇う家は沖にもありましたよ。日当はね、お米をもろうたり、お金をもろうたり、というようなもんじゃった。

　母は徳島県の池田（三好郡池田町）の先の辻から入ったところの、井内というところで生まれたんじゃと。井内の馬場というところに大きなお寺がある。そこからここの粟生《あおお》のお寺（定福寺　真言宗の古刹）にお坊さんが来とった。その人の世話でここに嫁いだいうことじゃ。

　わしの爺も粟生から養子に来たんじゃと。爺はここで農業をやりよった。太夫はおやじだけじゃ。けどわしの子供の頃は、はやこの家はわしと父母の三人だけじゃった。わしには姉がひとりおったけんど、とうからみてて（亡くなって）ないんじゃ。

　わしが六つの時、この一番下の家に火事があったのをよう覚えとるけん。今のあの家は、そのあと、大畑井から材を買うて建てた家じゃ、そいでそこから屋材を運ぶのに、わしは母について行って、じゃまんなってずかれた（叩かれた）ことを覚えとる。焼けたあとに建てる家の材を運ぶんはむらの仕事ですら。今のような広い道はないろう。みな、負うたり、かたいだりじゃったけん。

　その年じゃったと思う。おやじはおらんろう。母が春、薪を切るんに、この上《かみ》にひとかかえくらいの松がようけに

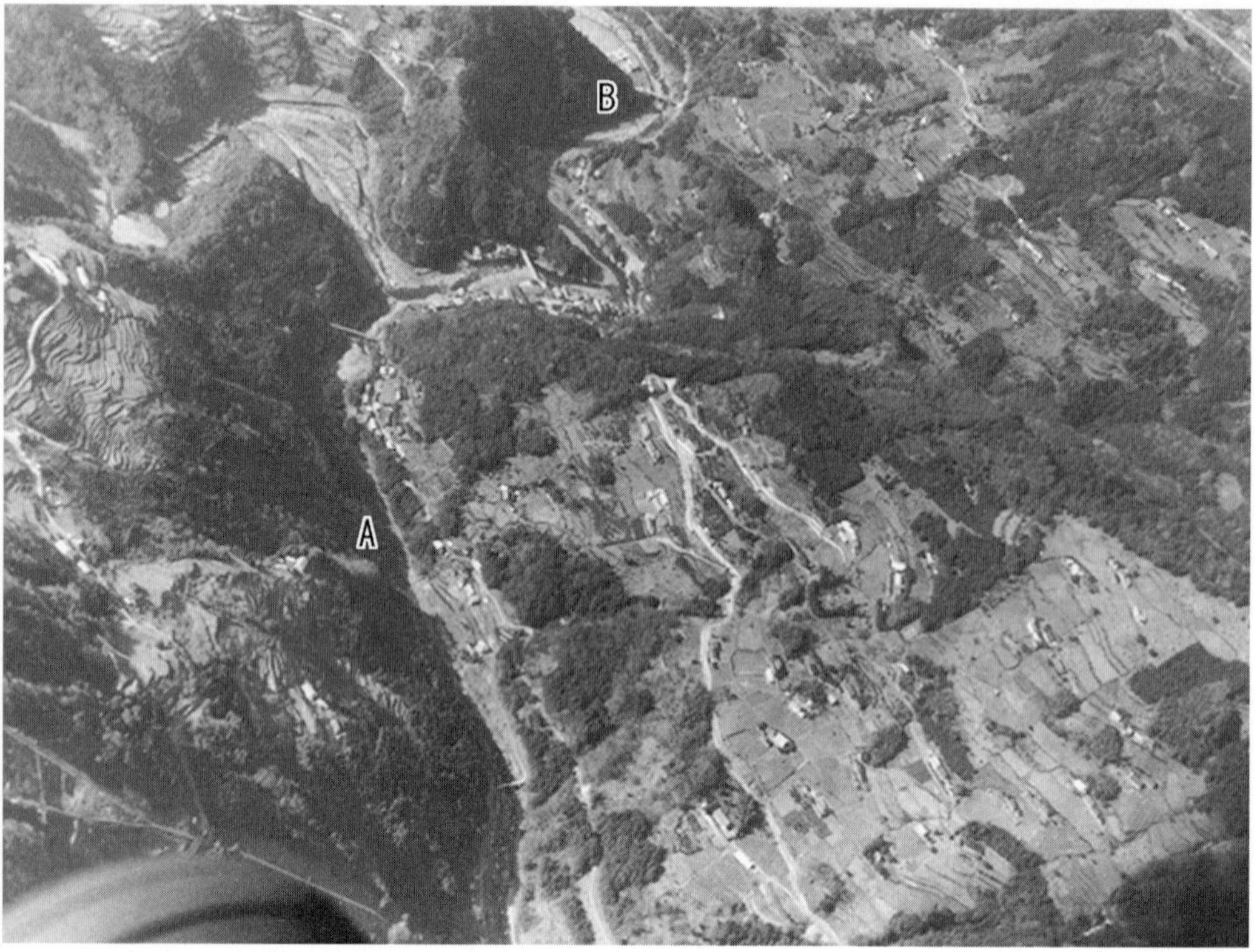

写真137　Aが南小川、Bは南小川が流れこむ吉野川。南小川の右岸は畑作地帯。この川の最奥部に沖のむらがある。高知県長岡郡大豊町（1980.12）

あったんじゃが――その松をまだ一本残しとるがの――その松林の中で、松の間にある木を薪につくりよったんじゃ。わしはその上の道で遊びよった。母はその時分なかなか苦労しよったけんね。食べ物はないろう。このすぐ前の家に行って、二、三年前にみてた（亡くなった）おばさんに言うて、うちの母がそばを借ってきて、それを粉に引いてね、お湯をくらくら沸かして、そのそば粉とお塩を入れて練るんです。それだけを何日も食べよったんですよ。それでわしが薪を切りよる母に、

「腹へったきに、おかあ、去《い》んでまま食べてこう」

て言うたら、母が、

「うれしげもないおそばだけんど、お前がそう言うてくれるのがうれしい」

言うて泣いたのをよう覚えとらあよ。

　徳島県の白地《はくち》（池田町）から下駄の材を採る人が来てね、このへんの山の方々で小屋を建てて採りよったんです。このへんは今みな植林ですが、もと雑木山じゃった。山ん中で

写真138　同じく南小川の左岸。左岸は水田地帯になるが、ここは日本有数の地すべり地帯でもある。高知県長岡郡大豊町（1980・12）

小屋がけしてね、下駄の材を割って、そいでボッポボッポ木っ端くべて火をたいて、くすぼらかしてはようかわして出しよった。下駄の材はノブとかハフリとかハルノキとかで、それを買うて下駄の荒木にしたんですわ。荒木をこしらえてそいつを合わせて荷にしたもん――一つで八貫ばァあったが――、それを仕上げする下駄屋に出しよったんですね。

わしが小学校五、六年の時分じゃったと思います。その荒木をここまで持ってきてもらって、その八貫の荷をオイコ（背負梯子）につけて学校に通うたんです。学校は久生野《くおの》にありましたきに。この材も久生野まで出すんです。さァあれが一回運んで何銭じゃっつろうかの。そういうことをやっとりましたが、学校から帰るとおおかた遊びよったよ。いうても子供じゃけんの。

今のこの家はわしが建てたんじゃがの。素人大工じゃ。この前の、子供の頃おったんは、そりゃどだい、家ともなんともわからん、山ん中の掘立小屋よりひどかったね。うちはこ

写真139　沖の農家。（1978.5）

の沖で一番の貧乏じゃった。一軒からひとり出るむらの仕事の時は、みな母が出たんよ。昔の屋根は草葺きじゃろ。これはむらの者がみな寄って葺いたんじゃがの、そういうこともみな母が出た。十五の歳に母がみててからは、わしがかぶってやった。そりゃ、あの家は男衆がおらんのじゃけん子供でもかまわん、ということになった。

そいで言うたように、十五の歳に母が五十でみててひとりになってしもうたんです。そいで十七の時に家内をもろうたんよ。ひとりじゃたちまちどうもならんろう。家内は三谷《みたに》（大豊町）から来たんよ。このへんに三谷から木挽《こび》きが仕事に来とったわ。その人に尋ねたら、こういう人がおるが、と教えてくれた。家内はわしより七つ上じゃった。

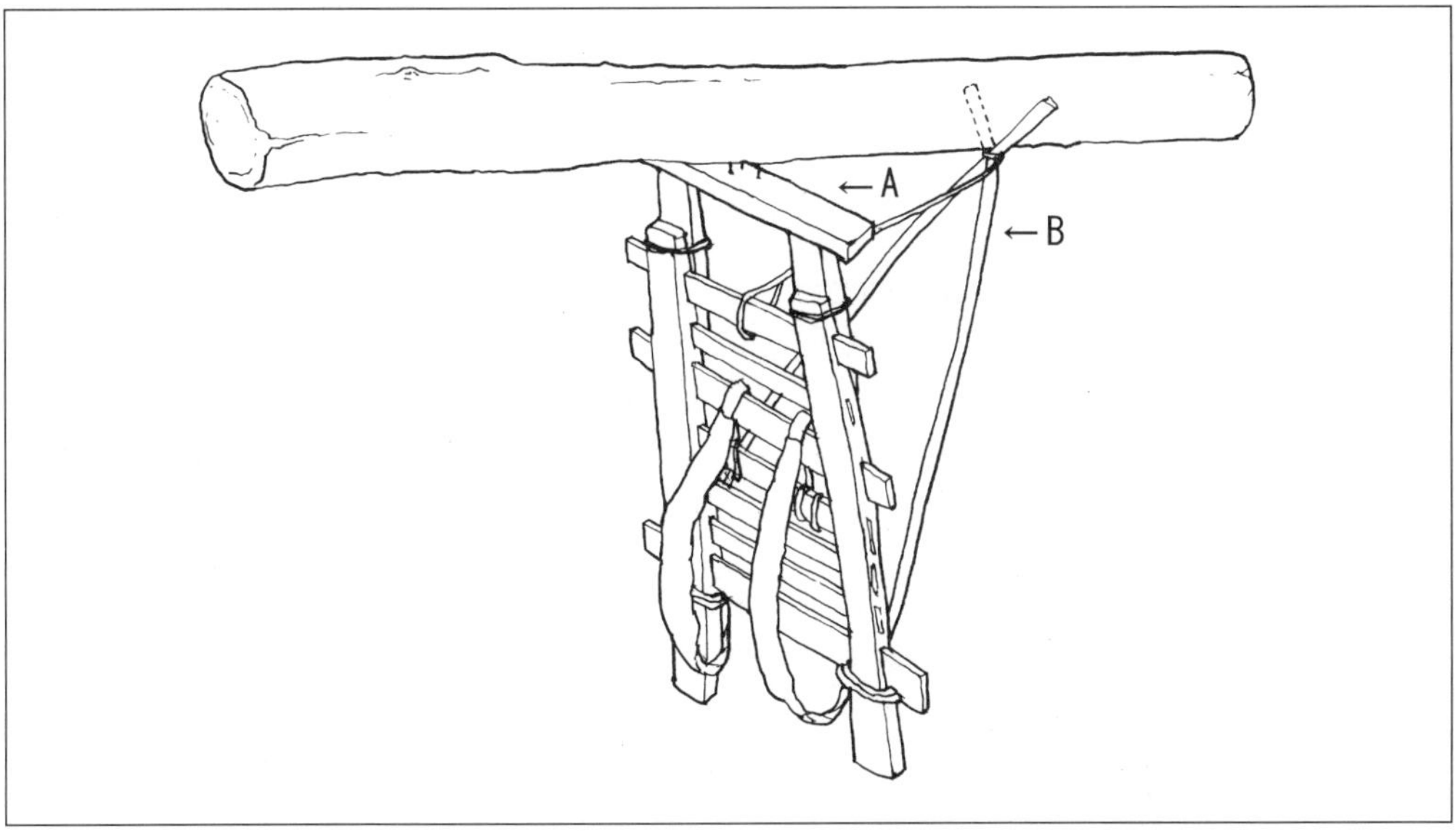

図34　カツギ。長い材木を運ぶ時のオイコ（背負梯子）。通常のオイコに鳥居状の枠木（A）をとりつけ、通常のアシをはずして長いアシをとりつけ（B）、この両者にさしわたす形で材木をのせ運ぶ。鳥居状の枠木の上端には釘を数本打って材木にかませ材木を固定する工夫がされている。

そいで働き手が二人になって、働いて働いてやったところよ。結婚式なぞないない。仲人をたてることもなかったね。じかにその家に申し込みに行った。

その頃のうちの田畑は今と変わらん。この前の田六畝とこの畑一反五畝ばァじゃった。あわせて二反少々じゃ。あそこの田なんか昔は田じゃったが捨ててしもうて草刈りよったがよ。それをわしらが掘りおこして田にしたんじゃが。

その頃、山で切った木を運び出す仕事もわしはやりよった。カツギというて、オイコに鳥居の形みたいな枠をつけて、うしろのアシを長うして、枠とアシとに材をさしわたしてのせて出しよった（図34）。それから、さァあれが何年じゃっつろ。久生野からこの下のヘアピン（カーブ）のところまで村道《そんどう》がついたのよ。せまい道で、まァ一間ばァで今でもちょいちょい残っとるとこがある。それに木の車をこしらえて材を積んで引っぱって出したことがある。車は丸太を鋸で引いたんに中に穴をあけて油をつけとりゃ案外割れんのよ。油が浸《し》んだら。車はね、ハフリの木という下駄にする木で作った。それが沖で車を使うた一番はじめじゃ。昔は田をなおすのにそんな車で土を運びよったよ。よそでそれを見とったけ、作ってみたのよ。

はたちにならんうちから木挽きもやったよ。この辺に阿

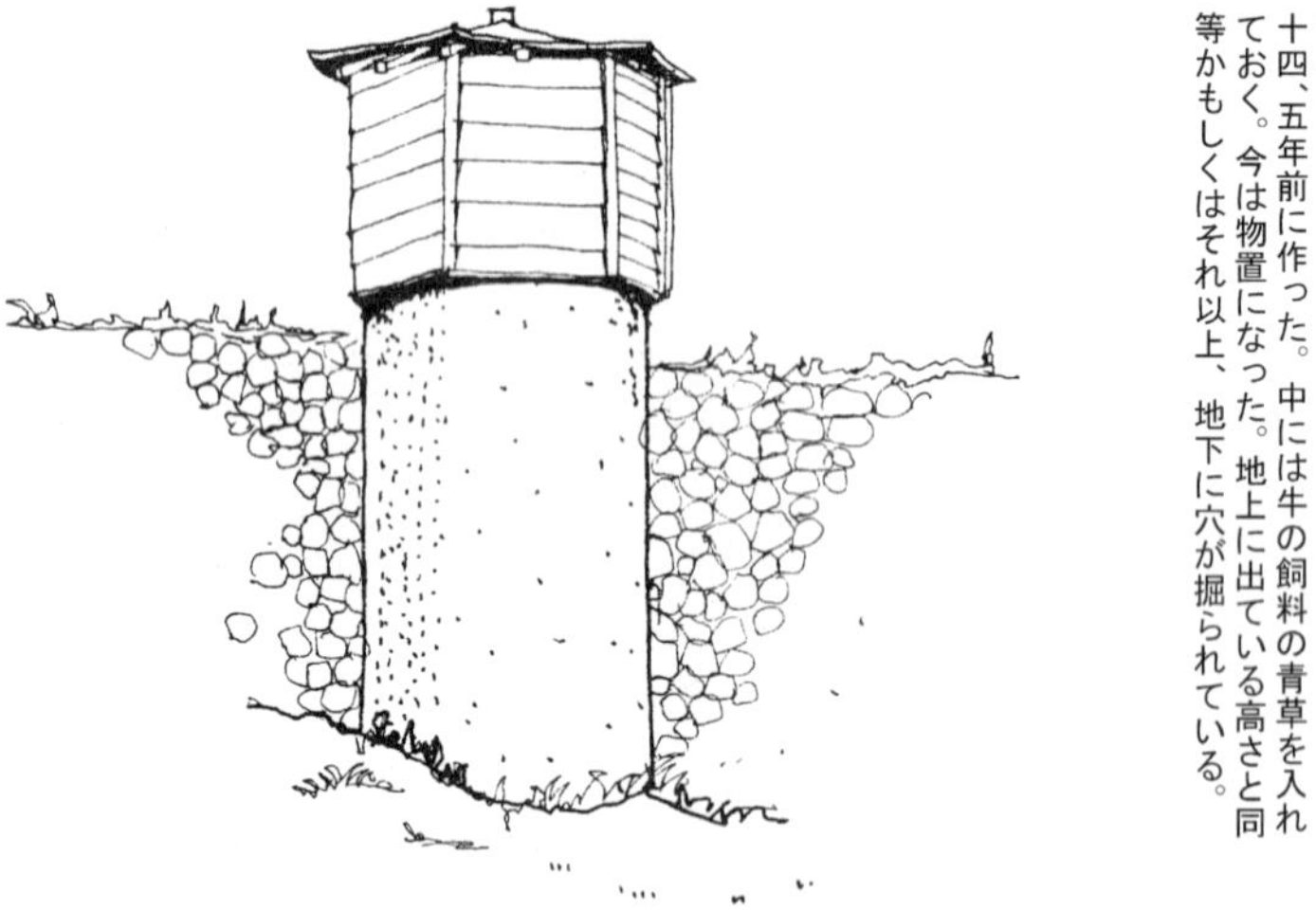

サイロ
十四、五年前に作った。中には牛の飼料の青草を入れておく。今は物置になった。地上に出ている高さと同等かもしくはそれ以上、地下に穴が掘られている。

図35　沖の調査ノートから。むらでのスケッチ。1978年の調査当時のもの。

波の池田から木挽きが来とったんよ。その人が、何も仕事がなけりゃやってみんか、言うてくれてね。弟子ということもないけんど、なろうてやりよった。あれはそうむつかしいこたないんよ。鋸の歯の目立てがちょっとむつかしいけんど、器用な人じゃったらじきにやりだす。こないだ見せたオガ（木挽《こびき》鋸）、あれは二十四、五歳の時やっつろうか、十三円五十銭で買うたんです。大金じゃった。大阪から来とった親方——山を買うて木挽きに切らせて材を出しよった人——が世話をしてくれて買うたんじゃ。あのオガは、伊勢の松坂というところからとりよせたにかわりません。

木挽きは松でも杉でも伐りましたよ。今こそ植林でまとまって生えとりますが、昔はこんなことはない。てんでんばァに生えとったんじゃね。このあたりは雑木山やった。雑木は炭焼きをせざったら、そんなに切ることはなかったね。いくら太っても放ってあった。太い木がありましたよ、それは。

木挽きは一年中仕事があったね。冬でもね。このへんは冷《ひ》やいろう、木が凍るけんね。凍ったら引けるもんじゃないわね。チャリチャリいうだけで。そんな時は大きな火ィたいてくすぼらかして引いたよ。

木挽きは三十すぎまでじゃ。それから発動機が入ってきて移動製材が広まった。そいで次に炭焼きを始めたんよ。今は自分で炭窯をつけるけんど、その頃は、ええせんけん人を雇うてね。窯つき専門

釘の利用

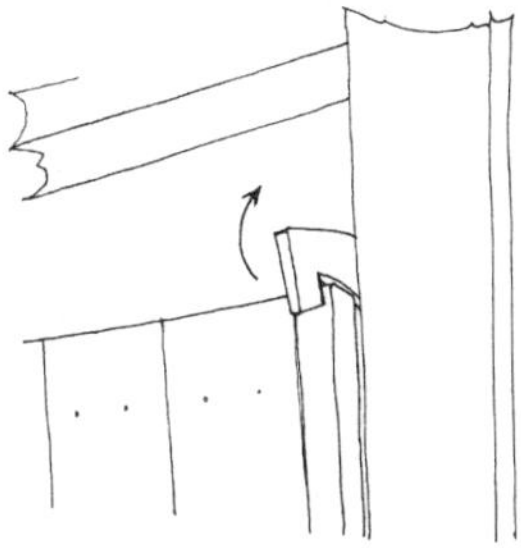

板戸のかけかた

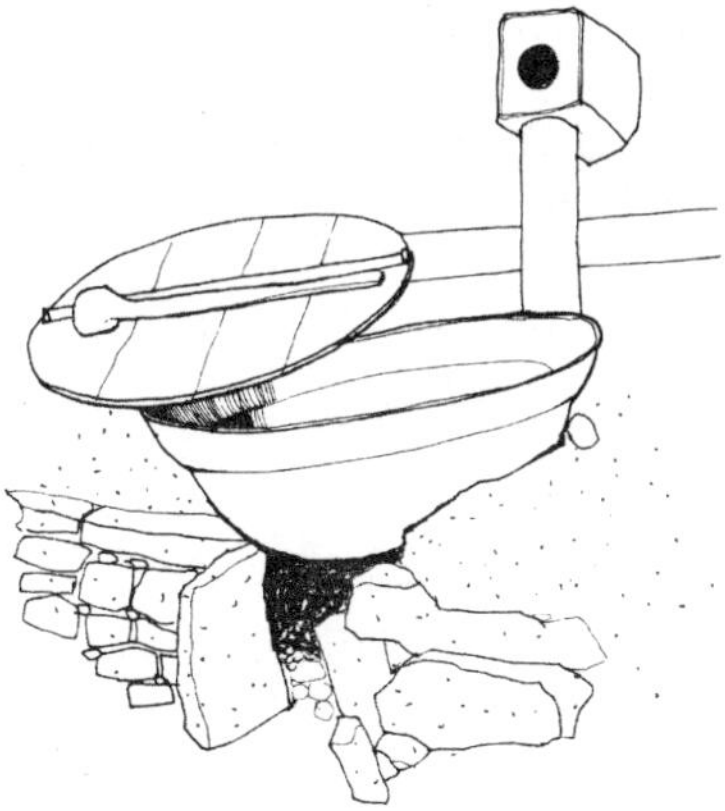

ヒラガマ、石油カン改造の煙突
山菜をゆがいたり、茶を炒ったり、豆腐、ミソ作りに使ったり

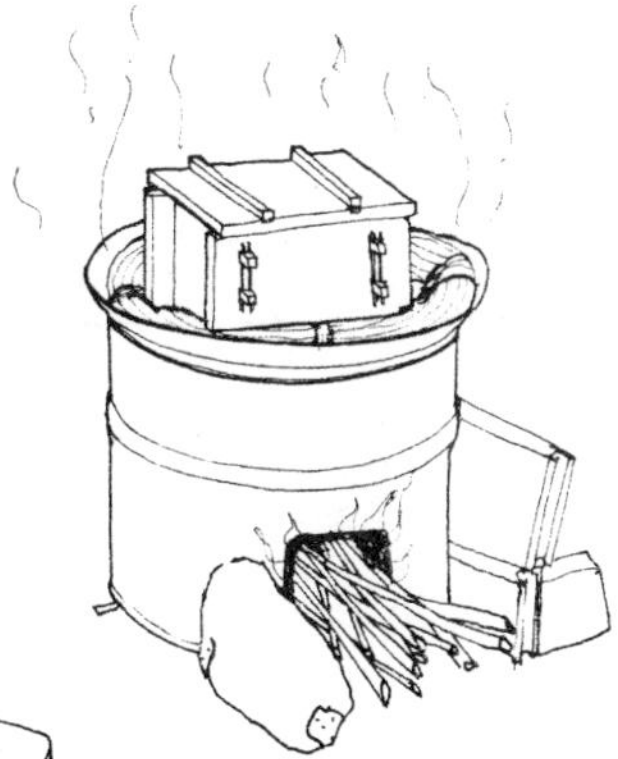

ドラムカンのクド、ブロックと石の風よけ、ヒラガマ、ワラ束の輪、セイロ

踏み台の丸太

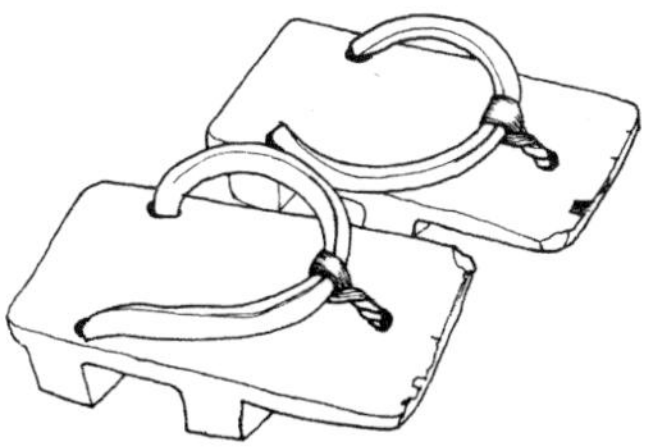

一目で自家製のものとわかる下駄があった。鼻緒はゴムのチューブとビニールひも、材はノブ

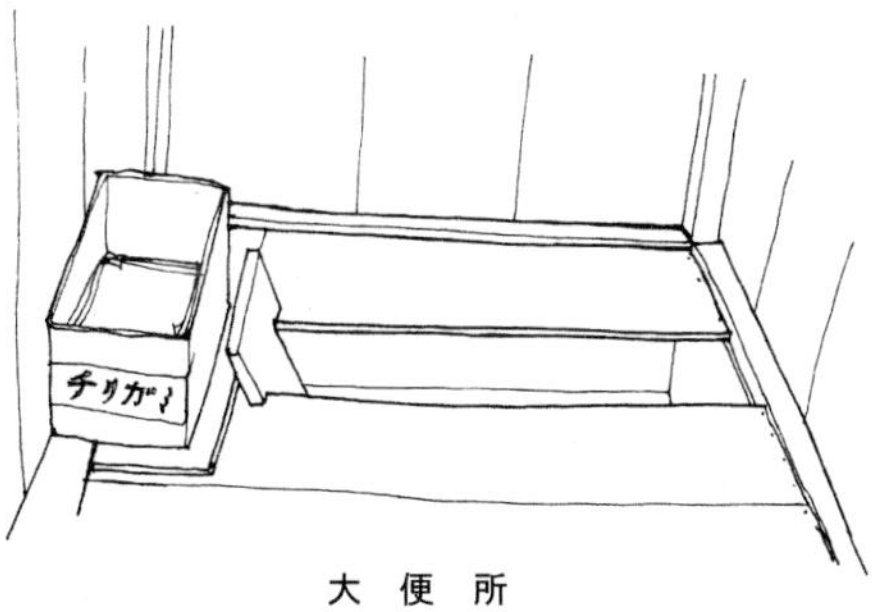

大　便　所

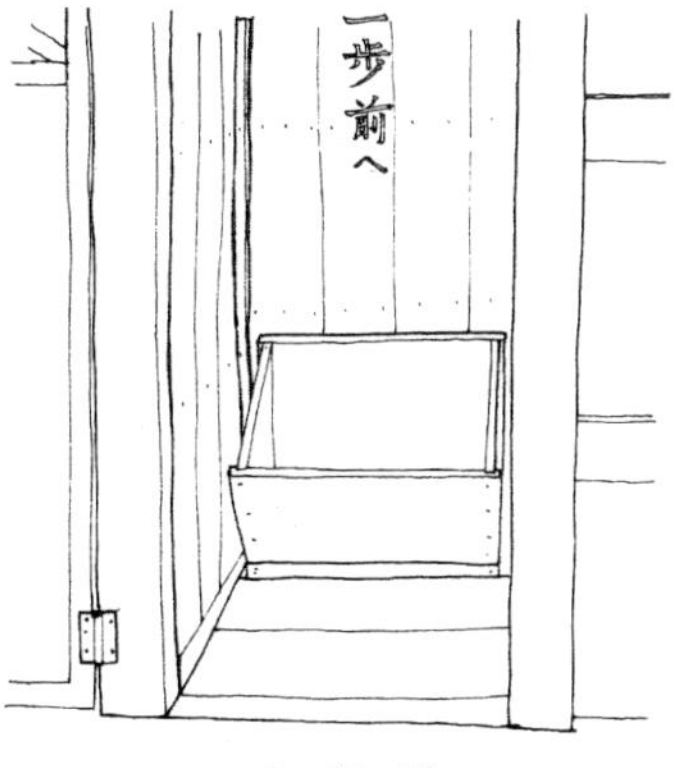

小　便　所

写真140　山の畑の土どめの枠。高知県香美郡物部村（1979.3）

がおったんよ。本山町《もとやま》（長岡郡　隣町）から来とったよ。なかなかええ窯をつく人じゃった。このあたりでいくつもついて歩きよった。一日なんぼで雇われるんじゃが、ひと窯つくのに一週間くらいかかったよ。よけい焼いたきに。そんな時はまわりからほかの炭焼きが見に寄ってきた。ほかの炭焼きも覚えにゃいかんきに、手伝うてくれたりして早うできた。

炭木は、山の立木を買うて焼くんですら。自分の山がありゃじゃけんど、たいがい買うて焼いた。このあたりで買う山がのうなったら、山を越えて阿波の方へも行きやんした。ひところは、二年も三年も阿波の山にうちから通うたぞね。」

注

本章と前章で述べた沖については拙稿「谷奥のむらで──高知県長岡郡大豊町沖調査ノート」（『日本観光文化研究所研究紀要1』同研究所刊　一九八一年　所収）参照。

20　分けられた土地のもとで――芸予の島々

景観のなかの異和感

私がむらの開拓のあゆみを追って調べ始めたのは、前述したように広島県三原市での仕事からです。当時、私は取り壊し寸前の長屋を宿舎にして、一年の半分近くを三原ですごしていました。

試行錯誤をしながら歩けるこうした拠点をもったことは、私にとって幸いでした。でなければ気がながいとはいえない私が、むらの水田一枚一枚をみて歩くようなことを行なう気になったかどうか。何泊何日とあたまから日限を示された調査においては、たとえ小さなむらであっても、そこの水田一枚一枚をみて歩いてみようという気持は生まれてこなかったように思います。

三原ではそうした仕事の合間をみて芸予諸島をよく歩きました。三原、あるいは尾道と愛媛県今治市を結ぶ航路の海域は、瀬戸内海でも最も島の多いところのひとつです。私はこの定期便には何十回と乗りましたが――現在は本州四国間の架橋工事が終了し、このルートは「しまなみ海道」と呼ばれています――、進んでゆく船の窓から外を見て、そろそろ何島のどのあたりだ、と見当をつけるのは不得手でした。およそこの島々の景観を構成する要素は共通しています。うすい褐色の岩肌、松林、みかん畑、海辺に点在する大小の造船所、入江に集まっている家々。さらに島の間を縫うように走る船の窓からは、同じ島がその姿をさまざまな形に変えて眼に映ってきます。

私がすぐに手がかりにしたのは、ひときわ目立つ新たな建造物でした。鉄塔の立つ山があればそれは三原の方向であり、海岸にガソリンタンクが並んでいれば大三島の井ノ口であり、らせん階段をもった建物が港に見えれば弓削《ゆげ》島になる、といった具合に。

写真141　かつて芸予諸島の畑にはイモ、ムギのほかに除虫菊がつくられていた。島々には今でも、除虫菊の花が一面に咲いた時の美しさをおぼえている方がおられると思う。現在この島々の景観を形づくる大きな要素はみかん畑であろう。拓いた畑にみかんを植え、それが小さい間は株間に野菜をつくる。やがて山の畑は深緑のみかんの木々におおわれる。広島県豊田郡瀬戸田町（1977・12）

写真142　４章でふれた広島県竹原市田万里《たまり》の谷。この谷のむらには宮座の祭祀が伝えられている。そこを突っ切って走る新幹線の高架。その高架の上手、下手に山を背負い耕地を拓きおろす定住様式の家が分布している。（1979.11）

写真143　谷筋のむら、尾根筋に広がるゴルフ場。かつて「都市」と「農村」とは対立概念だった。やがて「農村」の「都市」化がすすみ、逆に「都市」が肥大化してくるとそのなかに「農村」的なものに回帰する傾向も生まれてきた。この二語が対立概念でなくなって久しい。問題はより普遍性をおびるとともに、目に見えにくくもなった。ひょっとするとこのゴルフ場で遊ぶ人のなかに谷のむらの人もいるのかもしれない。岡山県南西部（1982.3）

写真144　大きな岩が海に突き出たような形状の岩城島。中央の山は標高660メートル余りの積善山。愛媛県越智郡岩城村（1979.12）

本書の前半で述べた「名田」的な住みつきかたの家々が点在する山すそを一気につきぬけて走る新幹線——その存在が都会人の中にごく自然な交通機関として根づいてゆこうとも——の高架は、あきらかに周囲の景観と異和感をもって存在しています（たとえば写真142）。「あれは暴力じゃないのか」、それを見たとき、私は素直にそう思いました。けれども島々を巡る船のなかで、そうした人工物をその異和感を放つ故に、最初のよりどころとして島を見ている己れの感覚の粗さにがっかりしたものです。結局は自分はその立場——つきぬけて走る新幹線の側——でしかない、と。

海に突きでた岩塊

そうした芸予諸島の島々のなかで、一目みたら忘れられない姿をもっている島があります。芸予諸島の島のつらなりのほぼ中央に位置する岩城《いわき》島（愛媛県越智郡岩城村）です。この島は文字通り巨大な岩塊が海に突き出たような形状をもっています。そうしてこの島の公民館の郷土資料室で見た資料は、島の形状と同じくらい私の印象に残っています。

写真145　赤穂根島。愛媛県越智郡岩城村（1979.11）

それは幕末から明治にかけての行政資料のなかにあったこの村の絵図です。宅地、耕地を一筆ごとに明示し、その地所の持主と思われる人の名がすべて書きこまれていました。私が興味をもったのは岩城本島の絵図ではなく、本島の南に浮かぶ東西二キロ余、南北一・八キロほどの赤穂根《あかほね》島と呼ばれる小さな島の絵図になります。区画数にして八百余りの耕地が描かれており、他の絵図と同様に、そのなかに名前が記入されているのですが、その人名の数は四百近くになります。この小さな島の、さらに限られた土地――谷川筋と海辺の平地――を八百余に細分化し、四百人近くの人間が持ちわけていたことになります。いったいどんな拓きかたをすればこんなことになるのだろうか（図36参照）。

なおこの島は現在無人島であり、この絵図をみても宅地は四か所しか記されておらず、その耕地のほとんどは岩城本島の人がヤマデンマ（農耕船）で作りにきていたということです。

岩城本島の何人かの古老にたずねてみたのですが、この小島の開拓のいきさつや耕地が細分割化された理由を知ることはできませんでした。ただ村役場の

図36　赤穂根島耕地地割図。愛媛県越智郡岩城村役場所蔵の絵図より作成。黒塗りの箇所は原図破損部。原図では屋敷地 4 筆、池 4 筆のほかに800筆以上にわけられた耕地が示され、そこに400近い人間の名が記されている。この図ではその人名は省略。なおこの図の右がほぼ北にあたる。

写真146　赤穂根島。耕地のあるところに農耕船がつながれている。愛媛県越智郡岩城村（1979.11）

税務課に立ち寄った折、現在でも百数十人の人々がこの小島の耕地を持ちわけているとの話を聞きました。なお、この島に最後まで残った家は、今の戸主の二代前の時代に岩城島に移っています。同家は長宗我部氏の家臣だったという伝承を持ち、絵図では海岸にその家が示されていますが、かつては赤穂根島の小さな谷川の奥に居をかまえていたそうです。

結局それ以上のことはわからぬまま現在に至っていますが、ここで気になるのは、私が歩いた限り、この芸予の島々では安芸側より伊予側の方がはるかに土地の細分化がすすんでいたということです。このことはそれだけ農業経営が零細であったということのほかに、この地域が江戸時代に藩によって割地制度がより密に施行されていたためではないかと思っています。

割地の慣行

これは定期的な土地の割替えのことで、一定期間ごとに、むらの耕地や山をくじ引きなどの方法で配分し替えます。こうした慣行は洪水などの自然災害の多いところでみられることが多く、災害を受けや

写真147　畑からヤマデンマ（農耕船）で作物を運ぶ。この人は因島に住み、対岸の佐木島に畑をもっている。今日はスイカの収穫。広島県三原市（1980・7）

すい場所や作柄の悪い場所などを、むらうちで均等に回りもちをする方法です。

たとえば愛媛県の大三島の盛《さかり》（大島町）というむらでは、むら全体の土地が二十五株にわけられ、その一株はさらに五十にわけられ、その一単位を一畝前と呼んでいました。その一畝前のなかには山林、田、畑がセットになって含まれています。『盛郷土読本』（一九三二年刊）にはこの一畝前の一例として

一、田　ネヂ（上田）　二十五歩
　　　　中地（中田）　二十五歩
　　　　ゲゾウ（下田）　二十五・六歩
二、畑　ネヂ（上田）　一畝
　　　　中地（中畑）　二畝
　　　　三枚目（下畑）　三畝
三、山林　遠見山
　　　　近見山
　　　　下山
　　　　タテ山上り

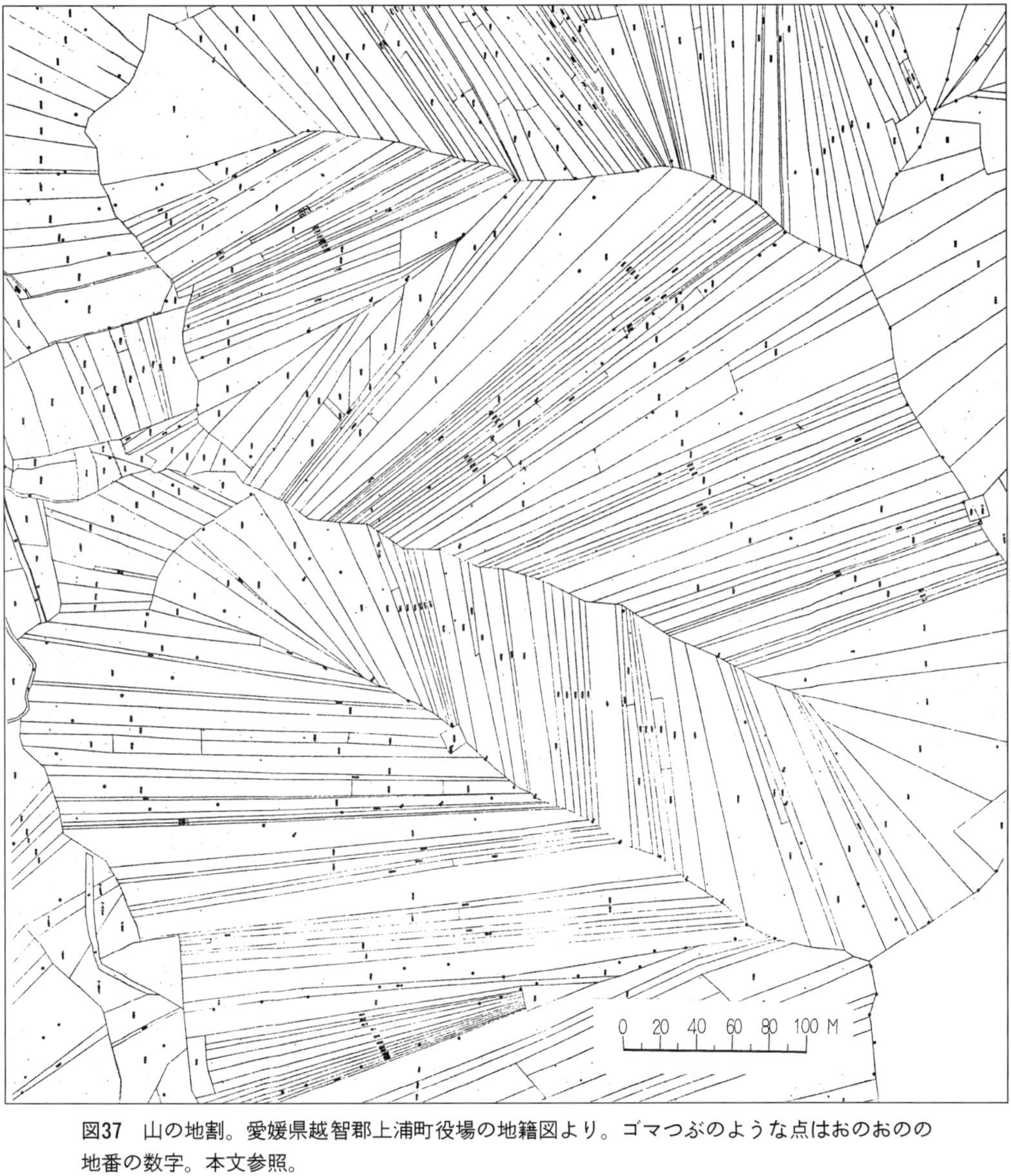

図37　山の地割。愛媛県越智郡上浦町役場の地籍図より。ゴマつぶのような点はおのおのの地番の数字。本文参照。

写真148　1959年まで家々の前の干拓田に地割制度が残っていた愛媛県越智郡宮浦町浦戸。（1979.11）

と、示しています。また同書には、

　この一単位が一畝前と言って売買されるので、自分は畑だけを買うなどと考えてもそれはできない。所有は、多くて二人で一株を持つ位で、一人でもつのはまれであって、中には十人二十人で一株を持って、これを地組と言った。（中略）

　けれどもかりに一畝前を持っていたところで、これが自分の土地であると決定された地所はなくて、帖簿の上で持っているだけで、ある地所を何年か耕作するというのである。一定の年限がきたら、地ならしと言って組替が行われて、今までは田を三戸と二段田で耕作していたが、こんどは長田と於谷になり、畑は鳥取が里境の方になるかもしれない。また一生懸命で土地の改良をしたり、井戸を掘ってかんばつに備えたりしてその収穫が増すようになると「あの人は収穫の多い田のみを持っていて自分たちとは不公平である」といって組替えを申し出る。そこで一定の期間がこなくとも申し出が多いと庄屋

写真149　下りの土讃線で四国山地を抜けると窓に一瞬この景観が見える。高知の平野部出身の知人は、これを見ると帰郷の実感が湧くという。そのような景観は多くの人の心の中にさまざまにある。高知県香美郡土佐山田町（1979.10）

の家へ集まってくじびきが行われる。（後略）

とも記されています（引用文中の三戸、二段田、長田、於谷、鳥取、里境はいずれもむらうちの地名を指します）。

この制度は、松山藩領では明治を待たずして崩れていった例も多いらしいのですが、土地の細分割化と農家の耕地や山林の散在化をともなう制度だと思います。

私が実感とともにそう思ったのは、この制度が行なわれていたというこの島の井ノ口というむらの山の地籍図をみた時です。その一部を図37で示していますが、この山の割りかたのすさまじさはいったい何なのでしょうか。この細分化を示す直線群を生み出したものと、小島を八百余の耕地にわけて持った感覚とに共通した背景を感じます。赤穂根島の所有形態が、割地制度の直接の結果ではないにしても。

慣習と制度という二つの異なったものを考える際、前者が後者にぬりかえられゆくにせよ、あるいは後者の皮膚の下で前者がしぶとく生きつづけるにせよ、そのからみ具合の多彩な可能性の一端がこの絵図を通して見えてくるような気がします。

瀬戸内の地図を広げ、そこに岩城島という名を見るたびに私が思いうかべるのは、あの海に突き出たような島の姿と、そこで感じた慣習の底に流れる感覚のあらわれ方の根づよさや多彩さになります。

写真150　瀬戸内の谷。山に向かって谷筋を拓きあげ、谷川の河口の海を埋める。その地先の海にはカキ養殖のイカダが見える。谷の地形を可能な限り生かしてゆく。谷に住む人々は「谷」という概念をなぞりつつ増幅させてゆく。広島県安芸郡倉橋町（1996.1）

いくつかの追記
――二十年の後に――

前章までの稿をまとめた旧著を刊行して二十年が経ちます。その間、あいかわらず私は日本のむらを歩いてきました。そうして多くの谷のむらを見てきました。というよりも、日本列島を歩けばどこを歩いても、といっていいほどに谷のむらはむこうからこちらの視界にとびこんできます。この列島の人々のあゆみのなかで、「谷」とはどんな意味をもった場所なのか。「谷への定住」という営為は何を生みだし、それはどう受け継がれてきたのか。そうした問いからいましばらくは逃がれられないように思います。

この章では、そうしたことについてひとつの補足と、さらにまたそこから派生するひとつの問題についてふれ、ひとまず稿を結ぶことにします。この旧著の半ばほどは、定住地としての谷について述べていたのですから。

21 谷に始まる物語——奥能登の野帳から

犬の声にひかれて

一九八九年の八月、私は奥能登の舞谷《まいたに》御前山《ごぜんやま》という標高三七〇メートルほどの山の七合目あたりを歩いていました。

そこはむらでいえば輪島市町野町の寺山というところになります。

この山の中腹にゆるやかな一画があり、寺山の中心ともいえる集落と耕地はそこに広がっているのですが、その周囲の山間にも一戸、二戸と家が点在しています。そうした家の中には、中世的な伝承を伝えたり、伝承に関わっているものも多く、家の立地や墓地、祠などを、ひととおり見ておきたいと思ってジャリ道の林道を歩いていました。もっとも、暑さで手元の地図をひらくのもおっくうになり、適当に見当をつけて汗をふきながらゆっくりと道をのぼっていたのですが。

急に杉林が切れ、谷田が目に入ってきました。犬の鳴き声も聞こえてきます。その方向に行ってみると、ひとすじの谷川の水によって拓かれた棚田が三十枚ほどあり、その上手に草葺きの家が一軒見えました。地図をたしかめると「折坂御前」と記されており、その字のそばに宅地を示す記号が描かれています（図38）。

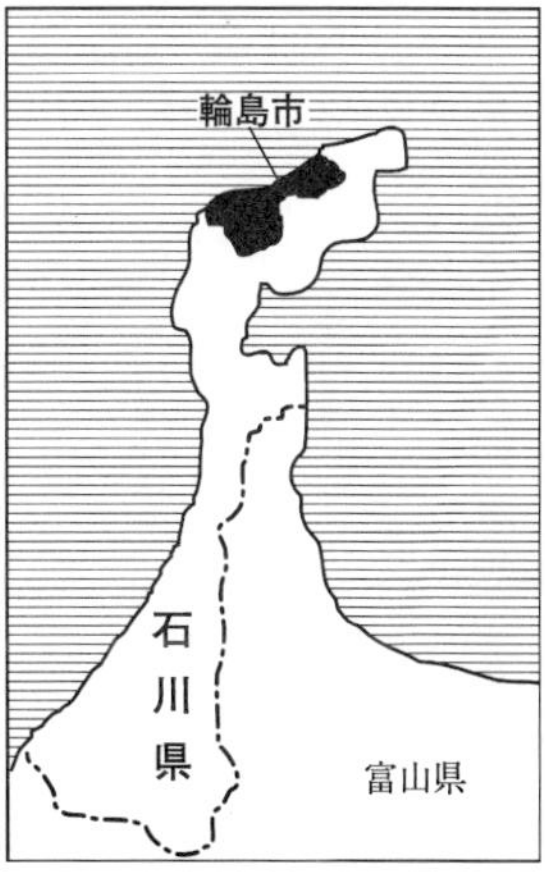

この時、その家には戸主の御夫妻と戸主の母親、それに戸主のお孫さん二人と犬が二匹住んでいました。御当主の長男は金沢に出ており、お孫さん二人は夏休みで、その金沢の家からこの山の中のおじいちゃんの家にしばらく遊びに来ていたところでした。といっても、近年はこの家の人々も冬にはこの家を閉めて金沢で暮らし、春先に田仕事をするためにまたもどってくるのだそうです。夏と冬で住まいも暮らしかたも変えていることになります。かつては冬

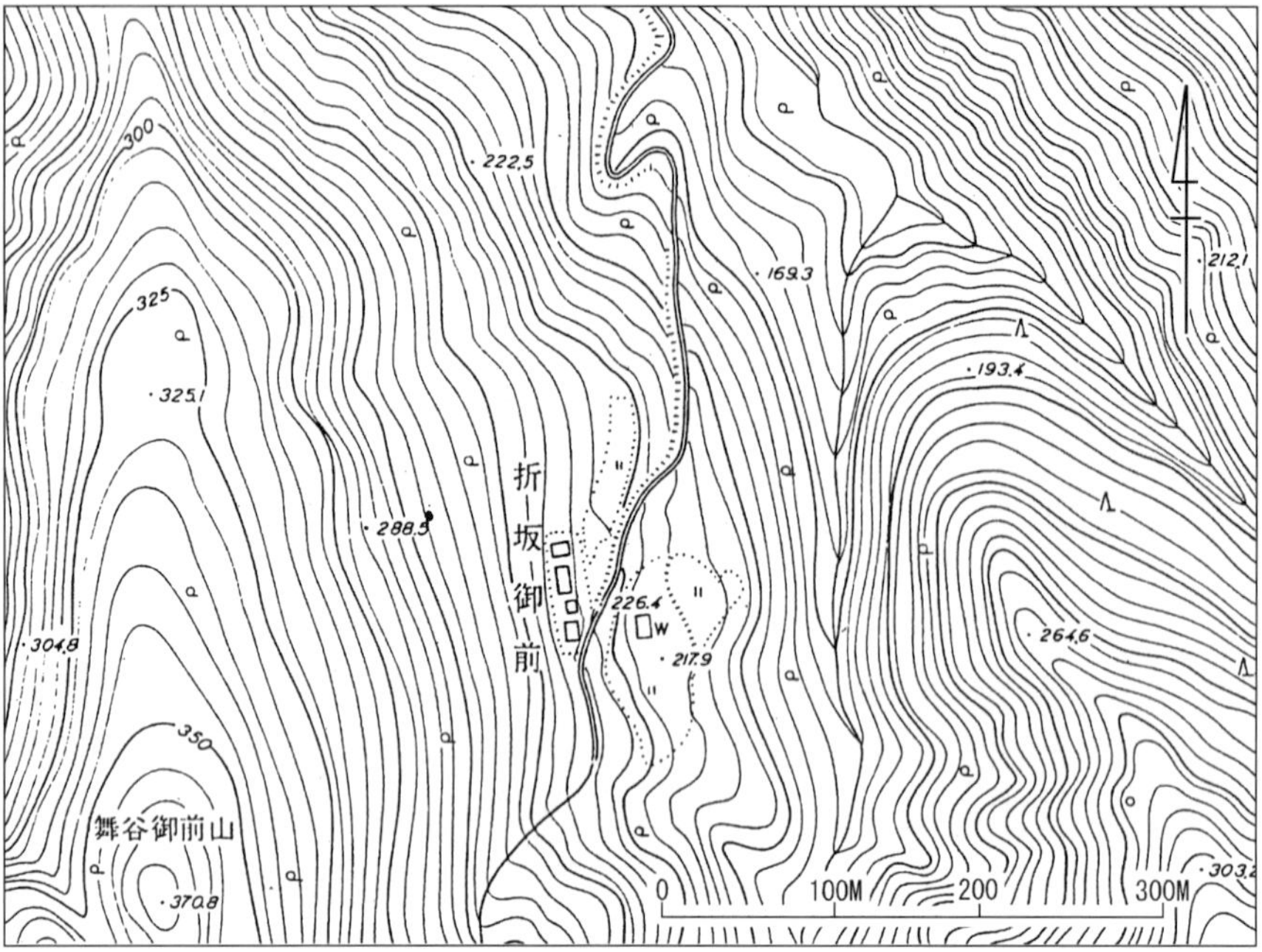

図38 折坂御前の家。本文参照。輪島市役所所蔵の地図より

に炭を焼いていましたが、炭焼きをやめると、雪深い山間では冬場の稼ぎは他にありません。

この家はどんな歴史をもってここに住みつづけてきたんだろうか。まず私はそのことに興味をもちました。まわりを山々に囲まれているとはいえ、その家とその周囲には、私が本書でたびたびふれてきた、谷を中心とする小世界が広がっているようにみえたからです。

話をうかがってみると、谷の水田は同家のものでしたが、その周囲の山についてはさほど所有が及んでおらず、そうしてまたこの家の定住も新しいものでした。この場所に住みついたのは昭和二十一年のことだそうです。

ご主人の父親は寺山というむら——前述した中心集落——の生まれでしたが、そのはるか下手の鈴屋というむらに養子に行き、そこで一子をもうけた後、カラフトに伐切人夫として出稼ぎに行きました。やがて妻子を呼びよせ、しばらくカラフトで暮らしていました。その子供が現在の御当主になります。

やがて戦争が終わり、親子三人はカラフトから船で小樽に引き揚げてきました。

以下は御当主のおかあさん——私が同家をたずねた時におられたおばあさん（明治三十四年生）——の話になります。

写真151　折坂御前の家。Aが屋敷。Aの文字のすぐ左手が応永三年銘の懸仏がおさめられていた小祠の位置。（1991.10）

月夜の鎌音

「着のみ着のままで小樽に着いて、そのまま上陸《あが》ったら悪い病気があるというんで、小樽の見えるところでまで来といてなかなか陸《おか》に上げてくれんの。一週間して上がった。その時一人ずつにお金をくれたの。すぐ弁当二つ買うて三人で食べた。

泊まろうと思うて宿に行ったら「泊められん」て。しゃあないわと外に出たらそこのおかみさんが、「あんたがた引揚者か」、「そうです」、「戻ってくれ。うちは客がいっぱいで泊められんが、台所にでも」と言うてくれて。いろんな目にあった。そこから輪島まではずっと鉄道で行きました。引揚者という書いたもん（証明書）持っとるからお金はいらん。

ここにもどってきて、この山にあがってこの場所を拓きなおしたんです。ここは荒れとったんです。昔、六兵衛ちゅう者《もん》がおったといいますが、その人も貧乏してここを出て、そいでここらもとの山にもどっとった。私らがここに来た時、馬屋の腐ったん、主屋の腐って潰れたん、そんなのがそのままになっとった。それを私ら親子できれいにした。

その六兵衛が出たあと、この土地は鈴屋の人の土地になっとった。うちはその旦那さまからわけてもろうた。こんな山ん中でも、買う時はなんかかんか文句いう人もおってね。おらのとっちゃん（夫）、その申し込みに行った時、貧乏してっからミノ着てハバキはいて、ほかに着るもんないからあさましい格好して行ったんです。別の人は、タカジャッポで金縁のメガネで革靴で来とった。けどその人はいっぺんではねられてね。「その格好じゃ開墾もなァもできん」て言われて。

開墾のはじめは、この屋地の下のあがり口のとこに一間四方の掘立小屋を建てて、茅で屋根ふいてそこで暮らした。じかに土の上にゃ寝れんから土の上に丸太ならべて、その間に阿別当《あべっとう》のむらの親類――主人の兄弟がおったんです――から藁《わら》をもろうて丸太の間に詰めて、薄い敷布団一枚と薄い掛布団一枚で親子三人抱きおうて寝た。息子はその

写真152　谷のむら。
①野州小貝川沿いの谷。栃木県真岡市（1983.11）
②谷田のそばの尾根をこえると海。ここの谷田もあぜ越し田が多かった。広島県安芸郡倉橋町（1998.1）
③海にひらく谷のむら。福井県小浜市田烏。中世文書を豊富に伝えているむらでもある。（1999.10）
④大阪市郊外（1999.10）

頃十九かはたちじゃった。

その阿別当の家から茶碗と皿を三つずつもろうて、桶屋さんで桶ひとつこしろえてもろうて、その桶で顔も洗う、茶碗も洗う、足も洗う。そんな暮らしやったんですよ。

とうちゃんは仕事する時にゃうるそうて、月の出るよさりでも起きて、私も起こして「茅株の上に寝とれ」と言うて、自分は草山をカサカサ、カサカサ刈って。寝とっても、なァも眠れんのよ。

その小屋は入口にムシロを吊ってある。私ひとりあかるいうちごはんを食べて、よさり四角い角灯をつけて、寝ようかと思うても寝れん。とうちゃんの兄弟が死んで葬式に行かにゃならん。とうちゃんと息子が行った。目をあけたら前にムシロがさがっとる。寂しゅうなって角灯つけて阿別当の家までとんだ（駆けた）の。その家のおばばに「寂しゅうて寝とられんで来た」言うたら、「こんな暗いとこよう来た。そんなとこおらんとよう来た」言うてくれてね。

はじめの掘立小屋には一年半ほどおって、それからその小屋のつづきに三間か四間の小屋をまた造って、息子はそこで嫁さんをもろうた。」

やがて一家は今の草葺きの家の場所に移り、立ち腐れになっていた家を除き、木挽き、大工を雇って新しい家屋を建てます。その家屋が私がたずねた家になります。

この屋敷地の山際に水も湧いていました。掘立小屋の時代は、毎日そこまで水を汲みに来ていたのですが、これでその苦労もなくなりました。そうしてその山際にくずれた小祠がありました。朽ちた祠の材をとりのぞくと、すぐ下の地中から応永三年（一三九六）の銘が入った懸仏《かけぼとけ》が出てきました。これは現在金沢市の御子息の家に保管されており、石川県の懸仏の資料集にしばしば紹介されています。

谷の再開墾

そうした住居の整備と並行して、一家は炭を焼きつつ周囲の荒れた田の再開墾を始めました。田は屋敷のすぐ上手

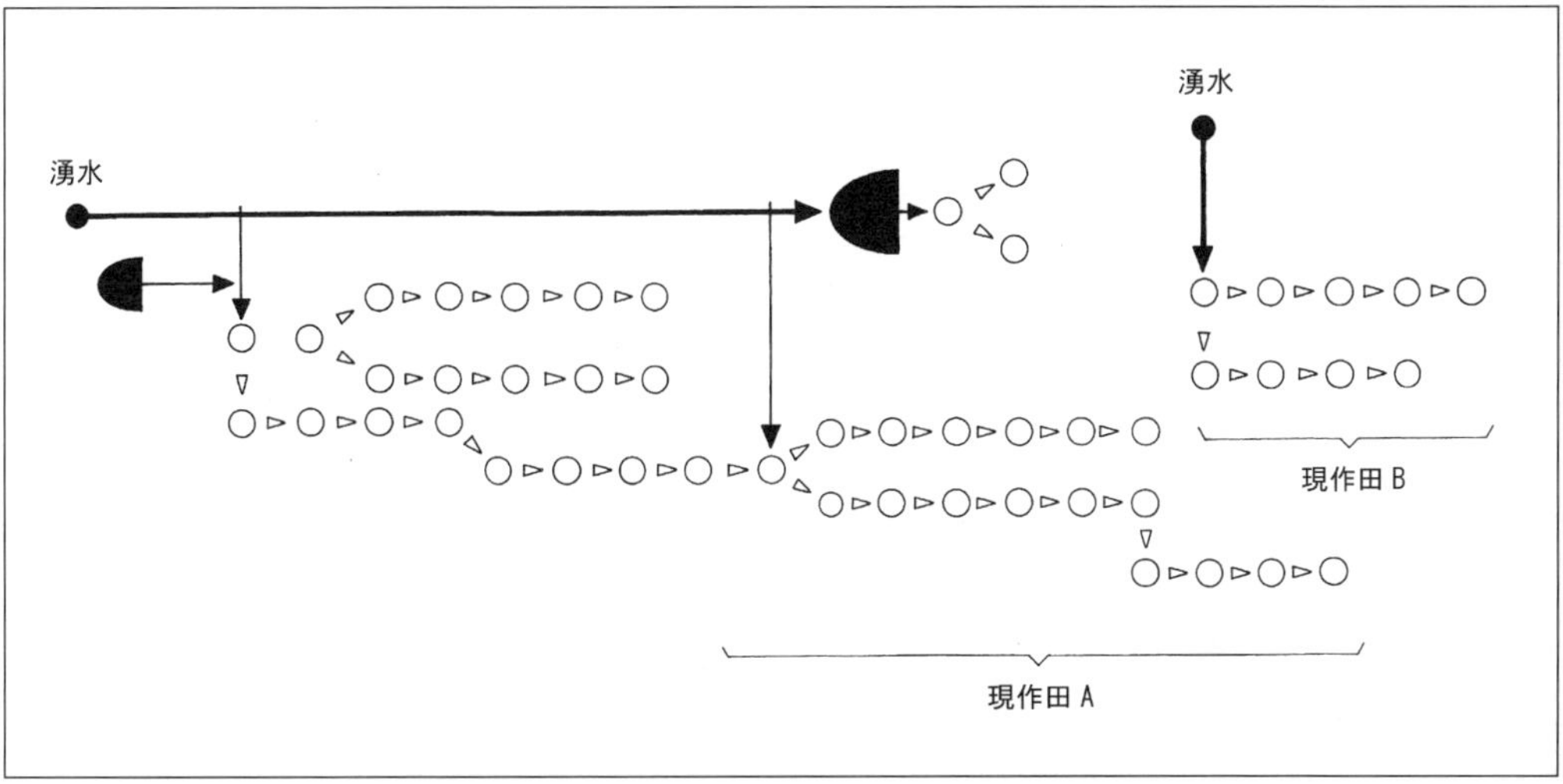

図39　舞谷御前山の家の棚田の水路図。30ページの凡例に準拠。現作田Bは現在3枚にまとめられている。現作田の表示がない図の左の田はすべて荒田。

の小さな谷川から取水しており、あぜ越しの水路も含め、水路のあとも田の畦もきちんと残っていたため、新たな開田よりはるかに楽でした。

その水路図を図39で示しています。私がこの谷を訪れた時、現役の田は二十三枚ほどでした。そのうちの三枚は一年前まで九枚だったのですが、この年の春にそれらをあわせて三枚にまとめたそうです。その上手に休耕の田が二十枚ほどありました。そうした田や荒田を御主人と歩きつつ、かつての水路を教えていただき、また三枚にまとめる前の九枚の田の状況も聞き取りで復元して示した図がこれになります。そこにはあぜ越しの水路でみごとに利水されている水田の姿があらわれています。

けれども、はたしてこうした谷筋のあぜ越し田と応永三年の懸仏とがどう結びつくのでしょうか。そのことはここではひとまず置いておきます。次にまた別の一軒の家についてふれてみたいのです。というのは、この山間の家のことは、奥能登の調査においてひとつの伏線のような働きをしてくれたからです。

土塁をめぐらす旧家

寺山のむらから西の方向に山道を歩けば、一時間半ほどで平地の集落に出ます。この山間から流れ出る谷川もそこで町野川という川に合流します。この合流点に小さな集落があるのですが、この集落の内部は正確には鈴屋《すずや》、粟蔵《あわぐら》、広江《ひろえ》という三つのむらから成っています。この三つのむらはおのおの道や川を互いの境としているのですが、境にしつつも家々が切れないためひとつの集落のように見えます。かつてここには役場がおかれ、遊廓やカフェーがあり、祭りの時などは空地にサーカスが来たといいますから、この地域の中心的性格を持っていた時期があったのですが、三つのむらにまたがる形で中心地が形成されたということは、平場に中心となる独立性をもった町場的集落が成立しなかったことを意味しており、この町野川下流域の平地の半端さ――その容量においても位置においても――を示しているようにも思います。この集落から一里も行かぬところが町野川の河口ですぐに日本海が望めるのですが、川の下流域という言葉が持つイメージほどには平地が広がってはいません。

とはいえ寺山のむらからおりてくると、あきらかに視界がひらけた感じをもちます。

この十年ほど、私はこの川の河口の曽々木《そそぎ》というむらで自転車を借り、その川に沿った平地をいく度も往き来していました。往き来する理由のひとつは、この流域の旧家の伝承を調べることにありました。

河口から二キロほどのところに、川に面して一軒の大きな旧家があります。一部に土塁を残すこの屋敷地の面積は二千坪ほどで、その中に三畝ほどの畑や墓地も含まれ、周囲は屋敷林に囲まれていて、町野川の河口付近から南を望むと、この家は小さな森のように映ります。

この家には、先祖は七尾《ななお》城主畠山氏の家臣であったとの伝承があります。天正五年（一五七七）、七尾城落城の際、家臣に三人の兄弟がおり、一人は穴水《あなみず》町に落ち、一人は輪島市の大谷に落ち、もう一人――この家の祖――は寺山の山中に隠れ住んでいたのですが、世の中が落ち着いた後、今の屋敷の地に移り来たということになっています。穴水町や輪島に落ちた家とは、明治初期頃まではつきあいが続いていたそうです。

この家には、この場所に落ち着いてからの過去帳が伝わっていて、それによると、初代の没年は明記されておらず、二代目の没年が正保四年（一六四七）となっており、現戸主で十三代目になるそうです。三代目から七代目までは庄屋を勤め、苗字帯刀を許され、江戸に御用でのぼる時は――このむらは藩政期、天領でした――葵の御紋のついた旗を立てて赴いたといいます。九代目の戸主が造酒屋を手がけて失敗し借財を背負ったそうですが、基本的にはこの地の地主の一軒として暮らしをたててきました。

写真153　Aの文字の右手の木々のしげみが、本文中でふれた土塁をめぐらす家。その対岸の下手山すそに上時国、下時国両家が並ぶ。（1991.10）

この家の祖は落城後寺山の山中に隠れ住んだ、と書きましたが、寺山のどのあたりですか、と尋ねた私に、現在の御当主は、

「ずうっと山奥です。阿別当の近くの折坂というところで、今もそこは別の人が住んで田をつくっていますから屋敷地も耕地も昔のままあるでしょう。けど、今住んでいる人は新しい。カラフトから引き揚げてきた人です。その前は荒れていました。荒れる前は六兵衛とかいう人がおったといいますが、さらにその前も荒れていたらしいですね。」

と話してくれました。

落人伝承をもつ家が住みついた場がいったん荒れ、そこを六兵衛さんという人が興し、やがて彼も退転して再び荒れ、そこをカラフトから引き揚げてきた一家がもう一度興して住みついたことになります。そうして、いつの頃からかはわかりませんが、応永三年の銘の懸仏が、そこにずっと祀られていたことになります。

人為がそこに及び、やがて人が去りそこに埃《ほこり》が積もり、新たな人がその埃を払って己の場所とし、やがてその人も去りまたそこは放っておかれる。そのうちに再度埃を払う人が登場する。

写真154　珠洲市大谷町則貞の谷。(1991.10)

おそらく小さな谷々が口をきいてくれるとすれば、くりかえし人が住みついていったそんなあゆみを、いくつもの谷が語ってくれるのではないでしょうか。そしてその盛衰を谷に祀られた神仏はずっとみまもってきたのでしょう。それが生活空間としての谷の生命力になります。

そうなるとやはりここで応承三年銘の懸仏の意味あいが気になってくるのですが、前述したように、この稿での類推や早急な位置づけは控えておきます。本稿はこの奥能登の調査について報告する場ではなく――この調査について私はまた別のところでとりまとめなければいけない義務を負っています――平地に位置するある旧家の伝承の中に、谷筋の開墾、定住という記憶が刻まれていたことを紹介するためにふれたのですから。

◆

基点としての谷

こうした例はひとりこの家のみでなく、そこから五百メートルほど下手の東の山すそに位置する時国家という旧家でも同様でした。

奥能登の調査は、私の所属している日本常民文化研究所で、この時国家の歴史を調べることをきっかけとして始められたものです。

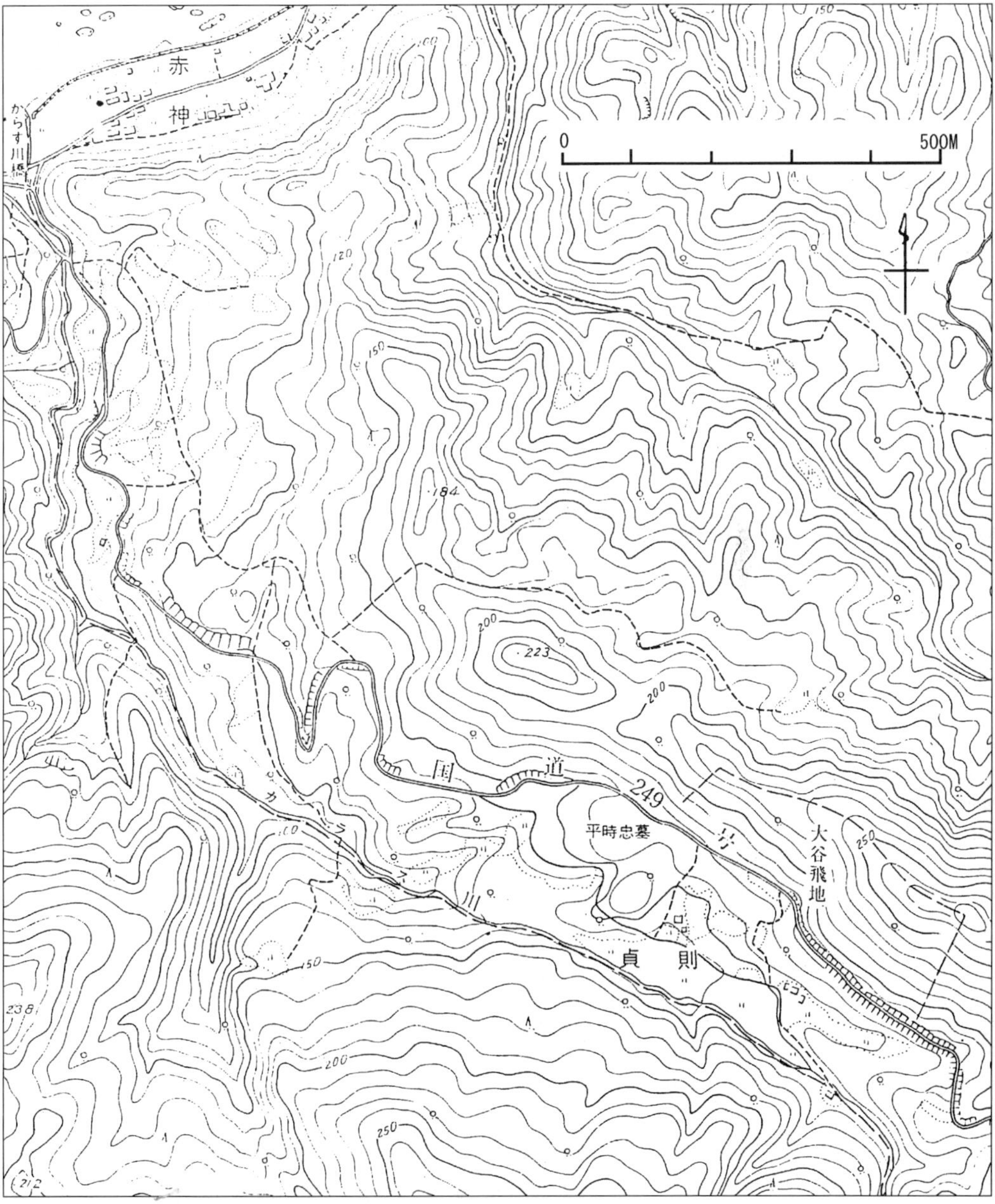

図40　珠洲市大谷町則貞の谷の地図。珠洲市役所所蔵の地図より。この地図では「貞則」となっているが、これは字の表記が逆。本文参照。

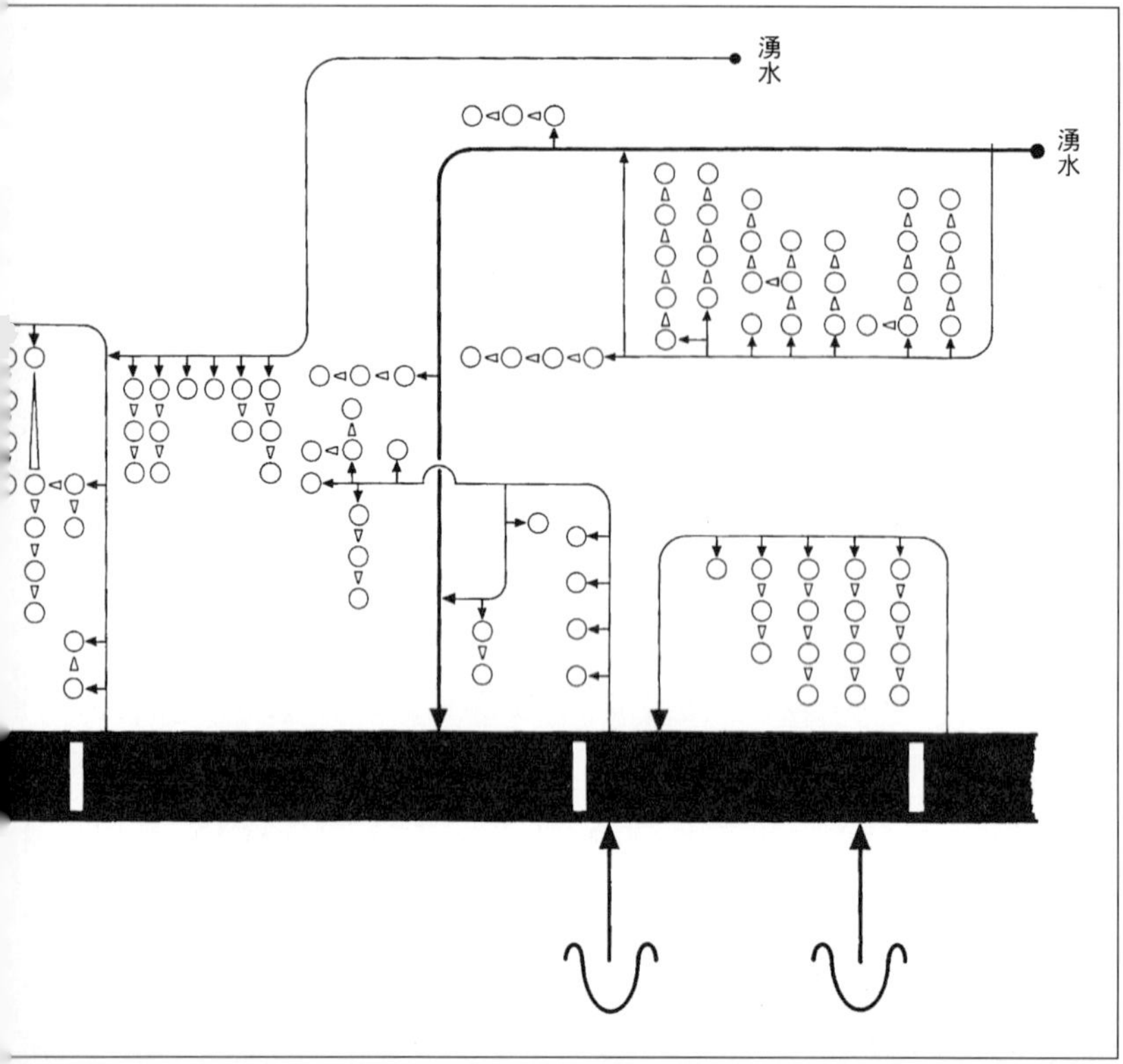

写真155　中国山地の谷のむら。山の起伏がやさしく空が広い。岡山県小田郡付近 (1982.3)

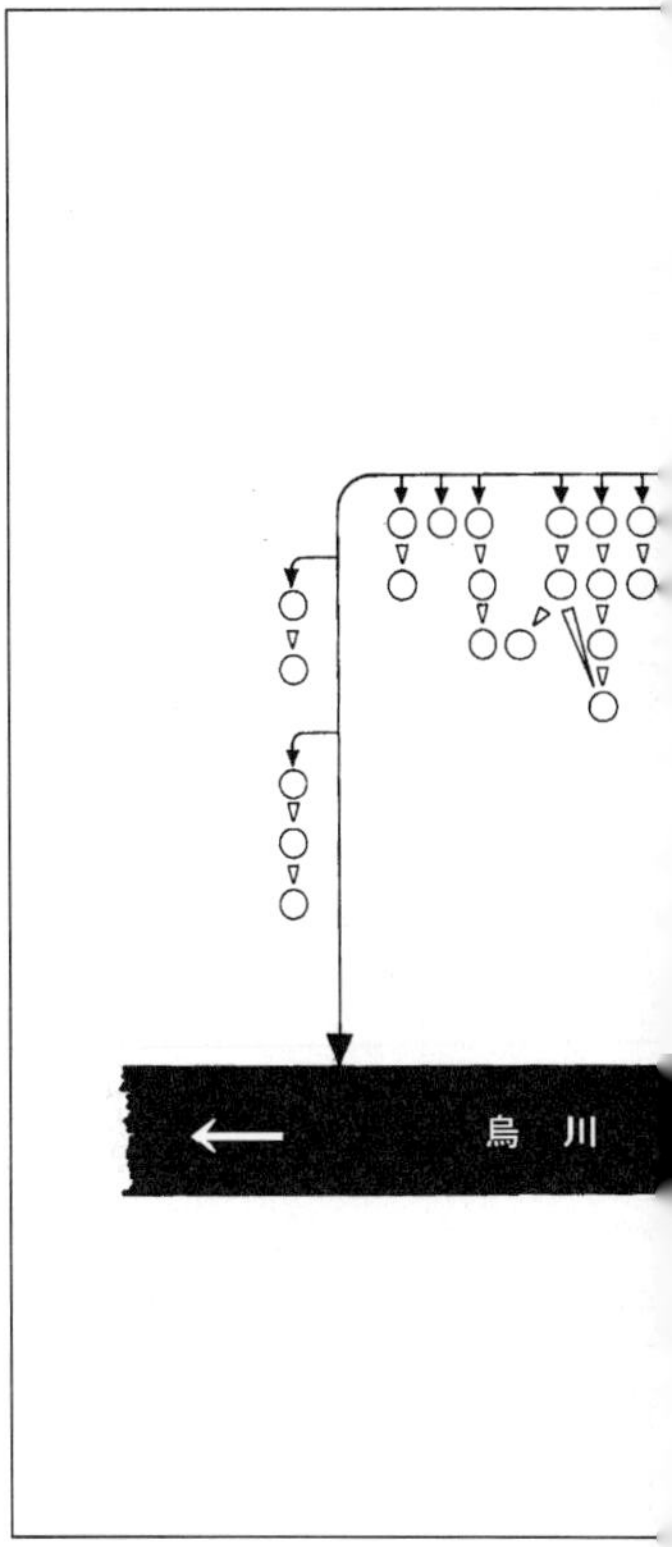

図41　則貞の谷の水田の水路図。30ページの凡例に準拠

時国家は、治承・寿永の内乱後、能登に流された平時忠（一一二七―八六）を祖にもつといわれる奥能登の旧家で、現在は町野川下流右岸の山すそに、上時国、下時国にわかれて屋敷を構えています。上、下にわかれたのは寛永十一年（一六三四）ですが、上時国の屋敷地は、天保の頃まで今より少し上流の川ぞいにありました。それは前述した土塁の旧家とちょうど川をはさんだ向かい側の場所になります。

この町野川下流域に住む前、時国家は寺山の牛尾《うしのお》という場所におり、さらにその前は牛尾から八キロ余り北東の則《のり》貞《さだ》（珠洲《すず》市）という小さな谷にいたといわれています。そうしてこの則貞という谷が、祖である平時忠が能登に流されて落ち着いた場所とされており、ここには山すそに十余基の五輪塔が祀られ、盆になると時国家からそこへ墓参に通っています。

この則貞というところも小さな谷です。谷の地形は多くは下手にむかって口がひらいているのですが、則貞は谷の口も山によって閉ざされているため、いかにも隠れ里といった趣きがあります。ここに烏川《からす》という小さな谷川が流れ、その水を引いて田が三町歩ほど、枚数にして七十枚ほど拓かれていました（現在は歴史公園として整備されていて一部はかつてのおもかげがなくなっています）。

図41はこの則貞の谷田の水路図です。ここにもあぜ越し水路が発達した水田群がみられます。

時国家の場合も、家の記憶をたどっていくと、その起点に谷が位置しています。その祖が伝承上の落人であれ流人であれ、それがあたかもこの土地に定住していく上での「ヘソの緒」でもあるかのように。

ここでは、伝承として「谷の記憶」をもっている二軒の旧家が、かつてひとつの川をはさんで向かいあっていたことになります。いやここで強調するまでもなく、「谷」の重要性や、その伝承世界における根づよさについては、分野を越えて多くの研究者によって指摘されてきました。私のフィールド・ワークは、一面でその方向をなぞっているにすぎません。なぞりつつ自分の世界でそれをどう伸ばし得るのか、それが私にとって谷を歩く意味でもあります。

谷の生命力

この能登では、前に中国地方の例でふれたような形での「谷筋を中心とする小世界」がさほど典型的にはあらわれてきません。私が歩いた中国地方は、山がやさしいところでした。それは老年期の山容によることもあるのですが、もうひとつは、標高が高くとも台地状の地形の上に家々が散在していたことにもよります。多くは山間であっても空が広いむらでした。そうした地形では、ひと筋の谷とその取水源であるその谷をとりまく尾根内とは、生産領域として未分離の形で成立しやすく、継承されやすいように思えます。そうしてそのような谷の生産領域が群として継承されてきた厚みと、谷を基本にした宮座という祭祀組織が続いてきたこととはつながるように思います。

谷々が伝承を収斂させ、村落社会を支えていく単位となり軸として広域につながりをもち、時代を越えて機能してきたのでしょう。その底には水利権のもつ頑強さもかいまみえるようです。そうして山の地形的な条件が異なっていても、社会状況の変動を越えても、谷水がかりの田という耕地の単位は根づよく残っていきます。

本書の前半でとりあげた定住様式についてもう一度ふり返ってみます。

まず山すそに居を構えること。その背後に屋敷神を祀っていること。やはり背後に墓地があり、そこには中世の石造物——この場合供養塔——がみられること。谷水から引いた田を拓きおろし、その田を所有していること。田の水路にはあぜ越しが多いこと。その谷川の取水領域である背後の山を所有し、そこに燃料や肥料を頼ってきたこと。宮座の祭祀の構成員であること。

その条件を列記してみるとこうしたことになるでしょうが、この条件すべてをそなえている事例は、現実にはきわめて少ないはずです。けれどもこうした概念としての類型を設定することで、谷筋に居を構える家々の定住行為がひとつの方向性のもとに位置づけられます。類型とは洞察の方向性を明確にするものであり、その類型通りの「現実」

がどれほどあるかということを計るためのものではないように思います。類型通りの「現実」がより多く存在しさえすれば、その類型の実証度が高い、ということであれば、類型は「現実」から離陸できないことになるでしょう。そうしてその類型を成立させる基本的な軸のひとつが、この能登の事例では強い生命力をもって存在してきたことになります。

海を望む棚田

奥能登での例をもうひとつあげておきます。

写真156　珠洲市真浦の棚田。（1991.10）

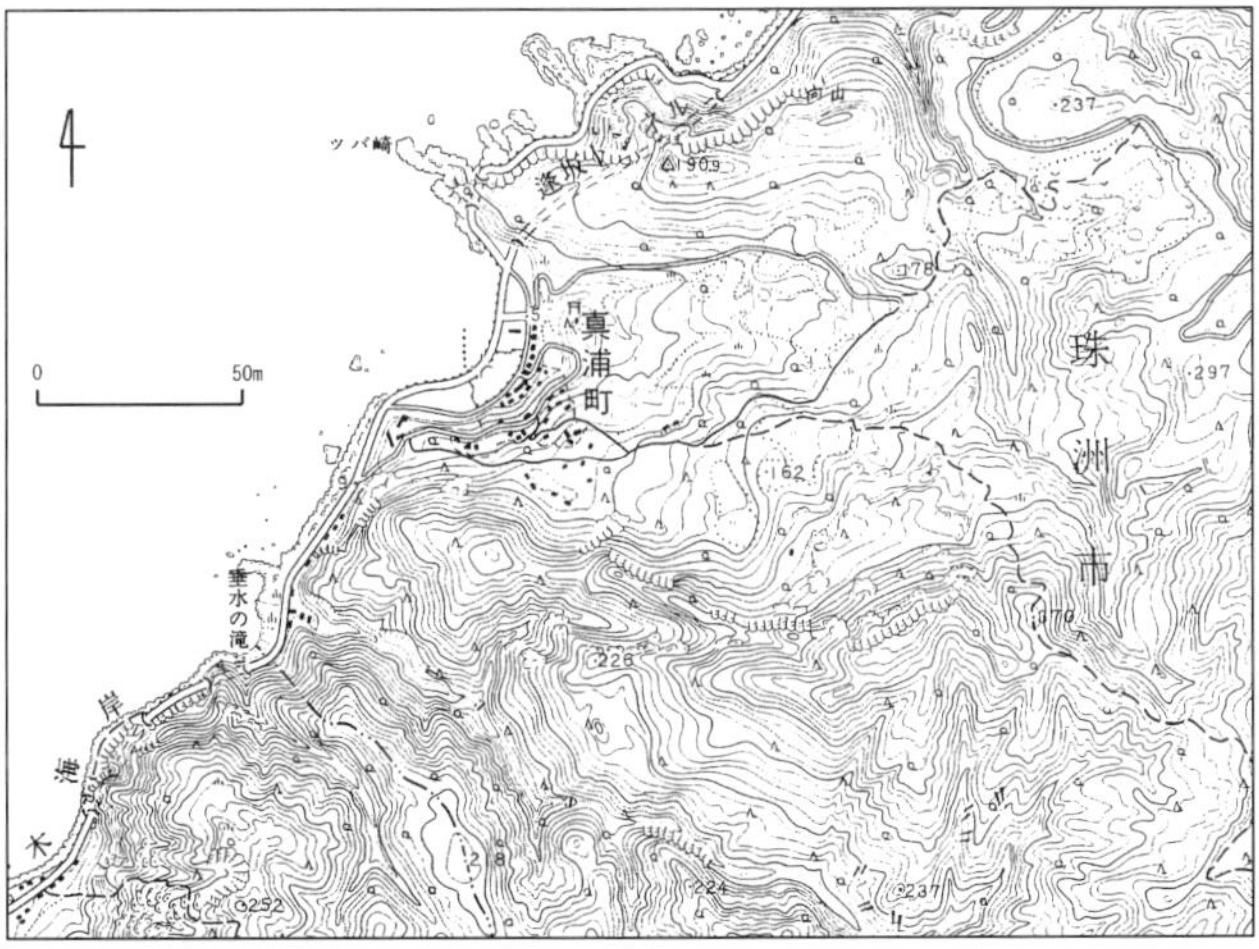

図42　同真浦。国土地理院二万五千分の一地形図「曽々木」より。

図43　真浦の棚田群の図。国土地理院発行の航空写真をもとにトレース。

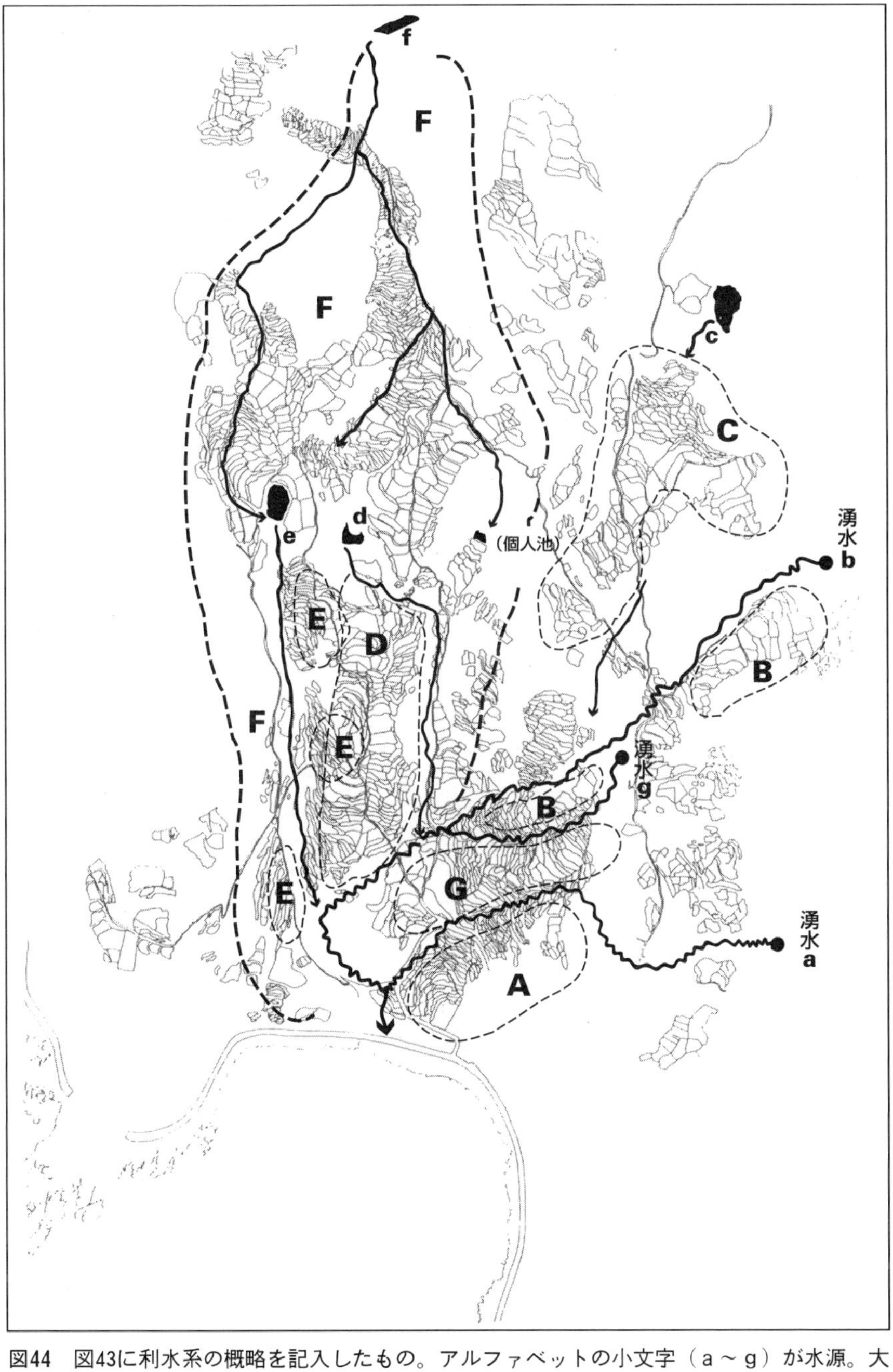

図44　図43に利水系の概略を記入したもの。アルファベットの小文字（ａ～ｇ）が水源。大文字と点線内がおのおの対応する利水域を示している。湧水はａ、ｂ、ｇ、池がｃ、ｄ、ｅ、ｆ、（以上は共有）それに個人池がひとつ。なおｆは豊かな水源であり、ｄ，ｅと個人池の利水域を補足する形で水をおくっている。これは1991年に調べたものであるが、現在はこの図の右下の地域から基盤整備がすすんでおり田の形も大きく変わっていると思われる。

この地方の観光名所のひとつは、輪島市の白米《しらよね》というところにある千枚田です。バスで輪島の町から時国家のある町野町に向かうと、途中でこの白米を通ります。海岸にむかってみごとに拓かれている棚田の中を突っ切るようにしてバスは東へと向かいます。

海に向かってこのようにみごとな棚田が拓けているところは、この半島では白米のみでなく、この半島では点々と見られます。能登の調査では、私は多く曽々木というところの民宿を利用しましたが、このむらから海岸道路を東に自転車で五分ほど走れば、真浦《まうら》(珠洲市)というむらがあり、ここでも海ぞいに並ぶ家々の背後に、棚田が奥へと続く景観を目にすることができます。

図43は、その真浦の棚田を航空写真をもとにトレースしたものです。ここには千枚近い棚田がみられます。図44ではこの棚田の取水源と利水範囲を大まかに示してみました。千枚ほどの棚田もそのほとんどは、合わせて七つの谷や谷池がかりの水によってまかなわれているにすぎません。あぜ越しの田の多さも則貞と同様です。この棚田のそばで稲を干していたおじさんの話では、棚田の面積があわせて一反ほどであれば谷川からの水の取り入れ口は三か所ほどであり、あとはあぜ越しで送り、同じく八畝であれば二か所、六畝以下であれば一か所、ただし六畝以下でもことに小さな田が多い場合は二か所という大まかな傾向があるそうです。また、あぜの水の切りおとし口も土手の痛みを防ぐために三年ほどの間隔で場所を横に移しかえているとのことでした。

隠れ里を思わせる則貞のような谷田が七つほど集まれば、こうしたみごとな棚田景観として人の眼に映ります。こういってしまうのは少し乱暴かもしれませんが、谷と谷田の持つ力は、私たちの視界の中にそんなふうにありふれた形でおさまっているように思います。

注

◆ この能登の調査については『奥能登と時国家　研究編Ⅴ』(神奈川大学日本常民文化研究所奥能登調査研究会編)として、二〇〇一年に平凡社より刊行の予定。

22 富士山麓のむらで——小水路の時代

草分けと旧家

奥能登にかよっていた時期、私はまた静岡県の富士山麓のむらを歩いていました。これは駿東《すんとう》郡小山《おやま》町という町の自治体史作成の仕事になります。

この地域一帯は、かつて「宝永の砂降り」——宝永四年（一七〇七）の富士山の大噴火——によって火山灰に埋まり、むらむらが大きな痛手をうけた歴史をもっています。降り積もった火山灰の厚さは、むらによっては一間ともそれ以上ともいわれ、人々は宅地や耕地を旧に復すべく、その灰をとりのぞいてきました。

この町は大字《おおあざ》にして十八の地区から成っています。そしてその大字の多くには、「五軒百姓」、「七軒百姓」といったいわゆる草分けの家々があり、さらにそれらを含む形で「旧戸《きゅうこ》」と呼ばれる家々があります。ここでいう旧戸とは、大字によって多少の差はあるのですが、最大公約数的に表現すれば、その大字——原則的には藩政期の行政村——の共有山の利用権を持つ家々を指しています。

この章では大字を「むら」という言葉で表現しておきますが、この地のむらにおける旧戸の成立には、おそらく藩政期におけるむらごとの山の入会権確定の動きが関わっていると思います。むらの自治は、旧戸の家々を中心に行なわれてきましたが、旧戸のつながりのなかには、信仰や祭祀を基盤とする家集団的な性格は薄く、制度的な枠組みの色あいを強く感じます。

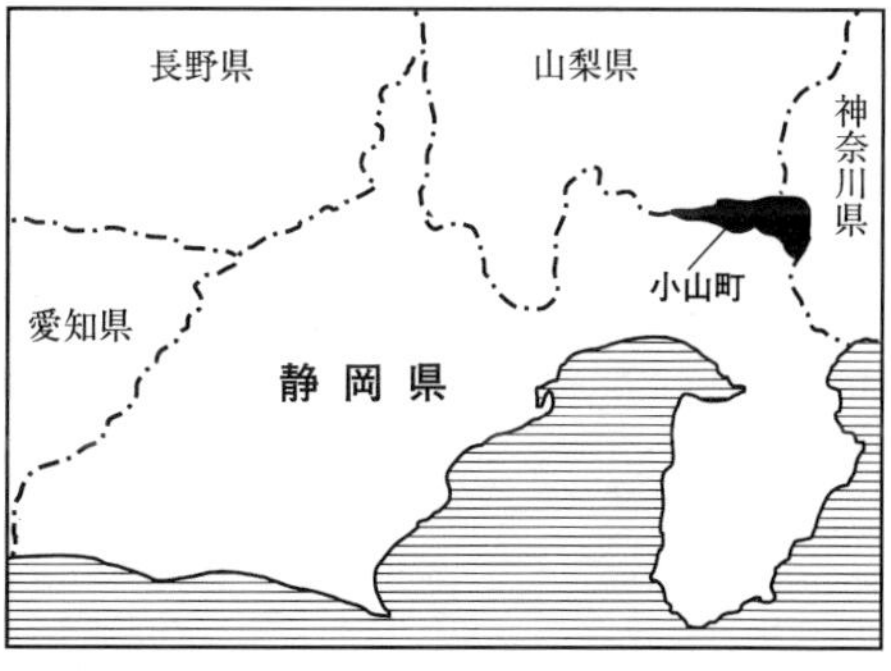

また、草分け何軒百姓と言われる家々の分布をみても、谷域や水系にこだわらぬ形で散在している例が多く、集落

成立の痕跡を探っていくと、それ以前に小さな谷域を単位とする定住が成立しかけた時代があったことをうかがわせる伝承もあるのですが、少なくとも現在のむらむらの母体となる集落の成立は早くとも近世初期と考えていいように思います。

こうしたことについては、私が関わった自治体史『小山町史　第九巻　民俗編』（一九九三年刊）を参照していただくしかないのですが、ここでふれたいのは、このむらの田の水路についてになります。

図45は小山町の湯船《ゆぶね》という谷のむらの水路です（記号は三〇ページの凡例に準じます）。このむらの谷の規模や水田面積は3章で紹介した三原市八幡町の宮内より少し広いくらいですが、これをみると宮内に比べてみごとに小水路が発

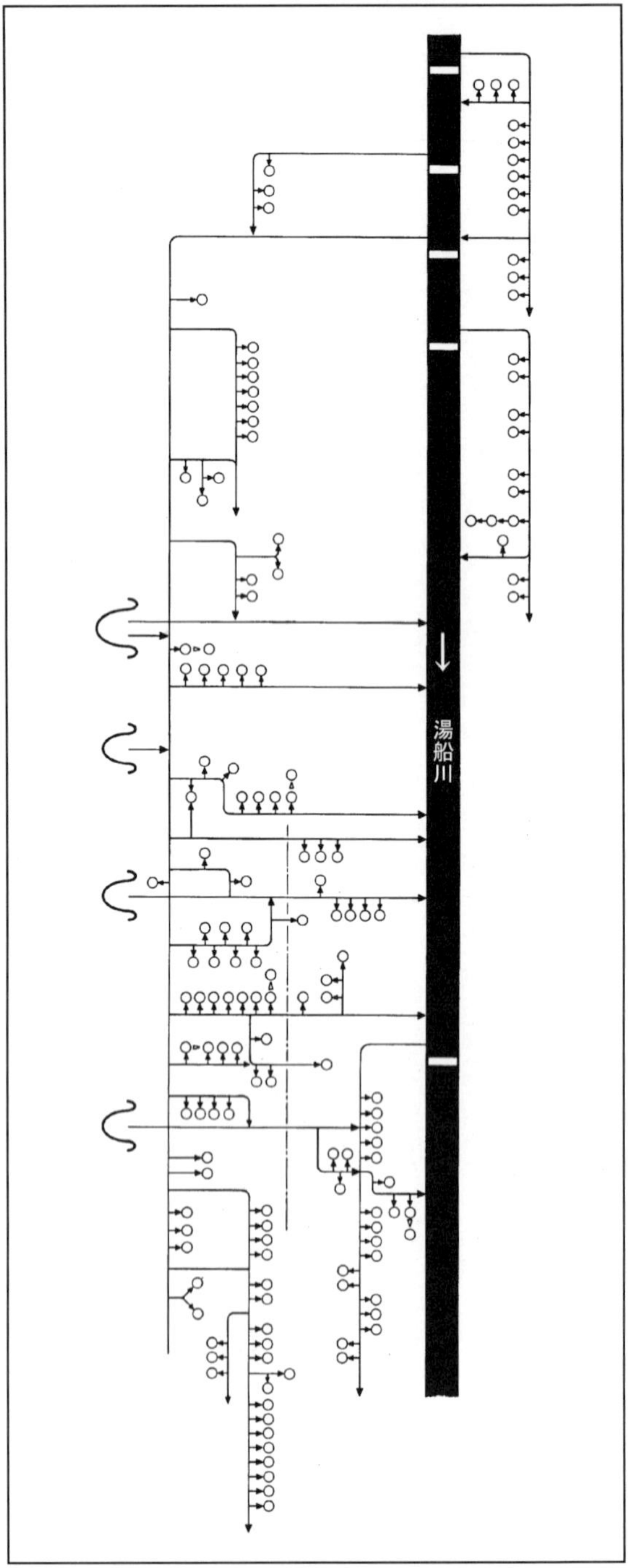

図45　静岡郡駿東郡小山町湯船の田の水路図。30ページの凡例に準拠。

達しており、あぜ越しの田はほとんどありません。相似たような規模の谷の水田でも、その利水システムは大きく異なっています。

もっと端的な例をあげておきます。

この町内でも水田に恵まれた用沢というむらの水路の概要を図46に、その水路図を図48に示しています。このむらの田の多くは佐野川という川に設けられたオオセギ、ナカセギ、シタセギ、シマドセギという四つの井堰からの水に頼っており、その受益面積は六十五町歩に及びます。図48にみられるように、ここでもみごとに小水路が発達しています。まるで動脈から次々と血管がわかれてゆき毛細血管となって一枚一枚の水田に届いているかのようです。

ここは前に示した湯船に比べると、ゆるやかな傾斜の土地が広く、そこに水田が拓かれており、そうした四つの井堰からの水路が成立するのは、湯船の開田よりも後のことになるのではないかと思いますが、小水路の徹底した発達については共通しています。

小水路の発達

三原市の水路の事例を示した時、私はあぜ越し田には、開拓の単位と占有の単位と水利とが未分離な状況で存在していると述べました。それに比べこの小山町の場合は、あきらかに水路は水路として独立して存在し機能しています。どちらがむらの中に為政者の介入を許しやすいかといえば、小山町的な例になるでしょう。水路が水路として末端まで独立しており、他要素との未分離という「混沌」が存在していません。他者にとってわかりにくく、また他者の介入を許さぬ「混沌」の中に息づいているであろうむらの慣習的意志は、明快に整理されています。

どちらがむらを主体とした自治がよりこまやかに残りやすく、慣習がより強くとどまりやすいかといえば、三原市のむらのような事例になるのでしょう。ただし、小山町の事例の場合、むらうちの諸機能のはたらきや位置づけが明確になり、この明確さはある普遍性につながる性格をもっていると思います。

三原市の宮内と小山町の湯船。相似たような規模の谷に谷田が広がっていますが、異なった慣習感覚がそれぞれを

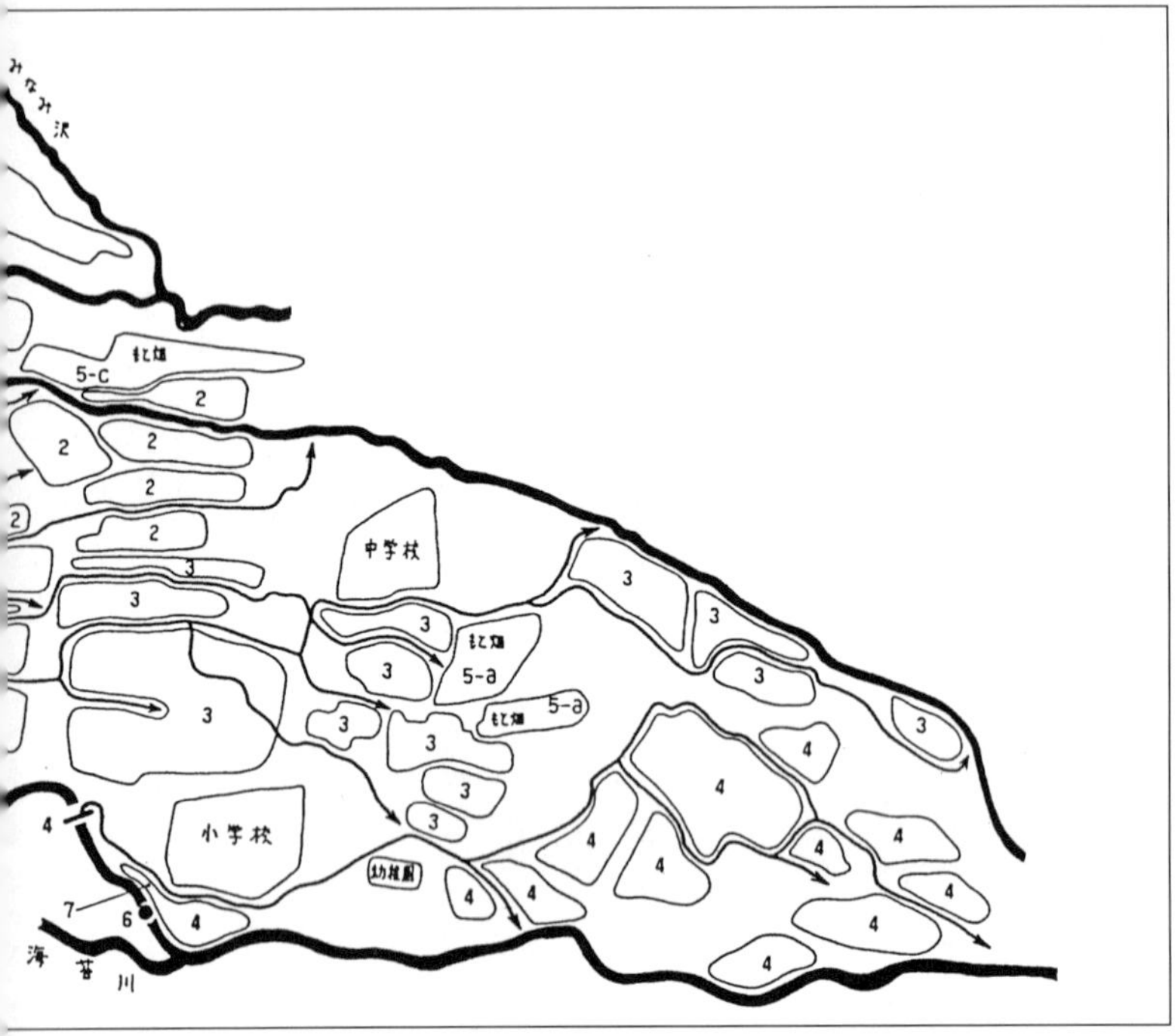

図46　同小山町用沢の水田の水利系概略図。図中の川の中の１、２、３、４、がおのおのオオセギ、ナカセギ、シタセギ、シマドセギ。同じ番号を付した区画がその取水範囲。『小山町史　第九巻　民俗編』より。

支えています。

奥能登の則貞と真浦。山間のほんのひとすじの谷に拓かれた隠れ里のような則貞の田と、海に向かって招きおろされ人間のエネルギーと勤勉さを示すような真浦の千枚田。後者は前者の集合体にすぎません。

人の手が加わった景観のなかで、新しくなるとはどのようなことなのか、継承とは何を意味するのか。

景観とは、知恵や技やしくみを通して、たとえばそんな問いを私たちに示し語りかけてくれるもののようです。

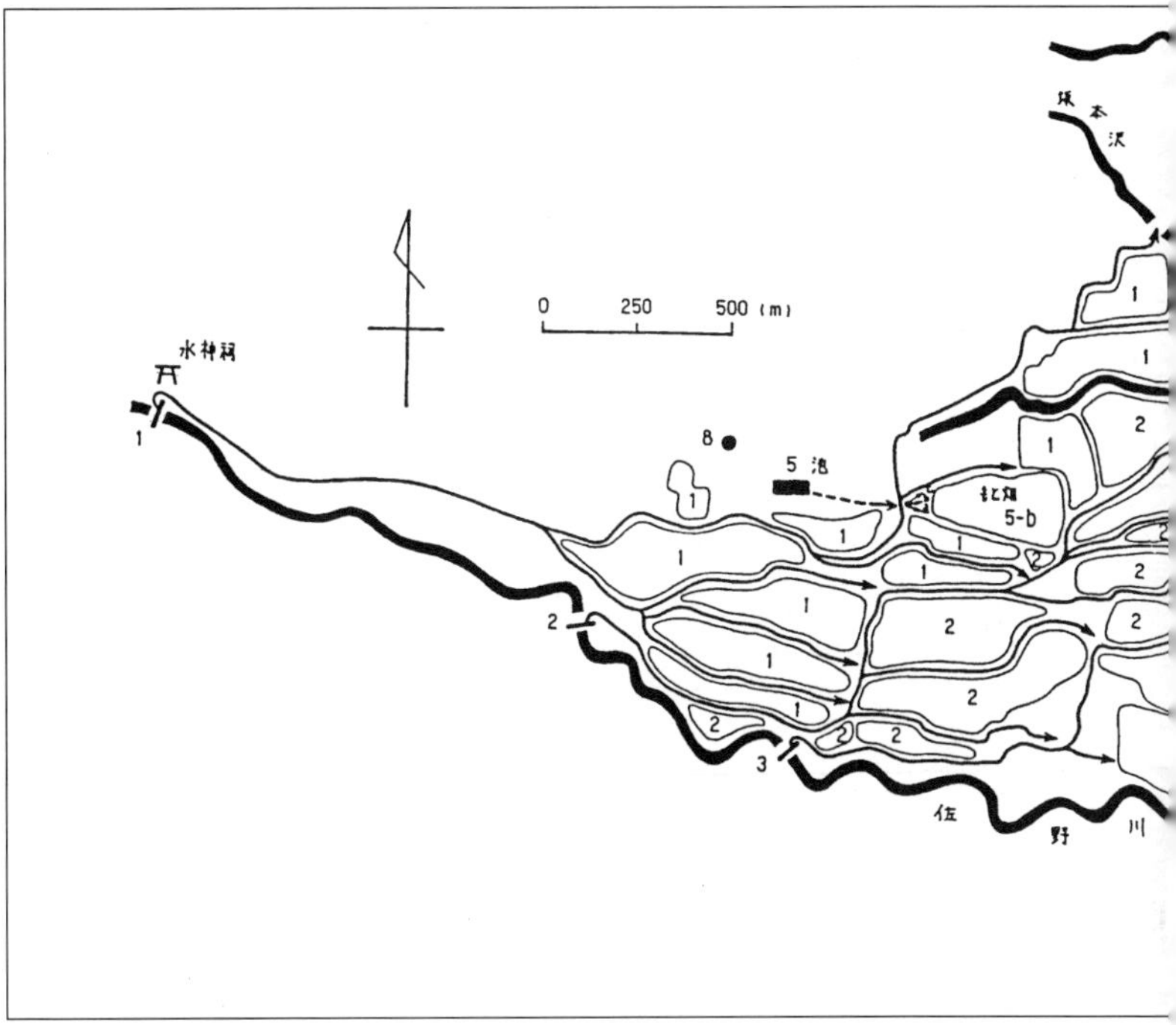

図47　静岡県駿東郡小山町の湯船および用沢（矢印）。枠で囲った部分は図46で示した地域。国土地理院発行２万五千分の一地図「駿河小山」より。

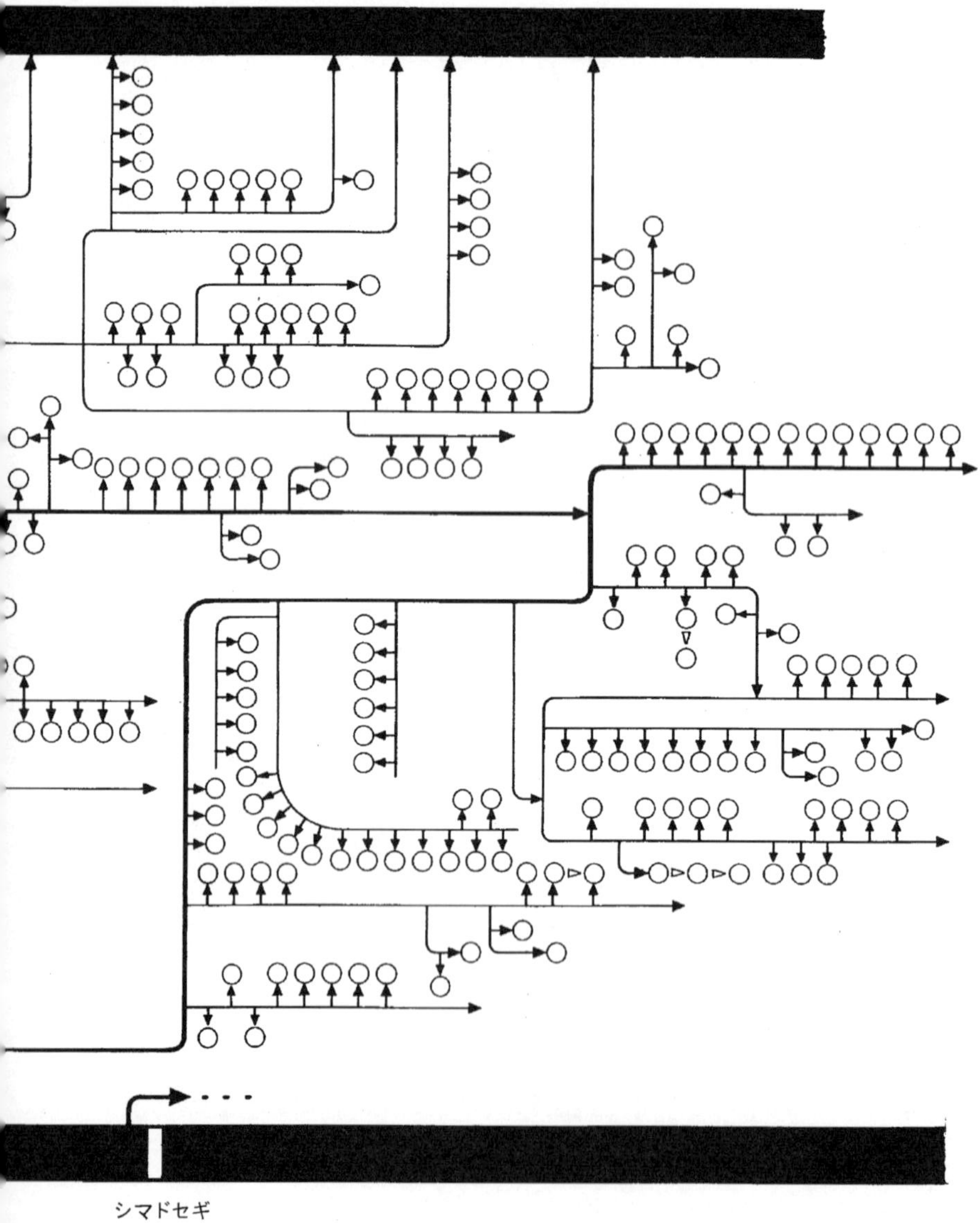
シマドセギ

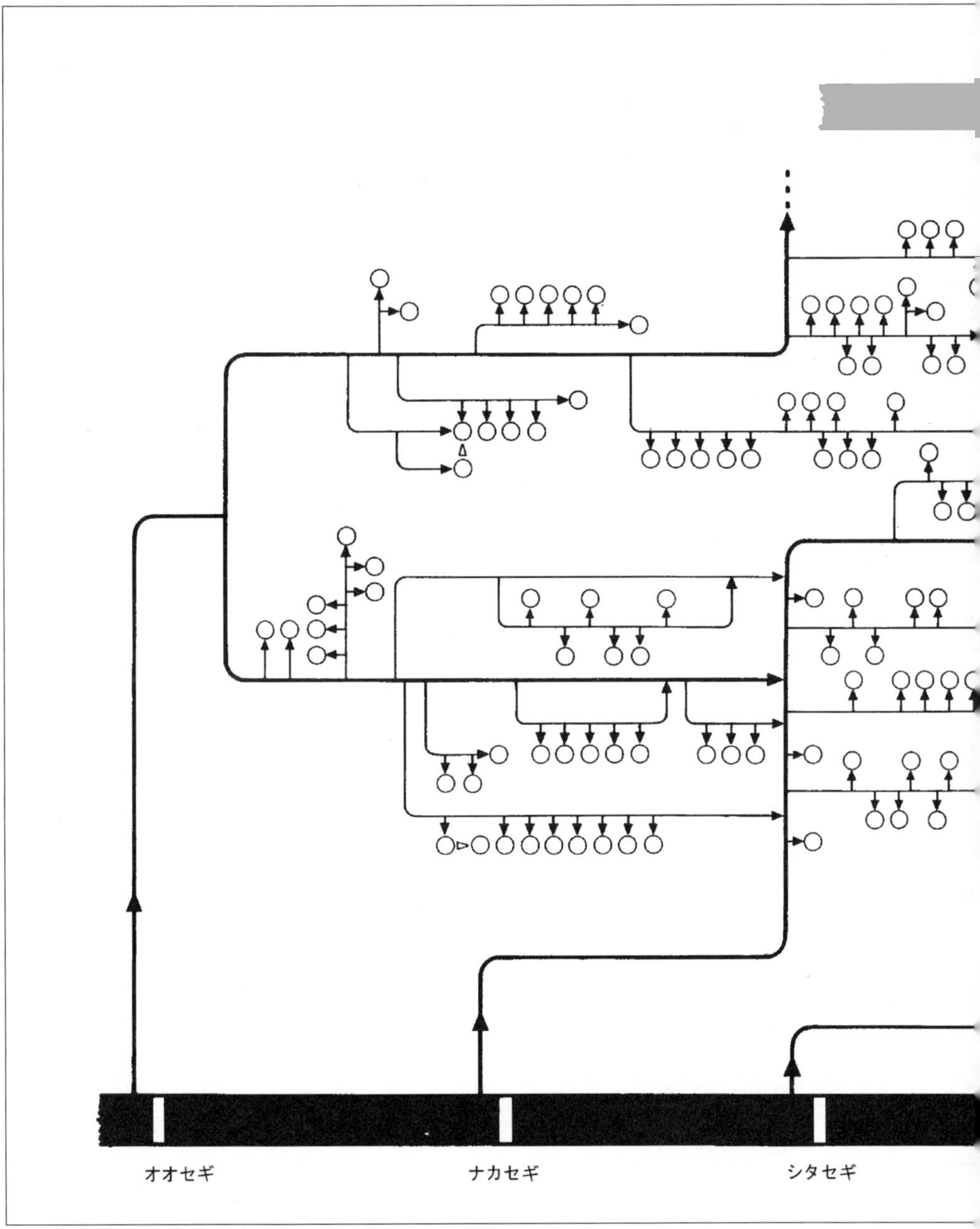

図48　用沢水路図。これはその中心となるオオセギ、ナカセギ、シタセギについてのもの。この地の水田も『小山町史　第九巻　民俗編』の調査、刊行をおえた1992年頃から新たな基盤整備が始められた。この図は30ページの凡例に準拠。

あとがき

本書は、20章と21章の間のただしがき（二二一ページ）でふれたように、一九八三年に刊行された『景観のなかの暮らし――生産領域の民俗』の改訂版になる。そうして旧著は一九八〇年十一月に日本観光文化研究所から刊行された『あるく　みる　きく』一六五号「景観のなかの暮らし」をもとにしている。この『あるく　みる　きく』を読まれた未來社の本間トシさんからその単行本化の申し入れがあり、本間さんと山手線の駒込駅の改札口でお会いしたのをかすかにおぼえている。これは私の二十代後半の調査をちょうど三十歳の時に文章にしたもので、それから二十余り年が経っている。

初版はたしか二千部ほど刷り、七、八年近くかかってやっと売れたように記憶している。刊行当時、日本中世史の研究者の方々から意外とも過分と思えるほどの評価をいただいたが、それ以外特に反応もなく、売れる本でもないことから本間さんに対してもどこか申し訳なく、この本の存在は私の中では薄いものになっていた。その時その時のフィールド・ワークに追われてあわただしく時間をすごしていた時期のことでもあるのだが、ひとつには『あるく　みる　きく』を読まれた宮本常一先生から、短いが大変きついコメントをいただいており、単行本になった時、宮本先生は亡くなられていたが、そのコメントにこたえ得る形の内容になっていないこだわりが私の中にあった。

この本からどうやって次の一歩を踏み出したらいいのか。それが私の当面の課題であり、この本は「過去」でしかなかったからである。だからそれから七、八年ほど経ち、本間さんから本が品切れになったことを聞いても、どこか他人事のように受けとめていた。まして増刷など頭の中になかった。ただ、あの本に書いたことは、もう一度溶鉱炉に入れて他の材料も加えて溶かし、いずれはまったく別のものとして造りかえたいという気持はもっていた。そのためここ三、四年、本間さんから何度か増刷についての話が出た時も、なんとなく煮えきらない態度で延ばしてきた。

たとえば、本書で多用している「山際」という表現にしても「谷」という表現にしても、その言葉自体は、ある地形の漠然とした総称にすぎない。この曖昧さは、それを概念として発達させ得る豊かさを潜ませてはいるが、人為が関わる景観を考えていく以上、それにどのような属性をもたせて使いたいのかをより明確にしてゆきたいと思っていた。また、本書でふれたような水路の問題は、他の水田農耕の世界とどこまでつながるものなのか、あるいは異なるのか、そうしたことも考えてみたいと思っていたからである。

今回、改訂版ながら旧著を刊行することにしたのは、溶鉱炉に放りこんで造りなおしたいと思っているものと、本書とがまったく別の次元のものだと気づいたからになる。むしろ表現物としては後者が前者を支えてくれる性格をもつことになるかもしれず、だったら手を入れて刊行させていただこうかと考えるに至った。

そう考えたのは一九九九年の秋であり、それから改めて旧著を読みかえしてみた。ほこりを払ってタイムカプセルを開けたような気持でページをめくっていったのだが、そこにはなんともあまったるく、くどい文章が延々と続いていた。これは当時、第三者に読んでもらうために書いたのではなく、まずなによりも己の模索をその当人が確認していくために書いたものだったということが、もう赤面したくなるほどに行間からあらわれていたからであろう。「どんなに金を積まれても、あの若い頃にはもどりたくないもんだ」、そんなキース・リチャーズの言葉がある。彼の言葉を引用するのはおこがましいとは思いつつ、ここで書いてみたくなる。

改訂にあたって、誤記は訂正し——とんでもない校正ミスもあった——、削るところは削り、手を加え得るところは加筆して、文章をより明確にしてみたのだが、その色あいは消えていないように思う。これは根本から書きなおしをしない限り、またどんなにみっともなくともそれがあの時の私である以上、どうしようもないことであろう。また、この二十年間の景観の変容は加速的に激しく、現実と文章との間に「時差」も出てきているのだが、このずれも基本的には整合不可能のものになる。なによりも水路調査を行なったむらの水田の多くが、基盤整備などにより形状が一変していて、水路図を整えながら、かつての水田の供養を行なっているような気持になったものである。

また、この改訂版では、旧版の「あとがき」を削除し、この「あとがき」にかえた。最後の二章は新たに加えたものであり、図、写真に多少の変更があることもお断わりしておきたい。写真は、説明文の末尾に撮影年月を付記しているのだが、そのうち一九八三年以降撮影のものは、新たに加えたものになる。新たに加えてもいるが、図、写真は総量としては一割余りを削っている。注の様式も変えた。表紙の写真も変えており、本のサイズはひとまわり大きくなった。

二千部しか刷っていなかった旧著を、意外なところで読んでくださっている方がおられたり、品切れのためそのコピーをテキストとして利用されていたり、未來社に時折在庫の問いあわせがあったりといったことを耳にしたのは、実はこの三、四年のことになる。そうしたことも改訂版の形で刊行をふみきらせてくれた力のひとつになっている。とはいえ、旧著に手を入れての再版はなんとも妙な作業だった。その書物の中にいるのは自分なのだが、しかし決して今の自分ではない。そんな自分に向きあい確認していく作業でもあった。年を食うとはこういうことをいうのかもしれない。とはいえ、旧著をこうした形で刊行することができて、どこかほっとしているし、ありがたいと思う。

今回の編集の担当も本間トシさんであり、本間さんとのおつきあいも二十年を越すことになる。

末筆になってしまったが、本書で示した諸調査の現場やとりまとめ作業において多くの方々のお世話になっている。個々の調査の報告書においては、その方々の名を明記させていただき御礼にかえているのだが、本書は私の問題意識を一方的に書きつらねた性格のものであるため、その方々のお名前を列記することは控えている。その一人一人の方々に心より御礼申し上げたい。また、この改訂版の校正作業を笹井美緒さんと香月孝史に手伝ってもらったことも書き添えておきたい。

二〇〇〇年十月

於　小金井

香月洋一郎

地名索引

・この地名索引は原則として本文のみを対象とし、古代国名、県、市町村、大字までの地名を拾っている。
・「伊予側」、「石田地区」、「黒谷川筋」、「旧小川村」といった複合語はおのおの「伊予」、「石田」、「黒谷川」、「小川村」として載せている。

〔あ〕

粟生　201
青柳　140, 151
青柳島　140
赤穂根島　213, 215, 219
安芸(側)　215
芦田川　64
熱海市　150
穴水町　230
阿別当　226, 228
アメリカ　163
阿波　200, 201, 206
粟蔵　229
淡路島　131
井内　201
筏木　191
池田　201, 206
池田町　202
石和温泉　153
石田　140, 151
石川県　228
伊豆大島　16
伊勢　206
石徹白　179
井ノ口　209, 219
今治市　209
伊予(側)　215
入間郡　138
岩城島　182, 212, 215, 219
岩城本島　213
牛尾　235
愛媛県　182, 209
青梅街道　138, 158
大畑井　190, 195, 199
大阪府　163
大島郡　116
大田庄　95
大豊町　188
大西　95, 100
大三島　209, 216
小川　160
小川村　138, 158, 159
岡山　163
ヲキ村　194
沖　188, 190～197, 198～200, 205
奥能登　223, 232, 235, 240, 241
小河内村　10
小樽　226
越智郡　182
尾道　68, 95, 209
折坂　231
折坂御殿　223
小山町　241, 243, 244
遠賀川　9

〔か〕

垣内　64
篝　45, 64, 66, 69, 74, 77, 78, 85, 96
カラフト　226
鹿児島県　158
神奈川県　163
金沢　223
嘉納山　111
香美郡　198
鳥川　235
北九州　9
岐阜県　179
京都　155
京都府　163
京桂峠　188, 190
久井町　40, 67, 95
久生野　203, 205
久賀　119, 123
久賀荘　117
久賀町　111, 118, 125
久賀保　111, 117
ゲッチンゲン　171
国立　140
国立駅　171
国立市　137, 140, 147, 151, 153, 171, 173
黒谷川　67, 68, 81
小泉町　131
甲州街道　137, 140, 153
高知　193
高知県　188
小金井市　160
小佐木　95
小西　95
小平市　138

〔さ〕

幸崎町　131
埼玉県　138
坂井原　67
盛　216
佐木　95
差木地　16
讃岐平野　131
三富新田　138
山陽地方　40, 158
滋賀県　154
四国山地　188
静岡県　150, 241

白米　240, 244
珠洲市　235
鈴屋　224, 229
周防大島　111
駿東郡　241
関戸　140
瀬戸内　40, 77, 118
瀬戸内海　84, 95, 111, 123
世羅台地　95
仙台藩(支藩)　158
曽々木　240

〔た〕

高松城　78
宝塚市　40
嵩　111
竹原　95
竹原市　40
田中田川　67
多摩川　140, 147, 171
玉川上水　138, 160
立川市　153, 166, 171
田万里　40
千葉　163
中国山地　25
中国地方　25, 103, 130, 236
津原川　111, 127
剣山　200
寺山　223, 230, 231, 235
ドイツ　171
土居　190, 191
土居番　193
東京　164
東京都　137, 138, 160
徳島県　188, 201, 202
所沢市　138
土佐　194
鳥取　163

〔な〕

長岡郡　206
永瀬　190
中之町　86
七尾城　230
南国市　198
西野町　95
西峯　190, 191, 192, 198
沼田川　95
能地　181
能庄　127
野串　35, 43
能登　236
野々屋　200
則貞　235, 240, 244

〔は〕

白地　202
畑　127
初島　150
東八代郡　153
日前　127
備中　78
日野市　140
兵庫県　40
広江　229
広島県　25, 95, 158, 161, 163, 209
福井　66
福井県　179
富士山　241
府中市(広島県)　64
府中市(東京都)　171
平群島　116
別所　86
北海道　147, 158
本町　161, 164

〔ま〕

真浦　240, 244
前浜　198
松坂　206
町野川　229, 230, 235
町野町　223, 240
松山藩　219
三原　68, 78, 95, 104, 131, 161, 209
三原市　25, 27, 35, 39, 40, 59, 64, 74, 84, 86, 95, 118, 130, 137, 161, 163, 181
三原城　161
三谷　204
御調川　64, 67, 72, 74
御調郡　40, 66, 95
御調町　41, 64, 66
南小川　188
宮内　27, 29, 34, 37, 69, 242, 243
宮内川　29
宮浦　182
三次盆地　40
椋野　111
武蔵野　137, 138, 154, 157, 160, 161, 165, 166, 168
本山町　208
文珠山　111
紋別　158

〔や〕

谷保村　137, 140, 171
山形　163
山口県　40, 111
山口市　40
山梨県　153
八幡町　27, 40, 41, 64, 66, 78, 84, 95, 131, 243
八幡荘　41
弓削島　209
湯船　242, 243
用沢　243
横浜　153
横浜市　153
吉野川　188
頼兼城　96

〔ら〕〔わ〕

龍王山(仮空地名)　140
和久原川　130
輪島　226, 230
輪島市　223, 230, 240
渡瀬　131
亘理藩　158

写真・図・表目次(県別)

・数字のみの番号は写真番号を示す。
・地名は原則として市町村までを示した。
・各都道府県内の地名配列は任意なものであり特に基準はない。

青森県
北津軽郡金木町　59(下)
五能線(車窓)　68
下北半島(車窓)　95-③

福島県
南会津郡檜枝岐村　1
南会津郡東部　125
会津盆地南部山麓　15
会津若松－郡山間(車窓)　69
猪苗代－会津若松間(車窓)　85

栃木県
真岡市　14, 40-⑥, 61, 図22, 152-①
上都賀郡粟野町　95-①
栃木，福島県境付近　70(上)
栃木，茨城，埼玉三県の県境付近
114(上)

茨城県
鹿島郡鹿島町　図21, 72

埼玉県
蓮田市付近　5
所沢市付近　120
埼玉県北東部　108
埼玉県南東部　119

千葉県
君津市　60
船橋－稲毛間(車窓)　109

東京都
小金井市　11, 111, 117
小平市　89
小平市付近　91, 110
国分寺市　図28, 102
国立市　90, 94, 98, 103, 106, 113, 116, 図29,
118, 121
調布市付近　114(下)
西多摩郡檜原村　92
伊豆大島　8, 9, 10

神奈川県
小田原付近(車窓)　95-④

石川県
輪島市　図38, 図39, 151, 153
珠洲市　154, 図40～44, 156

福井県
小浜市　152-③

新潟県
両津市　13
古志郡山古志村　35, 79

長野県
木曽郡木曽福島付近(車窓)　96-④
岡谷－富士見間(車窓)　70(下)

静岡県
駿東郡小山町　図45～48

大阪府
大阪市郊外　152-④

岡山県
岡山平野　34, 86
児島湾　123
小田郡　39, 64, 104, 115
小田郡付近　155

岡山県南西部　105, 143
岡山，広島県境付近　18

広島県
三原市　3, 12, 16, 19 ～ 23, 28, 33, 37, 40-②④, 41 ～ 45, 47, 48, 50 ～ 52, 55, 58, 59(上), 62, 65～67, 80, 84, 87, 97, 101, 107, 127, 133, 147, 図1～5, 図7～12, 図14～16, 図18～20, 図27, 表2
三原－本郷間(車窓)　32
三原－世羅郡甲山町間　24(右)
因島市　82
竹原市　17, 26, 71, 142
竹原市付近　46
世羅郡甲山町　24(左), 27, 31, 49, 54(下), 128(下)
世羅郡世羅町　29
御調郡御調町　25
御調郡付近　63
広島市白木町　図17
神石郡豊松村　75
山県郡筒賀村　96-③
豊田郡瀬戸田町　141
安芸郡倉橋町　6, 129, 150, 152-②

山口県
岩国市　128(上)
大島郡久賀町　73, 表3, 76 ～ 78, 図21, 83, 126, 図23～26
大島郡東和町　54(上)

香川県
高松市付近　96-①

高知県
高知平野　99, 100, 122
長岡郡大豊町　4, 30, 40- ③, 55, 56, 88, 97(下), 124, 130 ～ 132, 134 ～ 139, 図30 ～ 図35
高岡郡檮原町　2, 40-①⑤, 74
高岡郡東津野村　57
香美郡物部村　140
香美郡土佐山田町　149
香美郡　53
吾川郡越智町付近(車窓)　93, 96-②

愛媛県
西条市　36
佐田岬半島　7
上浮穴郡久万町　38
東宇和郡城川町　97(上)
越智郡上浦町　81, 図37
越智郡岩城村　144, 145, 図36, 146
越智郡宮浦町　148
伊予大洲－八幡浜間(車窓)　95-②

その他
水路図の凡例　表1
水路模式図　図6
溜池断面略図　図13
墓地改葬広告　112

香月　洋一郎（かつき　よういちろう）
1949年　福岡県生まれ。一橋大学社会学部卒業。現在、神奈川大学経済学部教授、日本常民文化研究所所員。著書に『山に棲む――民俗誌序章』（未來社）『空からのフォークロア――フライト・ノート抄』（筑摩書房）『猿曳き参上――村崎修二と安登夢の旅』（共著、平凡社）など、訳書に『ハワイ日系移民の服飾史――絣からパラカへ』（バーバラ・F・川上著、平凡社）がある。

［改訂新版］
景観のなかの暮らし――生産領域の民俗

2000年12月25日　第1刷発行

定価（本体2500円＋税）

著者©　香月　洋一郎

発行者　西　谷　能　英
発行所　株式会社　未　來　社
〒112-0002 東京都文京区小石川3-7-2
電話・代表（03）3814-5521
振替　00170-3-87385
http://www.miraisha.co.jp/
E-mail: info@miraisha.co.jp

印刷・製本＝図書印刷
ISBN4-624-20075-6 C0039